実践国語科教育法

「楽しく、力のつく」授業の創造

第四版

町田 守弘 監修

浅田孝紀
岩﨑　淳
幸田国広　編
高山実佐

学文社

執 筆 者

町田守弘 早稲田大学（名誉教授）（序章・終章）

岩﨑　淳 学習院大学（1章、3章、コラム）

大貫眞弘 ドルトン東京学園中等部・高等部（2章）

熊谷芳郎 聖学院大学（4章）

髙野光男 東京都立産業技術高等専門学校（5章）

佐野正俊 拓殖大学（6章）

高山実佐 國學院大學（7章）

浅田孝紀 早稲田大学（非常勤）（8章、コラム）

吉田　茂 元早稲田大学本庄高等学院（コラム）

菊野雅之 早稲田大学（9章）

古井純士 元早稲田大学（10章）

李　　軍 早稲田大学（非常勤）（11章）

甲斐伊織 学習院中等科（12章）

本橋幸康 埼玉大学（13章）

奥泉　香 東京学芸大学（14章）

幸田国広 早稲田大学（15章）

（執筆順／＊＊は監修者、＊は編者／所属は2024年1月現在）

はじめに

　大学の教職課程科目「国語科教育法」のテキストという役割を主に担いつつ、国語教育に関心を寄せる皆さんや教員採用試験を受験する皆さん、また大学院等でより専門的に国語教育の研究を志す皆さんの必要性にも対応するために、国語教育の基礎的・基本的な知見が広く得られるように配慮して、本書は編まれました。

　本書は「序章」と「終章」を除くと、15 の章から構成されています。これは、大学の授業が原則として半期 15 回実施されるという実態を意識したものです。基礎から応用まで順を追って学ぶことができるように、章の配列を工夫しましたが、関心のある話題を扱った章から自由に読み進めてみてください。

　各章とも冒頭に「キーワード」が示されています。その章で取り上げる重要事項を示す用語として注目し、巻末の「索引」を活用したうえで、本文を通してその内容を確かめてください。また章の末尾には「課題」があります。この「課題」に取り組むことによって章の理解を確認し、評価するために役立てることができるはずです。また、その章の内容をさらに深く学ぶためには、「引用文献」や「さらなる学びのために」で紹介された文献が参考になるでしょう。これらの文献も積極的に活用してください。

　国語教育は理論と実践それぞれが重要なものですが、本書では書名からも明らかなように、特に「実践」を重視いたしました。現職の教員に尋ねると「国語科教育法」では、教育現場において実際に役に立つような実践的な内容を中心に扱うことを求める声が多いのが実情です。本書で学んだ皆さんが、学校において確かな授業が展開できること、特に「楽しく、力のつく」授業創り、すなわち学習者の興味・関心を喚起しつつ、国語科の学力育成に資するような授業が展開できることを、心から期待しております。

　本書の初版が刊行されたのは 2012 年で、続く第二版は 2016 年、そして第三版は 2019 年にそれぞれ刊行されています。主に大学の教職課程のテキストとして、多くの皆さんに手にしていただけたことに深く感謝しております。この

たび 2017 年・2018 年に告示された学習指導要領の実施に伴って、すべての内容を全体的に見直したうえで新しい時代に対応できるような改訂を加えて、新たに第四版を刊行することになりました。

　現行の学習指導要領は 2020 年度から小学校で、続く 2021 年度からは中学校で全面実施となり、そして 2022 年度からは高等学校において年次進行で実施されております。本書の巻末には、中学校と高等学校の学習指導要領「国語」の本文を掲載しましたので、必要に応じて参照してください。

　第四版の刊行に際して、本書全体の方向性は初版から第三版までと変わることはありません。ただし学習指導要領の内容を踏まえて、監修者および編者が改めて全体を見直したうえで、必要に応じて全面的に改訂を加えた章もあります。章の配列も一部変更いたしました。時代は目まぐるしく変容して、学習者の日常に ICT が急速に普及したことから、教育のデジタル化が加速しています。今回の改訂に当たっては、このような時代の変化にも目配りをすることになりました。

　このたびの第四版の刊行によって、本書をさらに多くの皆さんに手にしていただき、ともに新たな国語教育の可能性を追究できることを願っております。

　2024 年 1 月

監修者　町田　守弘

　　　　浅田　孝紀
　　　　岩﨑　　淳
編　者　幸田　国広
　　　　高山　実佐

目　次

はじめに　i

序章　「国語科教育法」で何を学ぶか …………………………………… I
1　「国語科教育法」の目標　I
2　「国語科教育法」で学ぶべき知見　3
3　国語科の領域別・ジャンル別の学習指導　6
4　模擬授業をめぐって　8

1章　国語科の制度─学習指導要領と教科書 ……………………………… 10
1　日本国憲法と教育基本法　10
2　学習指導要領　12
3　教科書検定　17
4　無償給与と広域採択制度　18

2章　発問・指示 ……………………………………………………………… 20
1　発問・指示はなぜ行うのか　20
2　発問・指示の条件　21
3　発問・指示を考える手順　23
4　発問・指示の実例　24
5　発問・指示の工夫の一例　26
6　発問・指示を行う際の注意点　27
7　発問・指示に ICT を活用する　30

3章　板書・ノート指導・ワークシート ………………………………… 32
1　板書の基本　32
2　板書の例　34
3　ノートの役割　36
4　ノート指導のあり方　37
5　ワークシートの特徴　38
6　ICT 機器の活用　41

4章 「話すこと・聞くこと」の授業 ……………………………… 43

1 学習指導要領における位置付け　43
2 基礎指導1　話す聞く力の測定　46
3 基礎指導2　基礎的な能力の育成　48
4 対面性克服の指導　50
5 本指導　51

5章 「書くこと」の授業 ……………………………………………… 56

1 「書くこと」の授業観・指導観　56
2 「書くこと」の活動とそのねらい　59
3 「書くこと」の指導過程と授業展開のポイント　60
4 「書くこと」のこれから　62

6章 「読むこと」の授業 ……………………………………………… 65

1 「読むこと」の指導過程をめぐって　65
2 「文学的な文章」の教材研究と授業について　66
3 「説明的な文章」の教材研究と授業について　71
4 「読むこと」の授業におけるICTの活用について　74

—— *column*　読書指導　76 ——

7章 詩・短歌・俳句の授業 ………………………………………… 78

1 韻文の学習　78
2 教材研究の考え方　81
3 授業デザイン例　83

8章 古典の授業 ……………………………………………………… 90

1 「古典」の意味するもの　90
2 2008・2009年版学習指導要領における「古典」　90
3 高等学校2018年版学習指導要領における「古典」　91
4 魅力ある古典の授業を開発するための工夫や実践の例　92
5 学習指導案の例　97

—— *column*　「雁」にまつわる漢詩三首　101 ——

9章　国語科の評価 …………………………………………… 103

1　国語科教育における評価　103
2　単元のヤマ場が評価のしどころ　104
3　評価の前提としての系統表への理解　105
4　指導事項を分析する・具体化する　108
5　主体的に学習に取り組む態度　109
6　評価のポイント　110
7　評価論の歴史的経緯：更新される評価　112

10章　指導計画・学習指導案の作成 ………………………… 116

1　強い「期待」を背に受けて歩む　116
2　「単元指導計画」「本時の指導計画」作成に至るまでの手順　117
3　学習指導案の例　120

11章　模擬授業の意義とその構築 …………………………… 129

1　国語科授業実践知の第一歩─模擬授業　129
2　授業づくりの諸要素とその基本　131
3　漢字・漢字語彙指導単元の構想と概要　132
4　模擬授業の実際　136
5　まとめ─模擬授業という「深い学び」　139

12章　効果的な学習指導の進め方─主体的・対話的で深い学びと ICT 活用 ………………………………………… 141

1　ICT 活用を含む授業構想に必要な視点
　　─「深い学び」の実現に向けて　141
2　ICT 活用が目指す二つの学び　143
3　「個別最適な学び」の実現にむけた ICT の活用実践例　145
4　「協働的な学び」の実現にむけた ICT の活用実践例　147
5　指導者による指導・支援が実現する効果的な ICT 活用　149

13章　知識及び技能をいかに活用するか ……………………… 152

1　資質・能力の三観点における〔知識及び技能〕　152
2　国語科における〔知識及び技能〕の指導事項　153
3　単元指導計画における〔知識及び技能〕の考え方と実践事例　157

—— *column* **書 写** 164 ——

14章　新しい時代に求められる国語科教育─メディア・リテラシー、マルチモーダル・リテラシー ……………………… 166

1　社会の変化によって希求される国語科の学習　166
2　メディア・リテラシーと教材・媒体・リテラシー観の拡張　167
3　マルチモーダル・テクストの学習とヴィジュアル・リテラシー　169
4　「学びの過程」を重視した、社会に開かれた学習　175
5　ICT 活用による、対話的な深い学びの支援　177

15章　国語科教育の課題と展望 …………………………………… 180

1　時代・社会の変化と国語科教育　180
2　現状と課題─中教審 「答申」に示されたいくつかのポイント　180
3　高等学校国語科の新科目と探究的な学び　184
4　教員養成課程における国語科教員基礎力の拡充　189

終章　効果的な教育実習のために …………………………………… 192

1　教育実習の位置　192
2　実習校との交流　193
3　授業見学で注意すること　194
4　教壇実習に向けて　195
5　教育実習を成功させるために　196

おわりに　199

資料　2017 年告示版 中学校学習指導要領（抄）201
　　　2018 年告示版 高等学校学習指導要領（抄）207

索引　219

序章

「国語科教育法」で何を学ぶか

キーワード　　教育現場の「いま、ここ」　　国語科教育への興味・関心
領域別の学習指導　　模擬授業

1 「国語科教育法」の目標

　「国語科教育法」は教職課程の必履修科目であり、教育実習に臨む際に国語科の教壇実習すなわち授業が円滑に実施できるような力量形成のための科目として位置付けられている。そこでまず、「国語科教育法」では何を学ぶのかということから考えることにしたい。

　「国語科教育法」の目標として、以下のような点を掲げることができる。

① 国語科教育の今日的課題に関する認識を深める

　教育現場の状況は刻々と変容する。教育に携わる者は常に新たな問題意識を持って、日々の教育実践を見直す必要がある。国語科教育を考える際に、まず何が問題になるだろうか。この課題と向き合うために、受講者自らが受けてきた国語科教育を研究対象として取り上げるようにしたい。自身の被教育体験から教育現場の実情を見つめてさまざまな問題を発見し、本質を追求しようとする意識が重要である。「国語科教育法」では、国語科教育に関わる問題意識を交流して、より普遍的な教育の課題を把握するようにしたい。

　また、受講者自身が受けてきた教育のふり返りとあわせて、現在の教育現場の状況を具体的に認識する必要がある。日ごろから教育に関わる新聞・雑誌の記事やインターネットの情報を確認するなどして、問題意識を高めておきたい。学習指導要領に関しても、小・中・高の学校教育を受けた当時のものから

改訂されている場合がある。受講者の経験のみに立脚した問題の確認にとどまらず、常に実際の教育現場の「いま、ここ」を的確に把握しなければならない。

　② 国語科教育に関わる幅広い知見を得る

　「国語科教育法」では、国語科教育に関して可能な限り多くの知見を得ることができるようにしたい。先に学習指導要領に関する話題を提起したが、大学での日常生活の中では、日ごろは学習指導要領を参照する機会はほとんどないというのが現状ではあるまいか。「国語科教育法」の授業では学習指導要領が紹介され、具体的にどのような内容になっているのかを確認する機会が含まれている。授業で紹介された箇所にとどまらず、学習指導要領の国語科に関する箇所だけでもすべて目を通すようにしたい。なお学習指導要領は、文部科学省のホームページで本文も解説も含めて閲覧することができる。また冊子になったものも市販されていて、政府刊行物として廉価での購入ができることから、「国語科教育法」の履修者はできれば各校種の「総則編」と「国語編」の解説をそれぞれ用意して随時参照するようにしたい。

　学習指導要領以外にも、特に教育実習に臨むに際して必要な知見を学ぶ必要がある。その具体的な内容に関しては、改めて次の節で紹介する。

　③ 受講者が自ら問題意識を持って自主的に国語科の授業を構想し、実践できるようにする

　現場の仕事の中枢には授業がある。教育実習においては、担当科目の授業が活動の中心となる。現状把握から本質追求を経て国語科教育の今日的課題を確認したうえで、課題解決のための具体的な方策を検討して、授業構想が展開できるようにしたい。履修者が自らの問題意識に即した授業を構想し、実際に授業を実施することができるところにまで到達する力量を形成することが、「国語科教育法」の主要な目標となる。

　教員の資質として、いかに効果的な授業を構想することができるかという側面がある。教科書会社から発行されたTM（ティーチャーズ・マニュアル、教師用指導書）に即した授業に限定せず、現場の学習者の実態に即した独創的な授業も展開できるような力量を形成したいところである。この目標は、教育実習における授業の目標に直結する。「国語科教育法」の成果が、そのまま効果的

な授業実践につながるような学びを目指さなければならない。

④ 国語科教育に関する興味・関心を喚起し、教職に対する意識を高める

　教職課程の履修者は、全員が教職志望とは限らない。少子化の傾向による厳しい採用状況や、教職の業務の厳しさへの懸念から、あくまでも教員資格の取得のために履修する者もある。そのような目的の履修者も含めて、国語科教育に対する興味・関心の喚起という目標を掲げたい。それによって、教育実習に意欲的に取り組む姿勢を徹底したいと思う。

　国語科教育に関する興味・関心を有することが、意欲的な授業実践を実現する源となる。「国語科教育法」の授業において、興味・関心の喚起という要素はきわめて重要な目標と考えられる。国語科に対する興味・関心が育成されれば、教育実習に対してもおのずと意欲が出てくる。それはそのまま教育実習の成功につながる重要な要素である。

2 「国語科教育法」で学ぶべき知見

　前節で言及したように、「国語科教育法」では、国語科教育に関する多くの知見を得る必要がある。特に国語科の授業を構想し実践する際に必要な点を中心に、さまざまな専門的知見を得るように心がけたい。当面は、教育実習において授業が成立する力量形成に関わる知見を中心に学ぶことになる。本節では特に多くの教育現場に共通する事項の中から、実際に必要となる専門的な知見を精選して紹介することにする。

(1) 学習指導要領と検定教科書

　学習指導要領は、日本の教育制度の基盤として存在することから、「国語科教育法」で国語科の学習指導要領の概要を認識したうえで、教育実習に臨むようにしたい。例えば高等学校の国語という教科には、どのような科目が設置されていて、その中でどの科目が必履修科目になっているのか、またそれぞれの科目の標準単位数はどの程度かなどは、学校のカリキュラム編成を理解する際に必要な知見となる。また学習指導要領に関する知見があると、実習校のカリ

キュラムを参照したときに、その学校の特色を読み取ることができる。

　学習指導要領とともに、教科書に関する知見も必要になる。特に検定や採択という制度の実際を知ることで、教科書の特色が見えてくる。学習者にとって教科書は一種類でしかないが、教師にとってはすべての教科書の内容に関する情報は必要である。例えば、文学教材の中には複数の教科書に共通して採録されたものがある。また古典では、どの章段が主として教科書に採録されているかを確認することもできる。学習者としての観点からではなく指導者としての観点から、改めて教科書をとらえるようにしたい。そして、教科書出版社のホームページなどで、複数の教科書の特色やそれぞれの採録教材を知ることも重要な課題である。

　教科書はすべて学習指導要領に準拠して編集されている。そこで「国語科教育法」において、両者の関連を確認しておきたい。例えば学習指導要領に示された言語活動例が、教科書では具体的にどのような形で扱われているのかを確認するなど、両者の関係に関心を持つことができればよい。

(2) 学習指導案

　教育実習で研究授業を実施する場合、学習指導案の作成は必須である。この学習指導案のフォーマットや作成方法に関しては、「国語科教育法」の中で学ぶようにしたい。研究授業に際して学習指導案の作成ができないようでは、教育実習生としての評価は低い位置にとどまってしまう。

　まず具体的な授業の構想を練ったうえで、それをフォーマットに従ってまとめることになる。授業を担当するに当たっては、必ず指導教員との連絡を密にして、指導教員の指導のもとで準備を進める必要がある。教科書教材を扱う場合、教科書の TM には学習指導案のモデルが掲載されているので、それを参考にするのもよい。ただし、教師用指導書で紹介された学習指導案はあくまでも一つの考え方にすぎない。教育実習では、学習者の実態をよく観察したうえで、彼らの現実に即した指導計画を立案する必要がある。

　学習指導案には何種類かのフォーマットがある。本書にも基本的なフォーマットが紹介されているので、それを参考にしてまとめるようにしたい。ただ

し、これもまた指導教員と相談したうえで、どのような形式でまとめるのかを決めることが重要である。

（3）発問・指示と板書

　授業に関する技術的な知見も「国語科教育法」で学ぶ必要がある。特に重要な項目は発問・指示と板書である。授業の基本的な要素として、発問と指示、そして板書が位置付けられる。学習指導案を作成する段階で、具体的にどのような発問や指示を学習者に投げかけるのか、特に核となる発問・指示を準備しておきたい。またどのような板書をするのかという点に関しても、しっかりと準備する必要がある。

　「国語科教育法」の授業では、教材に即して具体的な発問や指示を学ぶことになる。特に発問の場合、ある問いを学習者に投げかけて、直ちに反応が戻らないような事態が生じたときには、直ちに続けてその発問の補助になるような新たな発問をすることが大切である。またある発問に対する意見が述べられた場合には、その考え方で話題を収束させずに、別の学習者にも意見を求めるようにしたい。教室の中で、意見を自然に交流させる配慮が必要になる。

　指示に関しては、なるべく具体的にきめ細かく出すようにする。例えば「教科書を開いてください」という指示ではなく、必ず「教科書の＊＊ページを開いてください」のように、具体的な指示を出す必要がある。

　そして板書もまた、「国語科教育法」の授業でしっかりと学んでおきたい事項である。パワーポイントが使用される時代になったが、国語科の授業では特に教師が黒板に直筆で書くという板書の役割は依然として重要である。文字は書き順も含めて正確に、見やすく書くように心がける。そして、板書に集中するあまり、肝心な学習者の反応を見失わないようにしたい。板書をしながらも、常に学習者の反応を注意深く見つめる余裕がほしいところである。

（4）評価

　「国語科教育法」の授業で学ぶべき知見として、最後に評価に関する事項を挙げておきたい。評価と聞くと直ちに点数や順位を連想しがちであるが、まず

「評価」と「評定」とをしっかりと区別する必要がある。評価に対する基本的な考え方を理解したうえで、実際の授業において、効果的な評価を実現するように努めたいところである。

評価は実施するタイミングにより、診断的評価、形成的評価、総括的評価に区別される。また方法としては、教師による評価、学習者による自己評価と相互評価がある。さらに、相対評価と絶対評価、到達度評価、目標に準拠した評価、評価規準と評価基準などの用語についても理解を深めておきたい。また比較的新しい評価の考え方として、ポートフォリオ評価やパフォーマンス評価、さらにルーブリック評価などについての知見もほしい。

評価に関する知識だけでなく、実際の授業において具体的に個々の学習者の学びをどのように評価するのかという点も、きわめて重要な課題となる。定期試験の点数のみに基づく評定ではなく、いわゆる平常点に相当する評定をどのようにして算出するのかをよく検討しておきたい。「国語科教育法」では、評価の具体的な方法に関しての知見も習得する必要がある。

本節で紹介したものは、国語科の授業を展開する際の必要最小限の知見である。このほかにも、例えばメディア・リテラシー、探究学習、アクティブ・ラーニング、カリキュラム・マネジメントなど、「国語科教育法」において考えるべき事項は多い。進化するICTも注視しつつ、日ごろから問題意識を持って、国語科教育に関わる課題に目を向けておきたい。

3 国語科の領域別・ジャンル別の学習指導

教育実習で扱う教材は、実習校側の事情で指定されることが多い。実習生の専攻分野を勘案してもらえる場合もあるが、多くは打ち合わせの時点で指導教員から指定される。すなわち、現代文から古文、漢文に至るまで、すべての分野および領域での授業が展開できるように準備をしなければならないことになる。国語科の教員免許の範囲は特定の領域に限らないことから、当然のことながらすべての領域や教材の指導ができるのが大前提である。

「国語科教育法」では、学習指導要領の内容に即した授業の実際について紹

介し、理解が深まるように配慮することが多い。特に「思考力、判断力、表現力等」の「話すこと・聞くこと」「書くこと」「読むこと」の三つの領域について、それぞれの内容を扱う授業の特質を学ぶことになる。教科書にもすべての領域に関わる教材が採録されていることから、それぞれの領域に対応する教材を取り上げて、その特質と具体的な扱い方が紹介されるはずである。領域ごとの学習指導の特徴を理解したうえで、すべての領域の授業がイメージできるように心がけたい。

　三つの領域の中では、「読むこと」の扱いに比重が置かれがちである。教育実習でも「読むこと」の領域が広く一般的な授業のイメージを作りやすいということから、実習生が担当することが多い。しかしながら、実際に教職に就くことを勘案すると、すべての領域にわたって指導を展開できる力量を養う必要がある。「国語科教育法」では、一つの領域に偏ることなく、多くの領域に対して視野を開くようにしたい。

　さらに教材のジャンル別の学習指導に関しても、一通り接することが求められる。すなわち、小説教材と評論・論説教材、古文・漢文教材、韻文教材、言語教材などについて、それぞれの特質を踏まえながら幅広く接するようにしたい。「国語科教育法」では、各ジャンルの代表的な教材に関する授業展開の例が紹介されることになるだろう。特に韻文教材など、一般的に扱いに工夫が求められる教材の授業に関しては、先行実践に触れて参照するなどして、実際の授業が構想できるように心がけておきたい。

　指導法に関しては、教育実習ではクラス単位の一斉授業という形態が中心となる。ただし指導教員と相談したうえで、授業にグループ活動を導入することも工夫してみたい。その際に、どのような指導が必要になるかを事前にしっかりとイメージしなければならない。例えばグループ編成をどうするか、個々のグループにどのような課題を課すのか、活動の方法をどのように指導するのかなど、一斉授業よりもきめの細かい準備が必要になる。

　授業に際しては、ワークシートを活用することも検討しておきたい。どのような授業展開になるのかをしっかりと想定したうえで、どの場面でどのようなワークシートを作成して取り組ませるのかを計画し、授業に取り入れる必要が

ある。ワークシートを作成しない場合でも、ノートの取り方についての指導を徹底して、学習者が単に板書を写すだけでなく、授業内容を効果的にノートにまとめられるように指導したい。ノート指導の方法も、重要な課題となる。

4 模擬授業をめぐって

　「国語科教育法」の授業では、限られた授業時間の中で多くの内容を扱うことになる。指導者からの知識の伝達という形態が中心になりがちであるが、受講者の数を勘案したうえで、可能な限り模擬授業という形態で受講者が実際に授業を展開するという場面を設定することにしている。中学・高等学校の授業時間は1時限が50分の場合が多い。50分すべての授業内容を扱うことができなくても、実際に授業を構想し実践する機会は貴重である。時間の許す限り、模擬授業を実施するようにしたい。また希望者を中心に実施するような場合には、ぜひ模擬授業を積極的に希望して、教育実習の前に教壇で授業を担当する場を経験しておきたい。

　模擬授業では、前の節で言及した領域やジャンルについてなるべく広く扱うことができるように、授業者で分担して教材を決めるようにする。あらかじめ教材を用意し、また学習指導案とワークシートを作成して印刷し、配布する。模擬授業の時間を定めて、その時間内で学習指導案の主要な箇所の授業を展開する。受講者は「生徒役」として授業に参加し、「教師役」からの発問や指示に学習者として従って授業を受ける。模擬授業が終了したら必ず研究協議の時間を設けて、その授業を全員でふり返りつつ、課題を抽出して共有する。「国語科教育法」の担当者も協議に参加して、さまざまな観点からコメントをする。

　模擬授業では、特に事後の研究協議を大切にしたい。授業者にとって参考になるばかりでなく、具体的な問題を共有し考える機会を持つことによって、受講者全員で国語科の授業の多くの課題を検討することができる。「国語科教育法」では、研究協議の際に提起された問題を整理して、それがすべての受講者にとって有意義な観点となるように配慮したい。

　模擬授業の内容を録画して、研究協議の際にそれを再生しながら、具体的な

問題を確認することも効果的である。また受講者数が多くて全員が模擬授業を担当できない場合には、例えばグループを編成してグループのメンバー全員で模擬授業の準備をして、代表者が模擬授業を実施することも工夫してみたい。

　これまで「国語科教育法」で何を学ぶか、という問題について具体的な提言をまとめてきた。「国語科教育法」は、教育実習の前に国語科教育の基本的な課題について学ぶ貴重な機会である。将来教壇で活躍することを目標として、主体的かつ積極的な姿勢で受講して取り組むようにしたい。
　本書は、「国語科教育法」の授業自体を一つのテクストとして読むことができるように、さまざまな工夫を凝らしている。授業を受ける立場から授業を創る立場へと視点を転換して、国語科教育の課題と向き合うようにしたい。

（町田　守弘）

課題

1　「国語科教育法」の目標として、どのようなことが挙げられるか。
2　「国語科教育法」の授業で特に学ぶべき知見として、具体的にはどのようなものがあるのか。
3　「国語科教育法」では、どのような領域を主に学ぶのか。また教材のジャンルとしては、主に何を学ぶことになるのか。
4　「国語科教育法」において、模擬授業の実施をどのように考えたらよいか。

【さらなる学びのために】

岩﨑淳・木村ひさし・中村敦雄・山室和也編著『言語活動中心 国語概説―改訂版』（学文社、2022）

大滝一登・髙木展郎編著『新学習指導要領対応　高校の国語授業はこう変わる』（三省堂、2018）

鶴田清司『国語科教師の専門的力量の形成―授業の質を高めるために（オンデマンド版）』（溪水社、2016）

町田守弘編著『明日の授業をどう創るか―学習者の「いま、ここ」を見つめる国語教育』（三省堂、2011）

1章

国語科の制度─学習指導要領と教科書

キーワード 教育制度　日本国憲法　教育基本法　教科書検定
デジタル教科書　広域採択

1 日本国憲法と教育基本法

　教育にはさまざまな制度がある。学校制度は教育制度の中の一つである。中学校・高等学校は学校教育の中の一部であり、国語科は学校教育の中に位置付けられている。国語科教育が社会と遊離し、独立して存在しているわけではない。

　国語科教育の目的と目標は、さまざまな形で考えられてきた。その根本として知っておかなければならないものとして日本国憲法と教育基本法とがある。

　1945 年にポツダム宣言が受諾され、新しい日本の建設が始まる。1946 年には、主権が国民に存することを明記した日本国憲法が発布された。主権者である国民にはどのような言葉の力が必要であるのか、そうした言葉の力はどのように育成すればよいのかということを考えることが、国語科のあり方を考えることの出発点となる。

　日本国憲法の下で 1947 年に教育基本法が制定され、戦後教育の目的や方針が下記のように定められた。

　第一条（教育の目的）　教育は、人格の完成をめざし、平和的な国家及び社会の形成者として、真理と正義を愛し、個人の価値をたつとび、勤労と責任を重んじ、自主的精神に充ちた心身ともに健康な国民の育成を期して行われなければならない。

第二条（教育の方針） 教育の目的は、あらゆる機会に、あらゆる場所において実現されなければならない。この目的を達成するためには、学問の自由を尊重し、実際生活に即し、自発的精神を養い、自他の敬愛と協力によつて、文化の創造と発展に貢献するように努めなければならない。

教育基本法の理念の下で、同年に学校教育法が制定され、新制の小学校と中学校とが設置された。1948 年には新制の高等学校が設置された。新制大学もこの頃から設置されていった。

6・3・3・4制の学校制度の整備とともに、男女共学の実施、教育委員会制度の創設などの新制度も開始された。敗戦による虚脱感、設備の不備、物資の欠乏など、さまざまな問題が山積する中、教育界も新しい国家形成へと歩み始めたのである。

2006 年に教育基本法が改正された。新しい教育基本法は前文と本文四章（「教育の目的及び理念」「教育の実施に関する基本」「教育行政」「法令の制定」）および附則から成る。旧教育基本法にはなかった条文には、生涯学習の理念・大学・私立学校・教員・学校、家庭及び地域住民等の相互の連携協力その他があり、男女共学に関する規定が削除されている。新しい条項の多くは、1990 年代から続いた教育改革の柱として位置付けられているものである。

改正された教育基本法の教育の目的は次の通りである。

第一条 教育は、人格の完成を目指し、平和で民主的な国家及び社会の形成者として必要な資質を備えた心身ともに健康な国民の育成を期して行われなければならない。

第二条の「教育の目標」では、道徳心、自律の精神、公共の精神などの理念を規定している。第二条の五には次のように記されている。

五 伝統と文化を尊重し、それらをはぐくんできた我が国と郷土を愛するとともに、他国を尊重し、国際社会の平和と発展に寄与する態度を養うこと。

2008 年に告示された第 8 次の小学校・中学校の学習指導要領（高等学校は2009 年）では、「伝統的な言語文化と国語の特質に関する事項」が新設され、小学校から伝統的な言語文化の学習指導が行われるようになった。

2 学習指導要領

　学習指導要領とは、文部科学省が作成する教育課程の基準である。小学校・中学校・高等学校・中等教育学校・特別支援学校などの教育内容と教育課程の要領や要点が記されている。学校における学習指導の基準であり、また教科書の検定や入学試験の実施に関わる基準でもある。

　1947年にアメリカのコース・オブ・スタディ（course of study）を参考にして作成され、初めに一般編が刊行されてから後に教科編が刊行された。1947年版は指導における手引き書という性格であった。1958年版から官報に公示され、法的拘束性を持つとされている。それ以降は一般編と教科編とに分けず、一本化した中で「総則」「各教科」「道徳」「特別教育活動」その他について記述している。以下、学習指導要領改訂をめぐる内容の変遷を概観する。

(1) 1947（昭和22）年「学習指導要領　国語科編（試案）」発表

　アメリカの教育思想の影響を強く受け、学習者の経験や活動を重視した経験主義の考え方を参考資料として示している。「話すこと（聞くことをふくむ）／つづること（作文）／読むこと（文学をふくむ）／書くこと（習字をふくむ）／文法」という領域構造となっている。経験主義の考え方を具体化した教育方法が単元学習である。単元学習は、課題を設定し、それを解決したりそれに関わる作業をしたりする過程で言語活動を経験させて、言葉の力を育てるものである。積極的に取り組み、数多くの単元学習の開拓を重ねた実践家がいる一方で、新しい方法を前に困惑する指導者も多かった。

(2) 1951（昭和26）年「小学校学習指導要領　国語科編（試案）」発表
##　　　 1951年「中学校高等学校学習指導要領　国語科編（試案）」発表
##　　　 1956（昭和31）年「高等学校学習指導要領　国語科編改訂版」発表

　言語活動と養うべき国語の能力との関係について、小学校の学習指導要領で「国語能力表」が示された。これは、単元学習では学力の範囲と系統性が曖昧

になり、学力はつかないという批判に応えようとしたものである。1947年版の学習指導要領を改訂することによって、経験主義教育に基づく国語科教育のあり方を集大成したものといえる。この時期は「経験主義と能力主義」「文学教育と言語教育」「生活綴り方と作文教育」などをめぐる論争が展開され、国語教育のあり方が模索されていた時期である。領域構造は「聞くこと／話すこと／読むこと／書くこと（作文）／書くこと（書き方）」となった。高等学校の科目は「国語（甲）〈必修〉／国語（乙）／漢文」である。

(3) 1958（昭和33）年「小学校学習指導要領」告示
　　 1958（昭和33）年「中学校学習指導要領」告示
　　 1960（昭和35）年「高等学校学習指導要領」告示

　1951年にサンフランシスコ講和条約が調印され、占領軍が撤退して初めての改訂が行われた。文部省告示となり、それまでの参考資料としての性格が大きく変わった。基礎学力の低下を指摘する声を受けて、能力主義・系統主義の国語教育への転換が目指されたが、経験主義の傾向が完全に払拭されたわけではなかった。言語生活を向上させることが重視され、内容の精選と整備とが行われている。領域構造は「聞くこと、話すこと／読むこと／書くこと／ことばに関する指導事項」となった。学習指導要領改訂が一つの契機となり、それに対する批判も含め、民間教育研究団体の活動が活発に行われた。高等学校の科目は「現代国語〈必履修〉／古典甲〈選択必履修〉／古典乙Ⅰ〈選択必履修〉／古典乙Ⅱ」である。

(4) 1968（昭和43）年「小学校学習指導要領」告示
　　 1969（昭和44）年「中学校学習指導要領」告示
　　 1970（昭和45）年「高等学校学習指導要領」告示

　領域構造は「聞くこと、話すこと／読むこと／書くこと／ことばに関する指導事項」のまま踏襲された。前回の改訂の方向に沿って基本的な指導事項の精選と系統化を進めている。高等学校の科目は「現代国語〈必履修〉／古典Ⅰ甲〈必履修〉／古典Ⅰ乙／古典Ⅱ」となった。なお、「古典Ⅰ乙」を履修した場合

「古典Ⅰ甲」の履修は不要とされた。1957年にソ連が人工衛星スプートニクの打ち上げに成功した。それに衝撃を受けたアメリカは教育内容の現代化を推進した（スプートニク・ショック）。経験主義教育は批判され、カリキュラム、教科書、教師用指導書、教材などが刷新された。1960年代になるとその影響は各国に及び、日本でも民間教育研究団体によるカリキュラム研究や教材研究が盛んになった。このような時代背景があることを踏まえておこう。

（5）1977（昭和52）年「小学校学習指導要領」告示
##　　　1977（昭和52）年「中学校学習指導要領」告示
##　　　1978（昭和53）年「高等学校学習指導要領」告示

　アメリカに端を発した教育内容の現代化運動は、1970年代になると、世界的に後退していった。その理由として、教育内容の系統性を重視する一方で、学習者の経験や問題意識を軽視する傾向があったことが指摘されている。日本でも、この改訂によって、戦後の国語科教育は大きな転換点を迎えたと言われている。「落ちこぼれ」「詰め込み」「格差の拡大」などが深刻な課題となり、基礎・基本の重視や学習者の個性や能力に応じた教育が改訂の基本方針とされた。国語科では、領域構造が「表現／理解／言語事項」となった。従来の「言語生活の向上の重視」「文学教育の重視」という考え方から、言語の教育としての立場を明確にするものである。高等学校の科目は「国語Ⅰ〈必履修〉／国語Ⅱ／国語表現／現代文／古典」である。1980年代に入ると、読書離れや国語の指導のあり方が大きな問題として指摘されるようになる。従来のパターン化した指導（主題の読み取り・心情の読み取りの弊害）が批判され、読者論が着目されたり「学習者の個性尊重」が主張されたりした。

（6）1989（平成元）年「小学校学習指導要領」告示
##　　　1989（平成元）年「中学校学習指導要領」告示
##　　　1989（平成元）年「高等学校学習指導要領」告示

　1980年代に全国の学校で「校内暴力」「いじめ」などの問題が多発するようになった。1983年に文部省からその実態調査結果が発表された。1987年には、

教育課程審議会が文部大臣からの諮問に対する答申で、豊かな心をもち、たくましく生きる人間の育成、みずから学ぶ意欲と社会の変化に主体的に対応できる能力の育成、国民として必要とされる基礎的・基本的な内容、個性を生かす教育、国際理解を深め我が国の文化と伝統を尊重する態度の育成などを強調した。そうした流れを受けて改訂が行われた。領域構造は前回を踏襲し「表現／理解／言語事項」である。中学校では「選択国語」が第3学年に導入された。「学習者の多様性に合わせる」「学習者の個性を尊重する」ことの一つの現れである。表現領域では、話し言葉教育が重視されるようになったことが特徴として挙げられる。その背景には「無言化社会の進行」が指摘されている。高等学校の科目は「国語Ⅰ〈必履修〉／国語Ⅱ／国語表現／現代文／現代語／古典Ⅰ／古典Ⅱ／古典講読」である。「現代語」と「古典講読」が新設され、今までで最も多い8科目となった。ここにも「学習者の多様性」に応じようとしていることがうかがわれる。

(7) 1998（平成10）年「小学校学習指導要領」告示
1998（平成10）年「中学校学習指導要領」告示
1999（平成11）年「高等学校学習指導要領」告示

　領域構造は「話すこと・聞くこと／書くこと／読むこと／言語事項」に変更された。これは、1977年版の学習指導要領以前にもどり、言語生活の向上や言語活動の設定を再評価したことを意味している。児童・生徒の問題行動の増加、コミュニケーション不全はさらに深刻化し、ゆとりのある教育活動や「生きる力」の育成が強調された。教科の目標にも「伝え合う力を高める」という文言が加えられた。週5日制の導入、「総合的な学習の時間」の新設との関連から、国語科の授業時数も減少された。文学作品の読解指導が詳細になりすぎているとし、「主題・鑑賞」の語句が削減された。高等学校の科目は「国語表現Ⅰ〈選択必履修〉／国語表現Ⅱ／国語総合〈選択必履修〉／現代文／古典／古典講読」となった。小学校・中学校では、指導要録に記載する評価方法が相対評価から絶対評価・目標準拠評価に変わった。目標準拠評価とは、学習指導要領に準拠して目標や評価規準を設定し、それに応じて行う評価のことである。

(8) 2008（平成20）年「小学校学習指導要領」告示
2008（平成20）年「中学校学習指導要領」告示
2009（平成21）年「高等学校学習指導要領」告示

　1998年版の学習指導要領の柱であった「ゆとり教育」は学力低下を招いているとされ、さまざまな論議を巻き起こした。2004年にOECD（経済協力開発機構）の「生徒の学習到達度調査」（PISA）の結果が発表されたことで、学力低下論争はさらに活発化するとともに「読解力」への関心が高まった。2005年には学力テストの方針が出され、2007年から「全国学力・学習状況調査」が開始された。「ゆとり」から学力重視へと転換していく中で、言語活動の充実を明示した学習指導要領が告示された。領域構造は「話すこと・聞くこと／書くこと／読むこと／伝統的な言語文化と国語の特質に関する事項」となった。国語の力をすべての学習に生きる力としてとらえた点、基礎基本の習得とそれを活用することによる思考力・判断力・表現力の育成を重視する点、伝統的な言語文化の指導を重視する点などが特徴である。「総合的な学習の時間」が減少し、全体としては国語科の授業時数が増加した。高等学校の科目は「国語総合〈必履修〉／国語表現／現代文A／現代文B／古典A／古典B」となった。

(9) 2017（平成29）年「小学校学習指導要領」告示
2017（平成29）年「中学校学習指導要領」告示
2018（平成30）年「高等学校学習指導要領」告示

　生産年齢人口の減少・グローバル化の進展・人工知能の進歩等が急速に進み、今後の社会のあり方を予測することが困難な状況となる中で、新しい学習指導要領では、「何を知っているか」から「何ができるようになるか」に向けて重点が移行された。基本方針として、学校教育法第30条2項を踏まえ育成すべき資質・能力が〔知識及び技能〕〔思考力、判断力、表現力等〕〔学びに向かう力、人間性等〕の三つの柱に整理して示された。また、学習者の「主体的・対話的で深い学び」の実現に向けた授業改善を推進すること、各学校の特色を生かしたカリキュラム・マネジメントの構築に向け努力することも求められた。国語科で育成を目指す資質・能力については、小学校・中学校が「国

語で正確に理解し適切に表現する資質・能力」、高等学校が「国語で的確に理解し効果的に表現する資質・能力」と規定され、教科構造が従来の三領域一事項から、〔知識及び技能〕「(1) 言葉の特徴や使い方に関する事項 (2) 情報の扱い方に関する事項 (3) 我が国の言語文化に関する事項」、〔思考力、判断力、表現力等〕「話すこと・聞くこと／書くこと／読むこと」のように変更された。なお、音読・朗読については従来の「読むこと」から〔知識及び技能〕の (1) に、読書については「読むこと」から〔知識及び技能〕の (3) にそれぞれ移行する形で整理された。高等学校の科目は「現代の国語〈必履修〉／言語文化〈必履修〉／論理国語／文学国語／国語表現／古典探究」となった。

3 教科書検定

　教科書とは、一般的には教授に使用される図書のことを指す。法律用語として、教科用図書という名称もある。現在の日本の法制上では、小学校、中学校、高等学校およびこれらに準ずる学校において、「教科課程の構成に応じて組織排列された教科の主たる教材として、教授の用に供せられる児童又は生徒用図書」であって、文部科学大臣の検定を経たものまたは文部科学省が著作の名義を有するものに限られている。

　教科書に関する制度には、国定制、検定制、認定制、自由制などがある。発達段階や国情に応じて選択されている。

　日本では、1881 年に開申制、1883 年に認可制、1886 年に検定制、1903 年に小学校が国定制となり、戦後全校種が検定制となった。

　教科書発行者が申請をすると、文部科学省の教科書調査官が調査し、教科用図書検定審議会で、教育基本法や学校教育法の趣旨に合致しているか、教科用図書として適しているかということなどが審査される。現在の教科書検定は次のような流れとなっている。

　1　申請
　2　審議会委員、教科書調査官等による調査
　3　審議会による審査

審査を受けて合格しない場合は、不合格もしくは決定の留保となる。後者の場合、次のような手続きがなされる。

4　検定意見の通知

5　修正表の提出

6　審議会による再審査

再審査の後、合否が決定される。合格すれば教科書として認められる。

検定に合格するために、教科書は学習指導要領に記述されている各学年の内容を網羅するように編集される。学習指導要領の内容を具体化した書物が教科書であるともいえる。説明文、詩歌や小説、随筆、古文、漢文、音声言語活動、文法、漢字など、1冊の教科書の中ですべてを扱わなければならない。結果的に各教科書は高い類似性を示すことになる。

学校教育法の一部を改正する法律が2019年から施行された。これにより、紙の教科書を主として使用しながら、必要に応じて学習者用デジタル教科書を併用することが可能となった。学年や教科などについては、学校の環境整備や活用等の状況を踏まえて段階的に導入される予定である。

4　無償給与と広域採択制度

日本の義務教育課程では、現在教科書はすべて無償で給与されている。このことに対し、国家財政における負担の軽減などを理由に、教科書の有償化を望む声もある。

教科書の価格は文部科学省告示で定める定価認定基準で種目別、学年別に上限を定め、その範囲内で文部科学大臣が認可することにより決まる。

価格は純然たる製作費ではなく、供給等の費用も含んでいる。そのため、1冊あたりのページ数、カラーページの数、カラー写真の数その他に実質的な制約がある。

義務教育課程では、教科書は広域採択制度によって選択されている。「義務教育諸学校の教科用図書の無償措置に関する法律」により、都市等を単位とする一定地域内では、同一の教科書を使用することになっている。私立・国立の

小学校・中学校では、教科書採択の権限は学校長に属しているが、公立の小学校・中学校では採択の権限は所管の教育委員会に属している。

　広域採択制度の下では、教科書はどのような地域のどのような学習者にも適することを目指して編集される。それは同時にどのような教諭でも教えやすいように配慮されて編集されることでもある。その教科書独自の性格を強く出してしまうと、一部では歓迎されても、全国的には敬遠されるおそれがある。

　学習指導要領、検定、無償給与、定価認定基準、広域採択など、いろいろな要因が関係して、教科書の外側と内側とが決定されている。各教科書会社とも種々の工夫を凝らしているため、細かく見ると違いはさまざまあるのだが、指導する立場で見ない限り、その差にはなかなか気付かない。

（岩﨑　淳）

課題

1　現行の学習指導要領の総則と国語科編とを読んでみよう。できれば解説も参照しよう。
2　現在使用されている中学校用または高等学校用の国語科の教科書を2冊用意して比較してみよう。教科書を用意するときには、次の点に留意しよう。
○異なる出版社であること。
○中学校の場合は同じ学年であること。
○高等学校の場合は同じ科目であること。

【さらなる学びのために】

伊藤洋編著『国語の教科書を考える―フランス・ドイツ・日本』（学文社、2001）
田近洵一『現代国語教育史研究』（冨山房インターナショナル、2013）
日本児童教育振興財団編『学校教育の戦後70年史』（小学館、2016）
文部科学省『学習者用デジタル教科書実践事例集』（2022）

2章

発問・指示

キーワード 発問・指示の条件　発問・指示の考え方　発問・指示と机間指導

1 発問・指示はなぜ行うのか

　表題の問いに対する答えとして、「教師中心の授業では学習者は受け身になりがちで、そのような授業では学習者は充実感や満足感を得られないから」とよく言われる。それは事実だろうか。

　このことを考えるために、発問や指示がほとんど行われない授業の例として、予備校の授業を考えてみる。大手の予備校では、講師による90分間の講義が行われ、その間、発問や指示は行われないことが多い。しかし受講生は主体的に授業を聴き、充実感や満足感を覚えて教室を後にする。

　そうなると「教師中心の授業では学習者は受け身になりがちで、そのような授業では学習者は充実感や満足感を得られない」という言葉の信憑性が揺らいでくる。

　なぜ予備校の受講生は発問も指示もほとんどない90分間の講義に充実感や満足感を覚えるのか。それは、予備校の受講生には「大学に合格したい」という目的（ここでは問題意識と呼ぶ）があり、その問題意識の解決のためにはどうしたらいいのか、と自分に発問し、その問題意識の解決のためにはこの予備校のこの授業をしっかり聴け、と自分に指示し、行動をとっているからである。

　同じ予備校の授業であっても、「大学に合格したい」という問題意識のない者にとっては退屈なだけに違いない。また、「大学に合格したい」という問題

意識を持っていたとしてもその問題意識の解決のためには自習が最も良い、と判断する者にとっても予備校の講義は退屈だと考えるだろう。

このように、自分で問題意識を持つことができ、その解決のための適切な手段は何かと自分で発問し、このように行動せよと自分で指示することができれば、他者による発問も指示も必要はないのである。

つまり、発問とは、問題意識を持たない者、もしくは、問題意識を持っているがその解決手段を考えることができない者に対して思考を強いるものであり、指示とは、そのような者に対して行動を強いるものなのである。

これを国語科の授業に即していえば、ある教材について、その教材に取り組む気のない学習者、一読して分かった気になりそれ以上何をする気も起こさない学習者、内容はよく理解できたのでこれで十分満足だと考えている学習者、理解し切れていない部分があるがその解決手段が見いだせない学習者など、目の前にいるさまざまな状況の学習者に対して、同一の思考を強いるものが発問であり、同一の行動を強いるものが指示である、ということができるだろう。

2 発問・指示の条件

このことから発問・指示とはどうあらねばならないかが見えてくる。それは端的にいえば、学習者を考える気にさせる発問、やる気にさせる指示であらねばならない、ということである。そのような発問の条件とは何だろうか。

(1) 分かりやすいこと

思考する気の希薄な学習者に思考を強い、行動する気の希薄な者に行動を強いるということを考えれば、何を考えたらいいか、何をしたらいいかを分かりやすく示すべきだということは容易に理解できるだろう。

例えば、物語の読解の授業で、教師が「この時、主人公の気持ちはどうなりましたか」という発問を行ったとしよう。学習者が「嬉しい気持ちになった」とだけ答えたが、教師は満足せず、「どんなふうに嬉しくなったのかな」と問いを重ねる。学習者は困ってしまう。どうやら教師が望んでいた解答は「お父

さんが無事で帰ってくるかどうか心配だったが、玄関から「ただいま」の声が聞こえて跳び上がるほど嬉しくなった」というものだったらしい。

　学習者は、主人公の気持ちは分かっていたのだが、理想の解答を持っている教師の気持ちを読み取ることができなかったために、発問に対して適切に答えられなかったことになってしまうのである。

　「何がきっかけで主人公の気持ちが変わりましたか」と問い、学習者が「玄関から「ただいま」の声が聞こえたこと」と答えられれば充分だったはずなのである。稚拙な問いしか発せられないために、せっかくの学習者の意欲を減退させてしまうような事態は避けなければならない。

（2）学習者にとって新鮮な解釈や発見をもたらすものであること

　習熟度の高い学習者は、ある文章を読んで内容を理解すると、もうこれ以上何もしなくてもいいではないか、と考えがちである。そのような学習者に対しては、あまりに易しい発問の繰り返しは退屈以外の何物でもない。新鮮で、知的に面白い解釈や知見を教師がもたらさなければ、学習者は授業中は資料集を読んだり教科書の別のページを繰ったりなどして新しい知見を得ることを求めるようになり、授業に見向きもしなくなる。

　「聞かれなければ考えもしなかったことを考えてみて、その結果新しい発見ができてよかった」、そんな経験を学習者は期待しているのである。

（3）国語好きでもなく感性豊かでもない学習者を想定したものであること

　例えば、物語を読んで、「主人公の行動について思うことを書きなさい」という指示を出した場合、「特に思うことはない」と答えたい学習者がいたとする。その学習者は単に考えることが面倒だったという場合もあるが、真剣に考えても「特に思うことはない」という場合もあるのである。そのような学習者に「よく考えてごらんなさい。何か出てくるものがあるでしょう」と迫るのは、学習者を国語嫌いにさせるだけである。

　このような事態を避けるためには、「特に思うことはない」と答えさせない発問や指示をすればよいのである。例えば、「この後主人公の取った行動を自

分なりに考えて続きの話を書いてみよう」という指示を出すと、学習者は面白がって書くのものである。そして、学習者が書いたものの中には学習者の持つ「主人公観」が必ず入っているものである。

このように、学習者にとって考えやすい発問、手を付けやすい指示を与えて意欲を持たせ、学習者の反応の中から教師が本来求めたいものを得る、という方法があることをぜひ知っておくとよい。

3 発問・指示を考える手順

では、どうすれば学習者をよりやる気にさせる発問や指示を考えることができるだろうか。その一例としての手順を記すこととする。

(1) 一人の大人の読者として教材と向き合う

まず、他念を捨てて一人の大人の読者として時間をかけて教材と向き合い（教材という意識を捨て、作品に向き合うという意識を持つべきである）、どこに感銘を受けたか、どこに疑問を感じるか、どこに納得がいかないか、などの考えをしっかりと持つことである。自分の読みを行い、自分の考えを持つことが、「自分の授業」の出発点となる。

教える側が教材についての十分な知識を持ち、本心から考えていることだからこそ、自信を持って学習者に教えることができる。本当はどこか納得のいかない評論を、その思いを隠してもっともらしく教えても、学習者には感じ取られるものである。

特に文学教材の場合は、解釈の仕方に疑問を感じたところなどは論文集などで多くの知見を得て、そのうえで自分の解釈を確実なものにしておきたい。

(2) 目の前の学習者の現状に鑑みて到達目標を定める

次に、その教材を扱うことによる学習者の到達目標をどこに設定するかを考えるのである。その際に重視すべきなのは、目の前の学習者の現状である。

日頃から学習者の姿をよく観察していれば、年齢や性別の特性、学習者の置

かれている環境の特性（社会状況、地理的環境、学校・学年・クラスなど）、それらの特性からくる考え方の傾向などが分かってきて、今の目の前の学習者にはこれが足りない、これが必要だ、このようなことを考えさせたい、このような視点を持たせたい、などの思いが自然と出てくるものである。

　扱う教材と、目の前の学習者の現状とをかみ合わせて、その教材による到達目標を定めていくのである。学習者の現状をよく知っていれば、「学習者はここではこのように考えるだろうから、それを引っ張り出す発問をした後で発想の転換を促そう」などのシミュレーションを立てることもできるだろう。

(3) 到達目標に達成させうる発問・指示を考える

　次に、定めた到達目標に導くための具体的な発問・指示を考える。この発問には学習者はこう答えるはずだ、ならば次はこう発問しよう、というように、学習者が出してくる答えを想定して、ならば次は、と考えていくのである。授業の展開によっては回答をノートに書かせることや、「○か×か」の択一式発問で全員にどちらかに挙手させることなどの動きのある作業を盛り込むと学習者を飽きさせずに授業にメリハリがつく。

　上記 **(1)** と **(2)** の作業に惜しみなく時間をかけるべきで、そうすれば発問や指示の内容はおのずと出てくるものである。出てこないならば、**(1)** や **(2)** の作業が足りないと考えてよい。**(1)** や **(2)** の作業を怠って無理に発問や指示をひねり出すと、実際の授業の場で無理が生じ、授業が滞るなどの綻びが生じるものである。

4　発問・指示の実例

　ここまでは理念に多くを費やしてきたので、本節では実践例を記すことにする。宮沢賢治「オツベルと象」を扱った発問・指示の実例を記してみたい。

　以下の例は、学習者の現状に合わせて、多様にある解釈や主題論、また主題の有無を巡る論のうちの一つを採用したものである。

　学習者の多くはこの文章を「正義の味方である象たちが悪玉のオツベルをや

っつけるめでたい話」というお決まりの勧善懲悪譚ととらえることが推察される。そこで、この話はそんなに単純な話ではないのではないかという問題を投げかけてみることとしたい。（以下、Ｔ＝教師、Ｓ＝学習者）

まず、学習者がこの話を「お決まりの勧善懲悪譚」ととらえることを確認するために、範読の後にＴ「この作品を通して筆者が言いたかったことは何だと思うか。ノートに書いてごらんなさい。3分間とります。」と指示する。

机間指導の後（机間指導の意味については後述する）、数人にノートに書いた内容を言わせる。推察通り、「悪いことをする人はひどい目に遭う」という主旨のことを書く学習者が多い。

そこで、Ｔ「この話は、正義の味方である象たちが悪玉のオツベルをやっつけて、白象が助けられてめでたしめでたし、という話なのだろうか。もしそうであるならば、白象は最後の場面で大喜びするはずだ。白象は大喜びしているか。」と発問する。Ｓ「していない。「寂しく笑って」と書いてある。」という返答が来る。Ｔ「ならば再度問う。この話はめでたい話なのか。」と発問する。Ｓ「あまりめでたくないのではないか。」という答えが出始める。

この一連の発問と返答の繰り返しで学習者は自己の持つ先入観が覆され、この文章をもっと読み込まなければ、という気持ちを持つようになる。

学習者から「なぜ白象は「寂しく」笑ったのだろうか。」という疑問が自然と湧き上がる。それを発問とし、Ｔ「ノートに書いてごらんなさい。3分間とります。」と指示する。

机間指導の後、ノートに書いた内容を数人に言わせる。Ｓ「白象はオツベルにつらい扱いも受けたが、働くことの喜びを教えてもらうなどしてお世話になってもいたので、助かってよかったけれど寂しい気持ちにもなった。」という答えや、Ｓ「自分の書いた手紙のせいで今まで一緒に仕事をしてきたオツベルがくしゃくしゃにされてしまったから。」という答えが出る。

そこで、Ｔ「「自分の書いた手紙のせいで」と言ったが、白象は「オツベルを殺してくれ」という手紙を書いたのか。」と発問する。Ｓ「書いていない。」と答える。Ｔ「ならば何と書いたのか。」Ｓ「「ぼくはずいぶんめに遭っている。みんなで出てきて助けてくれ」と書いた。」Ｔ「議長はその手紙を読んで何と

言ったか。」S「「オッベルをやっつけよう」と言った」。T「「オッベルをやっつけよう」と聞いた山の象どもはオッベルをどうしてしまったのか」。S「オッベルをくしゃくしゃに潰してしまった。」

このテンポのよいやりとりの後、T「なぜ白象は「寂しく」笑ったかがわかったでしょう。ではもう1回、この作品を通して筆者が言いたかったことは何だと思うか、これから配る用紙に書いてごらんなさい。答えは一つとは限りません。今回は10分程度時間をとります。」と指示する。

時間終了後に回収し、クラス全員分を縮小印刷して次時に配付する。そしてクラス全員が書いたものをクラス全員で読み合うという学習を行う。

回答としては、「言葉は思い通りに伝わらない」という主旨のものが多いが、「答えは一つとは限りません」との補助言があったため、それに加えて「調子に乗ってしまう人間の愚かさ」、「人間が自然と対峙することの過酷さ」などさまざまな回答を得ることができた。

以上、学習者を先入観から脱け出させ、多様な解釈を抱かせたうえでそれをクラスで共有するまでの一連の手順を紹介した。

5 発問・指示の工夫の一例

教育実習生の教壇実習を見ていると、発問に対する学習者の返答が全く想定外だった、もしくは発問の内容を取り違えた返答だった、などのために、実習生がその場でどう対処したらよいか分からず戸惑ってしまい、授業がそこでストップしてしまうという状況がよくある。実習生にしてみれば最も恐れる事態であろう。ではこのような事態を未然に防ぐにはどうすればよいだろうか。

理想論的な答えは、「分かりやすい発問にすること」、そして「学習者から出てくると思われるすべての返答を事前に予測しておき、対処法を考えておくこと」、というものであろう。前者は必須であるが、後者は実習生には経験不足による限界がある。このことに対処する例として次のような方法がある。

発問の答えはノートに書かせる、もしくは答えに該当するテキスト上の箇所に傍線を引かせる、○か×かを問う発問であればノートに○か×かを書かせる

など、教師の目に見えるように作業化させるのである。その間教師は机間指導を行い、指名する学習者の当たりを付けておくのである。早く正解を出させて授業を進めたい場合には正解を書いている学習者を指名すればよく、対立する意見を出させて考えさせる授業を展開したい場合には授業を展開しやすくする内容を書く学習者を指名すればよいのである。なお、この方法を用いる場合は、書かせる内容は短いものの方が、机間指導が手早くできる。

この方法には、次に挙げる利点もある。

第一に、全員参加を保証し、学習者全員が発問に取り組んでいるかどうかを視認できるという点である。発問の後に個人を指名すると、指名された個人以外は考えることをやめてしまいがちだが、この方法であれば全員に等しく考えさせることができる。また、全く手が進んでいない学習者は、集中力が散漫であるか発問に対処できないかが考えられるので、その場で「どうしたの。」と声をかけ、学習者の状況に応じた対処をすることができる。

第二に、発問の内容を取り違えられていないかどうかを知ることができるという点である。もし多くの学習者が発問の内容を取り違えていると見受けられた場合は、補助言などで発問の内容を修正することができる。ただ、これは発問の吟味不足が招いた事態であることを肝に銘ずるべきである。

第三に、学習者の作業時間中に授業計画を検討することができるという点である。本時の残り時間を学習指導案通りに進めて問題がないか、修正が必要か、どのような修正が必要かなどを考える時間を確保することができる。短い時間であっても、授業時間中にこのような時間があるのはありがたいものである。

以上、大変有用な方法を述べたつもりであるが、当然ながら「この方法ありき」なのではなく、綿密な教材研究が何よりも優先されることは論を俟たない。

6 発問・指示を行う際の注意点

最後に本節では、発問や指示を行う際に無意識にしてしまいがちで、そのために発問や指示の内容を損ないかねない注意点を挙げることとしたい。

（1）指示の内容を十分に吟味する

　学習者に、教科書の指定するページを開いてほしいとき、どのような口調で行うのが適切だろうか。例えば次のような言葉が思い浮かぶ。「（〇ページを）開きなさい」「開いてごらんなさい」「開いてごらん」「開きましょう」「開いてください」「開いてほしいと思います」「開いて！」「開きます」。

　では、クラスメイトが発表中にもかかわらず私語が多く騒がしい教室を静かにしたいときにはどのような口調が適切だろうか。指定するページを開いてほしいときよりは命令の口調の方が適切だと感じるかもしれない。このように、どのような口調が指示として適切なのかについては、一つの正解があるわけではない。

　求められるのは、すべての学習者が「〇ページを開く」「静かに人の話を聴く」という結果であって、その結果が達成されれば、どのような口調でも指示の言葉として「適切」なのである。

　先ほどの例では、なぜ、教室を静かにしたいときは、命令の口調がより適切だと感じるのだろうか。それは、「人の話は静かに聴くものだ」という通念に強い合理性があるためではないだろうか。だから教師は自信をもって「静かにしなさい」と言えるのだろうし、学習者もそうすることが理にかなっていると感じるためにその言葉を威圧的に感じずに納得して私語をやめるのだろう。

　教師に求められるのは、命令の口調でも威圧感を感じさせず、穏やかな口調でも学習者が納得してしたがうような、「今、ここ」で行うものとして合理的な指示であるかを十分に吟味することである。

（2）発問や指示の内容を伝える際に心がけたいこと

　一旦、発問や指示を行った後に、確認のために発問や指示を繰り返すことがあるが、その際に先に話した内容と異なった内容を話してしまい、学習者を混乱させることがある。

　例えば、「この段落のあらすじをノートに書いてごらんなさい」と指示し、学習者が作業を始めてしばらくした後で「この段落のキーポイントは何だったでしょうか」などとつい口走ってしまう場合である。教師は同じ趣旨の発言を

していると思い込んでいるが、学習者にとっては「あらすじ」を書けばいいのか「キーポイント」を書けばいいのか混乱してしまうのである。

　発問や指示の内容は、補助言や言い換えなどをせずに学習者が理解できるよう事前によく吟味し、発問や指示を再度伝える場合はできるだけ言い換えないことを心がけたい。

　ただし、学習者の作業状況などから、教師が発した発問や指示の内容が学習者に理解されていない様子が見て取れた場合には、追加の言葉掛けが必要となる。その場合であっても、教師から発せられた発問・指示の言葉を自分なりに咀嚼して作業を進めている学習者もいることを考え、その努力を無駄にしないために、作業の進め方などをより分かりやすく説明するための追加の言葉とするよう心がけたい。

（3）学習者のことばを大切にする

　学習者からの返答を教師が自分の授業をしやすくするために言い換えてしまうことが少なくない。

　例えば「この場面の主人公の心境は？」と問い、学習者から「怖かった」という返答を受けたのに「そうだね、怖かったんだね。「言い知れぬ恐怖心」と言ってもいいかな」と言い、「言い知れぬ恐怖心」という板書案通りの板書をするのである。

　教師はこのような言い換えを無意識的に行うことがある。学習者はこのように自分の答えた言葉を言い換えられてしまうと、「自分はそんなことは言っていない。あの先生は生徒の言葉を都合良く言い換えて授業を進めてしまう。あの先生にとって、生徒とは自分の思い通りの授業を進めるための道具でしかないんだ」と思うようになり、まともに答えようとしなくなる。

　学習者からの返答はたとえ教師の予想通りでなくても、それで授業の進行に大きな支障がないのであれば学習者の言葉のまま板書するなどしたほうがよい。学習者の返答が長文で、それを教師が要約するような場合もあるが、その場合にもできるだけ学習者のことばを大切にしたい。

（4）学習者の回答に対する善し悪しの評価はしっかり伝える

　学習者が間違った答えを発した際に、「それは間違いである」と言うと学習者を傷つけると思ったり、「それは間違いである」と断言する自信がなかったりなどの理由で、「そういう考え方もあるにはあるけど、……」と曖昧な対処の仕方をする授業がよくある。そのような態度が学習者を最も困らせるのである。教師が確固たる考えを持って授業に臨めば、曖昧な読み方をして根拠の薄い解答を発する学習者には「それは根拠が薄い」と自信を持って言えるはずで、そうすることが真面目に考えている学習者のためになるのである。

　これとは逆に、せっかく学習者が良い答えを言っているのに、「うん。」などと曖昧な返答をしたり、同じ発問の回答を別の学習者に求めたりする授業も見ることがある。教師が何らかの評価をしないと学習者は自分の発した回答が正解なのか不正解なのか、妥当な解釈なのか否かが分からず困ってしまう。

　正解なのであれば「その通り！」、妥当なのであれば「良いこと言うね！」というふうに、良い答えには大げさなくらいに褒めることがその学習者にとっては嬉しく、他の学習者にとっても意欲の喚起に繋がるのである。

7　発問・指示に ICT を活用する

　発問に対する考えや意見を学習者に求めたり、学習活動の指示を行ったりする際に、ICT を活用することで、より充実した学びを実現することができる。例えば、「この場面の登場人物の思いを考えてみよう」といった発問の場合、これまでは教師は生徒を指名して口頭で答えさせ、教師の想定する回答が得られれば教師はそれを板書して授業は先に進み、想定外の回答であれば別の生徒を指名するといった形で行われていたことが多かったように思われる。

　また例えば、「形式段落の内容を要約してみよう」といった学習活動で、複数の生徒の回答を見てみたいというような場合は、教師はまず学習者個々のノートに書くことを指示し、次いで何人かの生徒を指名して黒板に書かせ、個別に評価するなどの手段で行われていた。なかには、生徒全員の意見をクラス内で共有することを志し、授業時間内に書かせた全員のワークシートを縮小印刷

して次時に配付して読み合うといった手間暇をかけることもあった。

　今日では、ICT を活用することで、教師の発問に対する回答や、指示内容を学習者全員がオンライン上に同時に書き込み、その場で共有することが容易にできるようになった。そうすると、同じ授業時間内に、学習者は自分以外の多くの考えを読んで自身の意見をふり返り、まとめ直すといったような、その先の学習を行うこともできるようになる。

　このように、ICT を効果的に用いることで、学習者全員が考え、発信し、それが他者に受容される機会を保証することができる。このことは、学習者は主体的に授業に参加する意識の向上につながり、他者の意見を取り入れ、取り入れられるという対話的な営みによって自身の考えを深めるという点で、より充実した学びをもたらすことになりうる。

　上記の例は ICT を活用した発問、指示の一例にすぎない。ICT ツールは日進月歩で、ネット上でも優れた ICT の活用法や実践が多く紹介されている。現場に出る前に多くの実践例を収集し、多くの ICT ツールに触れておきたい。

（大貫　眞弘）

> **課題**
>
> 1　発問・指示とはどういうものかということについてのイメージをつかもう。
> 2　学習者を引きつける発問・指示とはどういうものか、自身が受けた授業の経験なども踏まえて考えてみよう。
> 3　一つの教材を例に挙げて、発問・指示を含めた授業過程を構想してみよう。

【さらなる学びのために】

小林康宏『子どもに確かな力がつく授業づくり 7 の原則×発問＆指示』（明治図書、2018）

土居正博『子どもの聞く力、行動する力を育てる！指示の技術』（学陽書房、2021）

日本国語教育学会監修、寺井正憲・伊崎一夫編著『シリーズ国語授業づくり　発問—考える授業、言語活動の授業における効果的な発問』（東洋館出版社、2015）

向山洋一『新版 授業の腕を上げる法則』（学芸みらい社、2015）

3章

板書・ノート指導・ワークシート

キーワード　　言葉の力の育成　　対比・対立・変化　　個人的な営為

1　板書の基本

　人が発した音声は一瞬にして消えてしまう。口頭による説明だけでは、ものごとを理解するのに相当な時間を必要としたり誤解が生じたりすることがある。説明の内容が複雑になればなるほど、その傾向は強くなっていく。

　授業において簡便かつ有効な教具は黒板であり、ホワイトボードである。板書のしかたによって、学習者の理解の度合いには差が生じる。1年間、あるいは3年間という期間で考えれば、その差は極めて大きなものとなる。板書の工夫は良き指導者となるための必須事項である。

　板書をする際にまず心得ておくべきことは以下の3点である。

（1）分かりやすさを心がけて書く

　これには二つの面が含まれている。一つは視覚面での見やすさであり、一つは内容面での分かりやすさである。

　見やすい文字を書くためには、次のようにするとよい。

・大きく書く　チョークやボードマーカーを親指と中指で挟み、人指し指を添えるようにする。安定させるために薬指や小指を添えてもよい。ペンで筆記するときのように持つよりも可動域が広くなり、大きな文字が書ける。

・丁寧に書く　美しい文字を書くことはできなくとも、楷書で丁寧に書くこと

は誰にでもできる。チョークやボードマーカーを板面にたたきつけるようにすると乱雑になりがちである。あまり力まずに、各文字を同じ大きさで書く、各行の頭をそろえて書くなどのことを意識する。

・事前に準備をする　板書計画を立てたら、板書する予定のすべての漢字の筆順を調べておく。始業前にはチョークやボードマーカーがそろっていることを確認し、必ず携帯する。教室にあるという期待はもたないほうがよい。黒板なら白黄の2色、ホワイトボードなら黒青赤の3色が見やすい。内容面については次節で記述する。

(2) 学習者の反応を見ながら書く

　これは板書だけではなく、授業の基本的な心得の一つである。授業を進める中で、解説を加えたり学習者の発言を取り入れたりしながら、板書を作り上げていく。学習者の理解を確かめながら板書が進められ、授業終了時に板面に教材の構造が明らかになったとしたら、それは一つの理想的なあり方だといえる。予定していた板書を時間内に書くことだけを念頭におき、学習者を置き去りにしたまま授業を進めても何の効果もない。

　大切な事柄をある程度まとめて板書し、ノートに筆写させる場合がある。そのようなときは、学習者が筆写する数行先を書くという程度がよい。説明を加えるのは、学習者の大体が書き終えてからにする。書くことに専念しているときに何かを言われても頭に入らない。好ましくないのは、学習者に他のことを課していながら（例えば、ある学習者に教科書を音読させ、他の学習者に聞くように指示しておきながら）指導者が板書を始めることである。これでは注意力が分散されてしまう。

　問題の解答を学習者に板書させることがある。文字の巧拙や解答の内容によっては、書いた本人を軽視するような雰囲気が生まれる可能性がある。板書させる場合は、複数の学習者を指名する、指名された全員が書き終えて着席してから解説する、誰が書いたのかはあまり話題としない、などの配慮を頭に入れておくとよい。

（3）重要なことを書く

　「重要なことを書く」ために、「この授業で重要なことは何か」「それを効果的に示すにはどうすればよいか」ということを明確にしておく。効果的な板書は入念な教材研究から生まれる。

　重要な内容を筆写させることは意味のあることなのだが、あれもこれもと延々と書き連ねるのは好ましいことではない。板書内容が整理されていないということは授業の準備が不十分であるということを意味する。50分授業であれば、板面1面分の板書が適切である。図や表などで板面を必要とする場合を除き、1面分を消してからもう1面分を書くという程度がせいぜいで、2度消して3面分を書くのは避ける。板書すべき事柄が多いのなら、あらかじめ印刷したものを配るほうがよい。

2 板書の例

　板書計画は、教材研究の結果生まれるものである。教材を繰り返し読み、その教材の特徴を考える。その教材の価値を把握する一方で、自分が担当している学習者にとってその教材を学習することはどんな意味をもつのか、どのような学習目標を設定すべきなのかを考え続ける。やがて学習指導の方向性が見えてくる。苦しい作業でもあり、楽しい作業でもある。

　教室には、高い学力を持つ者がいる一方で、読書経験の乏しい者、読み取る力のない者もいる。文章を一読しただけでは内容がつかめなかったり深い理解にいたらなかったりすることが多い。

　図や記号を用いたり、色を使い分けたりしながら、文章の内容を構造的に示すことが、学習者の理解を助けることになる。特に「対比」「対立」「変化」に着目することが、文章の内容を理解するうえでの鍵となる。

　図3-1 にヘルマン・ヘッセの「少年の日の思い出」の板書の例を示す。作者であるヘッセは著名な詩人・小説家であり、1946年にノーベル文学賞を受賞している。「少年の日の思い出」は、1947年に『中等国語二』（文部省）で教材化され、それ以後複数の検定教科書に掲載されている。代表的な中学校教材

板書例1　上段に行動・下段に心情をまとめる

行動	心情
うわさを聞く	興奮する
訪問する	待ちきれなくなる
不在を知る	
侵入する	欲望を感じる
針を抜く	誘惑に負ける
盗みをする	大きな満足感を感じる
足音を聞く	良心が目覚める／下劣な行為を恥じる／見つかることへの不安を感じる
破損する	ヤママユガを潰したことを苦しむ
母へ告白する	悲しい気持ちになる

☆エーミールに対する思いやりの気持ちがない

板書例2

宝物の破壊者　盗み・破損・拒絶に苦しむ

少年　謝罪

→軽蔑　　怒り←

エーミール　和解の拒絶
被害者　　宝物を破壊されたことに苦しむ

少年とエーミールの苦しみは異なっている

☆理解しがたい人間の存在を知る

☆一度起きたことは、もう償いのできないものだと悟る

＊板書例1の傍線部分は転換点なので（色を変えて）線を引いたり枠で囲んだりする

＊板書例1と2の波線部分は重要な部分なので別の色で書く

図3-1　「少年の日の思い出」板書例

の一つである。

　この作品では「10歳の頃の少年とエーミールの対比」「ヤママユガ（クジャクヤママユ）に関するうわさを聞いた少年の行動と心情の変化」「少年とエー

ミールの対立」などに着目させることが有効な教材である。

3 ノートの役割

　ノートをとることが重要なのは、第一にノートをとるという行為が学習者の言葉の力を育成するからであり、第二に書き記した結果である記録そのものが学習者にとって価値をもつからである。

　学習者はさまざまな目的をもってノートを用いる。国語科の授業では、次のような例が挙げられる。

・**板書の内容を書き写す**　これは学習の基本である。これができないということは学習の基本習慣が身に付いていないということになる。文字を書くことに抵抗を覚える者ほど学習が不振であることが多い。

・**文章を視写する**　文章を視写する過程で、漢字を覚えたり語彙を獲得したり文章全体の構成を理解したりする。基礎力が不足している学習者に教材本文を書き写させるとそれだけである程度の向上が見られることがよくある。現代の文章の場合は中位以上の学習者には顕著な効果は見られないが、古文や漢文の場合はどのレベルの学習者にも有効である。

・**指導者の話を筆録する**　授業は板書がすべてではない。指導者が語る内容から重要な部分を選んで記録する能力は一生の財産となる。中学・高校段階でぜひ育成しておきたい力の一つである。

・**課題とその答えを書く**　頭の中で書く内容を考えていたとしても、実際に書こうとすると不十分だということが多い。模範解答と自分の解答を比較して、思考の過程を省みることで、自分の正当性を確認したり不足している点を理解したりすることができる。自分の解答を書く前に正答を示されたのでは、言葉の力の伸長はあまり期待できない。

・**文章の内容をまとめる・自分の意見や感想を書く**　書くことで頭の中が整理されていく。書いていく過程で思考が深化していったという経験のある人も多いだろう。短い時間でも、授業時に文章を書くという活動を日常的に設定していると、学習者の言葉の力の育成に大きな影響を与える。

中学・高校では定期考査を実施していることが多い。授業中はその内容を理解できていても、時間の経過とともに頭の中から抜け落ちていく。学習の記録をきちんととり、日をおいて繰り返しそれを確認していくことで学力は定着していく。学力の形成において、ノートの果たす役割は決して小さくない。

4　ノート指導のあり方

　ノート指導の難しさは、個人的な営為にどこまで踏み込んで指導できるのかというところにある。社会人が講演会でメモをとるときのことを例にして考えてみればそのことが分かる。情報収集のあり方は個性や目的、知識の量によって異なる。どれが正しいということはできないし、どれが好ましいということすら分からない、言えないという場合もある。「メモをもとにその講演の内容が再現できることが理想だ」という意見もあるが、それに同意しない人もいるだろう。「自分のアンテナに引っかかったこと、知らなかったことをメモする」としている人の場合、講師の語った内容が既知の事柄ばかりであったらメモをとる必要はない。

　学校教育においても、優秀な学習者の場合、授業内容がすでに頭に入っていることもあるし、指導者の話を聞くだけですべてを理解し、かつほとんど覚えてしまうというようなことがある。そうした学習者の場合、自分が興味を覚えたことや必要な事柄だけをノートに書いて終わりとすることが多い。彼等は決して指導者を軽んじているわけでも、労を惜しんでいるわけでもない。発達段階や学力差を無視して一律に指導しても、多くの成果は望めない。

　一方、指導者が面倒を見れば見るほど学力が伸長していくということも実際にはある。テストの有無に関わらず、常に自己の向上に励むということが理想である。大人ならそのように毎日を過ごしている人は少なくない。しかし、十代で中学や高校に在学している場合「テストがあるから、それに向けて学習する」としている者が多い。同じようにノート提出を課すことが日々の授業の取り組み方を支えることがある。「入学して間もない」「学習の方法が確立されていない」「定期的に点検しないと怠ける傾向がある」などの場合はノート指導

が必要となる。

　ノート指導は次のことから始めるとよい。

・筆記用具を選ぶ　書き味がわるいと思考が停滞する。筆記具の選定は重要なことである。ボールペンの先が滑りすぎたり鉛筆やシャープペンシルの芯が硬すぎたりすると、腕や手に不自然な力が入り、肩が凝る原因となる。軸やクリップによっては指や手に負担をもたらすこともある。そうした筆記具は学習に集中することを妨げる。書きやすい筆記具を選び、姿勢をよくするだけで学習の能率が格段に向上することがある。

・定期的にノートを提出させる　感想文・意見文などを頻繁に書かせて提出させていたり、読書ノートを定期的に提出させたりしているのであれば、必ずしも必須ではない。そうでないのなら、定期的に授業ノートを提出させて点検する。「1学期の間だけ」「指導者が指名した学習者だけ」などのようにするのも一法である。

　ノートをとることは学力向上のための手段であり、ノート作成が目的ではない。美しく書くことが学習内容の整理に結びついていればよいのだが、「ノート提出に向けて何時間も費やして彩色に工夫を施しているだけ」「学習した気分にひたっているだけ」となったのでは本末転倒である。

　学習者Aに適したノートのとり方が学習者Bにも適しているとは限らない。ノート指導は何のためにするのか、目標をどこに設定するのかを実施にあたってよく考えておかなければならない。

5　ワークシートの特徴

　「あなたのことを知りたいので、この紙に自分自身について書いてください」という言葉とともに1枚の白い紙を手渡されたとしたら、どのような対応をするだろうか。

　「出身校」「趣味」などの項目を立てて箇条書きに書く、自分の人柄がよく表れているエピソードを小説風に書く、イラストを入れて彩色したり縦書きと横書きを混在させたりして読む人を楽しませるように書く……。その他さまざ

な書き方が考えられる。その一方で、何をどのようにすればよいのか思い付かず、困惑するという人もいるだろう。

手渡されたのが白い紙ではなく、履歴書用紙だったらどうだろうか。初めから項目が印刷されているので、何を書くかということで困ることはない。自由記述の欄が設定されていても、わずかな空白しかないことが多い。

履歴書には、書く側にとっては書きやすいだけでなく、読む側にとっても読みやすく、短時間に多くの量を処理しやすいという利点がある。その反面、設定された項目以外のことを知るのには限界がある。

授業におけるワークシートを履歴書用紙に置き換えて考えてみると、その特徴がよく分かる。

○効率的に理解の共通化や知識の共有化を図りやすい。

○方向性が明確になり学習しやすい。

○授業内容が明確となり復習しやすい。

上記は学習者の立場からの利点である。指導者の立場からそれぞれの点について再考すれば、その特徴はいっそう明らかとなる。3番目の点で考えれば、欠席者への支援もワークシートがあれば、比較的容易となる。

口頭で説明したり、必要な情報を板書したりするのには、それだけの時間が必要となる。量が多くなければそれほど問題とはならないのだが、多量となると学習の効率は低下する。口頭では前に説明されたことを忘れてしまうし、板書では、指導者も学習者も書くことだけに精一杯となるおそれがある。板書の量が多ければ多いほど、指導者・学習者とも書き間違いをする可能性が増える。

教室における学習者の学力は一様ではない。2・3年生のように、前の学年で同じ授業を受けていたとしても、理解や知識の定着記憶には個人の差がある。まして、1年生のようにいろいろな学校から進学してきている場合は、どれほど学習しているのか分からないのが実状である。

事前にワークシートを用意しておけば、指導者・学習者とも授業時における負担が少ない。先に述べた通り、授業を欠席した場合でも、ワークシートは授業内容の把握にかなり有用である。

学習状況を把握する場合でも、ノートを点検するよりもワークシートに書かれたことを点検するほうが容易である。ワークシートなら、採点・点検したうえで次の授業時に返却することが可能だが、ノートでは難しい。

　ワークシートのマイナス面としては、次のことが挙げられる。

- 自由度が少なく、作成者の発想の枠にはめることになりやすい。
- 自分でまとめる力や一から考える習慣が育たない。
- ワークシートが中心になると、指導者の話を聞かなくなる。

　これらは、ワークシートの持つ利便性の裏返しである。

　ワークシートを基本とした授業を常に構想するのは有効ではない。また、ワークシートをまったく使わないとするのも得策ではない。教材や学習内容に応じて適宜取り入れればよいのである。

　ワークシートはその内容や形式からいくつかに分類できる。ここでは仮に三つに分けたが、同じ紙面の中に複数の要素を入れて作成してもよい。

【マニュアル型】事項の解説や学習活動の手順の説明を記したワークシート→発展的・補足的な学習やグループ別の課題・長期休業中の課題などの説明に適している（図3-2）。

【整理・理解型】指示に従って学習者が記述する過程で、学習内容を理解したり確認したりしていくワークシート→複雑な内容の整理に適している。

課題　自分を語ろう

中学校に入学して一か月がたちました。学校にも慣れてきたころでしょう。学校生活への感想もまじえながら、自分を紹介してみましょう。必要なら国語辞典や漢字の本も活用して、【二】【三】両方とも挑戦しましょう。

【一】漢字を使って、自分を表現しましょう。

（先生の例）
愛好昼寝
中学教諭　国語担当　東京在住　趣味読書

＊いくらでも続けられます。どんどん書いてみましょう。

【二】氏名を使って、自分を表現しましょう。
名まえは、周囲の人の願いをこめてつけられた大切なものです。一生つきあっていく言葉です。氏名を使って、自分を語る文章を書いてみましょう。

（先生の例）
いわ　言われる前に取り組もう
さき　先に先にと仕事を進める
じゅん　純粋な精神の持ち主でありたい

＊この例は漢字に合わせて書きました。一文字ずつ分けて書いてもかまいません。小さな「つ」「よ」などは大きな文字としてもかまいません。

図3-2　ワークシート例

【ドリル型】設問がありそれに対する解答を記入するようになっているワークシート→基本的な知識の定着や既習事項の確認に適している。

通常はノートにまとめさせるようなことでも、「まとめ方を覚えさせるために4月と5月だけはワークシートを使用する」「行事の関係で授業時数が不足している場合は（ノートにまとめさせずに）ワークシートに記入させる」など、状況に応じて柔軟に考えていくことが肝要である。

作成する際は「説明の時間が十分とれるときは大要だけを記す」「説明の時間があまりとれないときは細かいところまで記しておく」などを念頭におくとよい。

6 ICT 機器の活用

GIGA スクール構想により、「1人1台端末」が示された。2024年現在、高等学校ではまだ進捗状況に差があるが、中学校ではほとんどの学校ですでに実現している。

ICT 機器の活用によって学習指導の形態は大きく変わる。「板書をする」「ノート指導をする」「ワークシートを用いて指導する」等のかなりの部分でICT 機器を用いることが可能である。

ICT 機器を活用することには、いくつかの利点がある。ここでは二点あげる。

一つめは、指導の蓄積が以前よりいっそう容易となることである。ワークシートにしても、スライドにしても、一度作成すれば、次年度以降は修正して使える。

二つめは、指導者の負担が軽減することである。書き間違いをしないようにしながら、異なるクラスで複数回の板書をするのは、精神的・肉体的に負担を強いられる。ノートやワークシートを集めたり、返却まで管理したりすることにも、ある程度の時間と労力とが必要となる。

一方で、懸念されることもある。その一つは、学力の定着の度合いである。

板書をノートに写し、そこに教員の説明を適宜筆録し、自宅での復習の際に自分なりの補足を加え、定期的にノートを見直すという行為によって、理解が深まり、学力が定着していく。スライドをデータで渡したとしても、同等の効果があるとは期待できない。

　その他、ノートやワークシートではその書きぶりから学習者の学力や学習の進捗状況がある程度把握できるのだが、データではそれがわかりにくいということもある。また、提出物を見る場合、少人数ならデータよりも紙のほうがはやいこともある。

　ICT 機器は便利だが、万能ではない。目的や状況に応じて適切な学習指導のあり方を考えていくとよい。

　なお、ICT に関しては本書の「12 章　効果的な学習指導の進め方」で詳しく扱っている。

（岩﨑　淳）

> **課題**
>
> 1　芥川龍之介「トロッコ」を中学１年生の授業で教えると仮定して、次の板書計画を考えてみよう。
> 　○工事場から２軒目の茶店までの道を整理する
> 2　中学１年生の４月に授業ノートの指導をすると仮定して、その見本をワークシートで示してみよう。「中学１年生」の部分を「高校１年生」と変えてもよい。また、「授業ノート」を「読書ノート」としてもよい。

【さらなる学びのために】

岩﨑淳『授業改善をめざす』（明治図書、2010）

古賀毅・高橋優編著『教育の方法・技術と ICT』（学文社、2022）

日本教育方法学会編『教育方法学研究ハンドブック』（学文社、2014）

野口芳宏『全員参加の授業作法』（学陽書房、2018）

町田守弘『授業を創る―【挑発】する国語教育』（三省堂、1995）

4章

「話すこと・聞くこと」の授業

キーワード　　取り立て指導　　能力の測定　　対面性の克服　　活動の意義

1　学習指導要領における位置付け

（1）「話すこと・聞くこと」としての位置付け

　2017・2018 年版学習指導要領では、国語科の内容を〔知識及び技能〕と〔思考力、判断力、表現力等〕とに二分したうえで、〔思考力、判断力、表現力等〕の最初に「A　話すこと・聞くこと」の指導を掲げている。その後に「B　書くこと」「C　読むこと」と続くが、この 3 領域の示し方は、1998・1999年版から変更がない。

　したがって、「話すこと・聞くこと」の指導には過去 20 年にわたる実践の歴史があるはずだが、実際には未だその指導実績は十分とはいえない段階にある。特に高等学校では、中央教育審議会答申「幼稚園、小学校、中学校、高等学校及び特別支援学校の学習指導要領等の改善及び必要な方策等について」(2016) の中で、「話合いや論述などの「話すこと・聞くこと」、「書くこと」の領域の学習が十分に行われていないこと」が課題として指摘された。このような課題の解決を目指して「科目構成の見直しを含めた検討」が図られたが、これからの社会を生きていく子どもたちの将来を考えれば、枠組みや規程上の改善だけではなく、教育現場における実質的な指導の充実が強く求められているところである。

(2) 配当時間

2017年版中学校学習指導要領では、「話すこと・聞くこと」の指導に各学年でそれぞれ次のような時間を配当することが求められている（「第3　指導計画の作成と内容の取扱い」）。

学年	総時数	「話すこと・聞くこと」への配当時間数
第1学年	140時間	年間15～25単位時間程度（全体の11～18％）
第2学年	140時間	年間15～25単位時間程度（全体の11～18％）
第3学年	105時間	年間10～20単位時間程度（全体の10～19％）

つまり、年間指導時数のほぼ1割以上を「話すこと・聞くこと」の指導に充てることが求められている。この割合は、2008年版でも全く同じであった。

では、高等学校ではどうなっているのだろうか。2018年版高等学校学習指導要領では、必修科目「現代の国語」と「言語文化」の両科目について、それぞれ次のような時間を配当することが求められている。

科目	総時数	「話すこと・聞くこと」への配当時数
現代の国語	70時間	年間20～30単位時間程度（全体の29～43％）
言語文化	70時間	年間0単位時間
2科目合計	**140時間**	**年間20～30単位時間程度（全体の14～21％）**

「言語文化」には、指導内容として「話すこと・聞くこと」が設定されていないため、「話すこと・聞くこと」の指導は「現代の国語」でのみ行うことになる。ただし、これは「話すこと・聞くこと」についての指導が含まれていないということであり、「話すこと・聞くこと」に関する活動が含まれていないということではない。この点については次項で説明する。

「現代の国語」「言語文化」ともに標準単位は2単位なので、必修科目としては合計4単位、年間140時間ということになる。そのため、両科目の合計としては、「話すこと・聞くこと」の指導に、20％前後を当てることが求められたということである。

この2018年版に対して、2009年版ではどうだったのだろうか。その必修科目「国語総合」と比較してみよう。

科目	総時数	「話すこと・聞くこと」への配当時数
国語総合	140時間	年間15～25単位時間程度（全体の11～18％）

つまり、「国語総合」では、中学校と同程度の時間配当であった。

「国語総合」が4単位、140時間であるのに対して、「現代の国語」と「言語文化」との合計も4単位、140時間であるので、高等学校の必修科目としては、2009年版と2018年版で総時間数は変更がない。しかし、「話すこと・聞くこと」に配当すべき時間数では、「国語総合」が15％前後であったのに対して、「現代の国語」と「言語文化」合計では20％前後と増加している。しかも、「現代の国語」2単位に限定すれば、30～40％という高い割合になる。

以上のように、2017・2018年版学習指導要領では、中学校では従来と変化がないが、高等学校ではこれまで以上に「話すこと・聞くこと」の指導が求められていることが分かる。

（3）言語活動と取り立て指導

ここまで述べてきたのは「話すこと・聞くこと」の指導内容である。学習指導要領にはこの他に「言語活動例」として話す聞く活動が例示されている。

例えば、高等学校の必修科目「言語文化」の「読むこと」には「例えば、次のような言語活動を通して指導するものとする」として、「イ　作品の内容や形式について、批評したり討論したりする活動」とある。ここで「討論」するためには、それ以前に「討論」のやり方について身に付けていることが必要になる。つまり、討論する力を身に付けるための取り立て指導が必要である。例えば、「言語文化」とともに必修科目となっている「現代の国語」には、「話すこと・聞くこと」の指導事項として「イ　自分の考えが的確に伝わるよう、自分の立場や考えを明確にするとともに、相手の反応を予想して論理の展開を考えるなど、話の構成や展開を工夫すること」が挙げられている。この指導を基礎として、「言語文化」の授業で討論という言語活動を行いたい。

（4）記録に残すこと

「話すこと・聞くこと」の指導の困難さの一つは、音声が消えてしまうとい

う点にある。その解決策として長田友紀は「視覚情報化ツール」の活用を提唱している（長田、2016、p.11）。動画も含めて、記録したものを活用することが有効である。

　例えば、二人一組となってスピーチの練習をする場合、スピーチする姿をお互いに動画撮影し、それを視聴しながらふり返りを行うなどが簡易で効果的な活用である。ただし、グループ別であるか否かを問わず、学習者に相互批評させるという場合には、活動の冒頭でこのパフォーマンスに対してどのような評価をするかという全体の共通理解を形成しておく必要がある。そのためには、指導者がモデルとなった動画を用いると注意すべき点が明確になる。

　以上の点を踏まえ、本章では次の３点から、「話すこと・聞くこと」の授業について述べていく。

- 能力の測定と基礎指導　　● 対面性克服の指導　　● 本指導

　ただ、本論に入る前に確認しておくべきことがある。それは、「聞く」の表記である。例えば、山元悦子は「聞く」ということを３種類に分け、それぞれを「受容的に聞く、創造的に聞く、批判的に聞く」とした（山元、2011、p.105）。また、英語と対応させて「聞く hear」「聴く listen」「訊く ask」の３種類に分ける考え方もある（高橋、2002、p.58）。このように「聞く」ことの内容を区別していくことは、「聞くこと」の指導目標や指導内容を焦点化するために重要である。本書では、その下位分類の重要さを確認したうえで、紙幅の関係から表記のうえでは「聞く」で統一する。しかし、実践に当ってはその時に指導しているのはどの「きく」なのかを意識することが重要である。指導のねらいを焦点化することができるからである。

2　基礎指導１　話す聞く力の測定

　「話すこと・聞くこと」の授業を成り立たせるためには、必要とされる基礎的な能力について、十分な能力を身に付けさせておくことが必要である。

　その場合、まず学習者がどのくらいまですでに身に付けているのか、あるいはいないのかを把握する必要がある。また、年間に２・３回同様の測定を行っ

てその変化をたどることで、学習者個々に学習の成果を確認させ、学習意欲を喚起することができる。

(1)「話す力」の測定

　声の出し方については、最低限、教室の隅々に声を届けることができなければならない。全員にその力があるかどうかを把握する必要がある。ただし、指導は声の出し方に焦点化し、学習者も声以外の点、例えば話す内容などについてあまり悩む必要のない活動であることが必要である。

　それには、授業開きで行う自己紹介が有効である。「あなたがどういう人であるのか、クラス全員に教えてください。そうして、早く友達になりましょう」と呼びかけ、一人一人教室の前に出て自己紹介をさせる。その時、教師は教室の一番後ろに立ち、「ここまで聞こえるように話しなさい」と指示する。

　話す理由がある場を設定し、指導の目標を焦点化したうえで、全員に自己紹介をさせる。短時間で全員の声の大きさを測定することができる。教室の後ろまで声が届かない学習者の場合には、どの辺りまでなら声が届いているのかを測定しておくとよい。そうすることで、その後の学びを評価しやすくなる。

　その後も、何回か同様の実践を試みることで、それぞれの学習者の進歩を測定するとともに、自らの変化を実感させるようにすることで学習意欲につなげたい。その場合には、体育祭や文化祭など大きな学校行事の後がよい機会となる。ただし、気を付けることは、話す内容が学習者の負担にならないようなものを選ぶという点である。学校行事の感想や反省などを述べる活動にしてしまうと、内容に自信がないために声が小さくなるという場合も出てくる。内容の選び方や構成の仕方などを指導する活動は別の機会に行うことにして、測定の活動においては学習者が声の出し方に集中できるようにする。例えば、文化祭終了後に家族とどんな会話をしたか、当日はどんな催しに参加したかなどについて述べる活動にするとよい。

(2)「聞く力」の測定

　必要な情報を聞きとる能力を測定するものであり、これも授業開きで行うも

のである。教師が自己紹介する内容をメモさせるのである。次の手順で行う。

① 測定の目的を説明し、次に述べる方法を十分理解させておく。

② 自己紹介は1回しか話さないという点を理解させておく。また、教師も、言い直しをせずに自己紹介を行い、さらに清書と照合できるように原稿を準備しておく

③ 自己紹介はメモしながら聞き、自己紹介終了後に清書して提出させる。清書時間は5分程度とする。

④ 自己紹介を始める前に、今回はこの点をよく聞きとってほしい（例えば、この学校に着任して以来の担任した数）と指示しておく。

⑤ 回収した清書と、自己紹介の原稿とを比べて、キーワードがもれなく書き込まれているかを確認する。

この活動は、話し手が教師であるため、機会を多く設定することができる。例えば、学校行事の連絡などを行う際に試みるという方法もある。

3 基礎指導2　基礎的な能力の育成

測定に基づき、「話すこと・聞くこと」それぞれの基礎的な能力を育成する。個人差、学校差に応じて、回数や時間などの改良が必要である。

（1）方向を絞って声を届ける

声を出すというと大きな声を出せばよいと考える学習者が多い。しかし、声が大きいことと、聞き手の全員に声が届いていることとは必ずしも同じではない。自分の声を絞って束にして聞き手に届けるという意識を持たせたい。特に、声は聞き手に届けるように発するという点を意識させることは、聞き手の存在を意識させるという点でも重要な指導である。指導は次のように行う。

① 数名のグループを作らせ、1名を話し手、その他を聞き手とし、順番に交代しながら全員が話し手を体験することとする。

② 第1段階として、話し手の前後左右に、話し手に背中を向けて聞き手が立ち、話し手は聞き手の誰かに向けて「おはよう」と声をかける。

③ 自分に声が掛けられたと感じた聞き手は手を挙げる。その結果が話し手の選んだ相手であったか否かで、声が届いていたかどうかを確認する。

④ その後は、聞き手が横１列に、斜め１列に、縦１列に、教室内のいろいろな位置に、と並び、同様に話し手が声をかける。

　この指導により、大きな声を出しても必ずしも相手には届いていないということを実感できる。音量はあっても声が拡散してしまう学習者には、相手に向ってボーリングの球を投げるつもりで声を出すように助言するとよい。

(2) 絵を説明する

　話す順序や構成、目的に必要な要素を意識させる指導である。

　なお本指導法の①から④は、福田公明・内田正俊（1995）に掲載されたものである。

① まず、教師の指示のもとにある絵を描くように指示する。

② 次の指示書を読み上げる。「円を描きなさい。その円の中に点を二つ横に並べて描きなさい。二つの並べた点の下に、上向きの三角形を描きなさい。その三角の下に横線を描きなさい」

③ 相互に絵を見せ合い、それぞれの絵の違いがどうして起こったのかを話し合わせる。

④ 読み上げた指示書を配布し、どこに問題があったのかを全体で確認する（最初に顔を描いてもらうという目的を話さなかったこと、今描いているものが顔のどの部分なのかを示さなかったこと等）。

⑤ 顔以上に複雑な絵を配布し、二人一組になって描き方を指示しながら描かせる活動をすると伝える。

⑥ 一人１枚ずつの絵を裏返しにして配布し、伝える順番や要素について考えさせる。

⑦ 指示する側と描く側とを交代させながら、指示の伝わり方を検証する。

　この指導では、①から④で話すことの組み立て方について指導し、⑤から⑦でその実際を体験させている。そのため、前半だけ独立させて行うこともできるし、絵をいろいろと変化させることで話す内容のレベルを変えることもでき

る。また、①から③はタブレットに描かせ、その画像を全体で共有しながら進めてもよい。さらに、⑤以降は話す要素を付箋に書かせ、それを並び替えることで構成を考え、その後に実際に話すという活動にすることもできる。

(3)「聞くこと」の基礎指導

　「話すこと・聞くこと」の授業を成立させるためには、聞きとる力をいかに育成するかという点も重要である。特に、ある活動をしてその活動について相互批評をしようとする場合などに、話し手にも力がないが、聞き手にも問題があるという場合も多い。ある意味では、話し手を伸ばすのはよい聞き手だともいえる。ここで紹介するのは、聞きとる力、特にキーワードを理解し聞きとる力を育成する指導法である。

　単元学習の実践家であった大村はま（1906-2005）は、単元学習指導の初期段階の指導として、聞きとる力の育成を重視した。例えば、文集の作り方を指示した後に、作る文集の冊数や作業の種類などを問う（いちいち答えさせずに、自分自身で確かめさせることで自己評価させる）という実践を紹介している（大村、1983、pp.212-214）。

　その他に、バスに女の人が○人子どもが○人乗っていた、バス停で女の人が○人降りて会社員の男性が○人乗った、次のバス停で……と話した後で、今何人の客が乗っているか尋ねるという指導方法もある。

　どちらも、いくつかの情報の中から必要な情報を聞きとる力を養おうとするものである。できるだけ短時間でできる指導方法を複数用意しておき、2から3か月に1度の割合でこの種類の指導を行うことで、メモをとりながら聞きとる力が養われるであろう。

4　対面性克服の指導

　話し言葉特有の課題として、相手が目の前にいるという対面性に対する抵抗感の問題がある。それに対しては、間接的に意見を伝える・伝えられるという活動に変えることによって、少しずつ抵抗感を克服させるとよい。

ここで紹介するのは、意見の表明を書き言葉で行うことによって、相手を目の前にして意見を述べるという精神的な負担を軽減しようとするものである。意見表明の初期段階の指導として有効である。

① 意見や感想を数行ずつ書いたものを全員分印刷して配布する。

② 配布された意見の中から２名について、自分なりの反論や賛成の意見を書く。その際、１名は出席番号等により自動的に割り振られた意見とし、もう１名は任意の意見とする。こうすることによって、すべての意見に対して何等かのコメントが書かれることになる。

③ 書かれたコメントを、最初に配布した意見の順番に対応するように並べて印刷し、配布する。

④ 寄せられたコメントをもとに、自分の感想・意見を練り直す。

　この活動は、意見や感想の交流によって、自分の意見や感想を深めていくことをねらいとした場合にも有効である。また、教室内の人間関係によって、意見・感想やコメントを匿名にしたり、筆者名を明らかにしたりと変化をもたせることができる。

5 本指導

　「話すこと・聞くこと」の指導の最終的な目標を「話し合い」の力をつけることとするなら、ここでは話し合いの１段階前の指導として、目の前にいる相手から意見を言われる、相手に意見を言うという活動を二つ紹介する。

(1) マイクロディベート

　ディベートは、一つの問題についてさまざまな角度から意見を述べ合うという場を設定するために、「話し合い」の事前の指導として有効である。しかし、一つの実践に時間がかかるという欠点を持つ。ここで紹介するマイクロディベート（三人ディベートとの呼称もある）は、ディベートの持つ「時間がかかり過ぎる」という欠点の克服を目指した指導法である。

　三人一組になり、二人が肯定・否定のディベーター、もう一人がジャッジと

いう立場によるディベート（例えば、肯定側立論3分、否定側反駁2分、否定側立論3分、肯定側反駁2分、ジャッジによる判定と判定理由説明2分）を行う。同じ論題について、役割を順次交代しながら3回ディベートを行う。

　三人ともに、肯定・否定両方の立場から意見を述べ反駁するが、その意見のやり取りを判定する人間を置くことによって相互評価の機会を持つことができる。また、一人の学習者が肯定の立場と否定の立場の両方を担当して意見を述べることにより、個人の意見ではなく立場によって定められた意見を述べているという前提が充分に確認されたうえで意見を述べることができる。

　対面性の課題を乗り越えることができるこの実践は、1回の授業時間ですべてを行うことができるので、年間を通して何回かの実践が可能である。

（2）二層方式での討論

　活動のための活動にならないよう、話し合いの意義を感じさせることも必要である。この実践は、数人でグループを作って話し合う時に、予め意見が割れるようにグループを構成しておくというものである。自分とは異なる意見があるから、その人を説得するために話し合う必要があるという場を作るのである。

　この指導法については別に詳述した（熊谷、2011、pp.238-239）。以下、その概略を記す。

　① 学習者の中から数名を選んで、「中央円」を構成する。この中央円に直接参加しない学習者たちは、この円の周辺に着席して中央円の話し合いを観察する。

　② 中央円の構成は、話し合いの論題に対して意見が分かれている（論題におよそ賛成か反対か等）学習者によって構成されるようにする。

　③ 中央円の司会は教師が担当する。一人目の学習者が自分の意見を述べ、二人目以降は、一人目の学習者が述べた意見に対して賛成するか反対するかをその根拠とともに述べていく。

　④ 一巡したところで、一人目の発言者が他の人の意見に対して反論や補足の論を述べる。

　⑤ この後、自由討論に移る。この間、教師はそれぞれの意見の述べ方につ

いて不備があれば指摘し、学習者全体に解説をしながら指導を加える。

⑥ 周辺で観察していた学習者が数名ずつのグループを作り、中央円の論題と同じ論題で話し合いを行う。

⑦ その際に中央円に加わっていた学習者が一人ずつ各グループに加わり、それぞれのグループでの一人目の発言者となる。以下の進行の仕方は、中央円と同じであるが、司会は学習者が行う。

同じ論題で２回の話し合いを行うことで、意見の述べ方や受け止め方を学ぶとともに、異なる意見が存在することで話し合う意味を持たせるという指導法である。

この応用編として、中央円での話し合いを動画撮影しながら途中まで行い、それを再生しながら全体でふり返りを行った後にグループ別話し合いに移るという方法もある。

このような指導を行うときには、事前に生徒の興味を引く題材で言語活動そのものを短時間体験させておくとよい。活動そのものは既習の状況にすることで、学習内容に心を向けることができる。例えば、二重方式での討論を行うのなら、レストランやラーメン店の情報画像を共有しながら、どの店に入るかを話し合うなどが考えられる。

（3）話し合いと会議法の指導

話し合いにはいろいろなタイプがある。ところが、それぞれの区別をつけぬままに指導されるという場合が多い。そのために、話し合いが混乱し、学習者は話し合いにうんざりしてしまう。「話し合い」の指導が逆に話し合い嫌いを作っている傾向すらある。

例えば、ブレインストーミングとしての話し合いと議決を行う会議とは、それぞれ次のように区別して指導する必要がある。

① ブレインストーミングとしての話し合い：思い付きを提出するブレインストーミングの場である。この場合には、どんな発言にも一切批判を加えず、できるだけ自由に数多くの考えを取り上げる。ただし、最初に時間を区切って行うことで集中力を維持させる。

② 会議：議題に対して決議をする。この場合には、動議の扱いや区別、また決議の取り方等について規定を設けておく。

　指導法としては、両方をロールプレイとして体験させるという方法がある。例えば、「文化祭の出し物」という論題で、最初にブレインストーミングとしての話し合いを行い、そこで出た考えをもとにして議題を作成し会議を行うという一連の活動が可能である。このような体験を通じて、学習者は話し合うことの意味と重要さを理解していくであろう。

（4）年間指導計画、カリキュラム・マネジメントの重視

　「話すこと・聞くこと」の指導にあたっては、「話すこと・聞くこと」の学習・指導なのか、「話すこと・聞くこと」に関する言語活動を行っているのかを明確に区別し、意識していきたい。時折、「話すこと・聞くこと」の学習として「話し合い」をしているのか、それとも「読むこと」の学習の一部として「話し合い」をしているのかが判然としない授業を目にすることがある。また、話し合う力が十分身に付いていないのに「読むこと」の学習の中で話し合い活動を組み入れたために、途中から話し合いの仕方について指導を始めるという授業もある。学習者の学力を明確に把握し、目標・ねらいを絞った学習指導を行うように努めたい。そのためには、年間の指導計画の中で「話すこと・聞くこと」の学習機会と「話すこと・聞くこと」に関する学習活動の学習機会とを意識的に位置付けていくことが必要である。

　また、「総合的な学習の時間」「総合的な探究の時間」を始めとした他教科とのカリキュラム・マネジメントも必要である。例えば、グループ別行動について話し合おうという場合に、話し合う力が身についていなければグループ全員が納得した計画を立てることが難しい。また、体育の授業中にチームとしての作戦を練る場合にも、話し合いの力は必要である。中央教育審議会「幼稚園、小学校、中学校、高等学校及び特別支援学校の学習指導要領等の改善及び必要な方策等について（答申）」（2016）では、「国語科が、中心的役割を担いながら他教科等と連携して言語能力の向上を図るとともに、国語科が育成する資質・能力が、各教科等において育成する資質・能力の育成にも資することが

カリキュラム・マネジメントの観点からも重要である。」とされた意味を十分に理解して取り組むことが求められている。

（熊谷　芳郎）

課題

1　「話すこと・聞くこと」の授業を行うに当たって、指導目標の点で特に留意すべき点を挙げてみよう。
2　話し言葉における対面性の課題を克服するために、工夫すべきことを考えてみよう。
3　能力の測定に当たって配慮すべきことを考えてみよう。
4　話し合いの指導において注意すべきことを考えてみよう。

【引用文献】
大村はま『大村はま国語教室　第2巻』（筑摩書房、1983）
長田友紀『国語教育における話し合い指導の研究』（風間書房、2016）
熊谷芳郎「意見が違うから話し合おう」（日本国語教育学会編『国語教育総合事典』朝倉書店、2011）
高橋俊三「音声言語（話すこと・聞くこと）の授業」（全国大学国語教育学会編『新訂　中学校・高等学校国語科教育研究』学芸図書、2002）
福田公明・内田正俊「説明ゲーム3題―話し言葉のポイントをつかもう―」（埼玉県高等学校国語科教育研究会「音声言語指導事例集」編集委員会編『高等学校国語科指導資料「音声言語指導事例集」第1集―聞くこと・話すことの授業をめざして―』1995）
山元悦子「話しことばの教育」（日本国語教育学会編、前掲書）

【さらなる学びのために】
日本国語教育学会『新科目編成とこれからの授業づくり』（東洋館出版、2018）
前田真証『話しことば教育実践学の構築』（渓水社、2004）
町田守弘『国語教育を楽しむ』（学文社、2020）
宮﨑潤一『協働して学びに向かう力を育てる　中学校　国語科教育実践集』（渓水社、2018）

5章

「書くこと」の授業

キーワード 推敲における認識的活動　実生活との関連づけ　ワークショップ

1 「書くこと」の授業観・指導観

　授業の目的やあり方についての原理的な（「こうあるべきだ」という）見方を授業観という。また、授業の目的や目標に向けて教師が学習者に行うさまざまな働きかけを指導と呼ぶが、この指導という行為に対する原理的な見方が指導観である。はじめに、「書くこと」の授業観・指導観について考えてみよう。

　日本に民俗学を拓き、国語教育にも数多くの提言を行った柳田国男は次のように述べている。

> 私は行く行くこの日本語を以て、言ひたいことは何でも言ひ、書きたいことは何でも書け、しかも我心をはつきりと、少しの曇りも無く且つ感動深く、相手に知らしめ得るようにすることが、本当の愛護だと思つて居る。それには僅かばかり現在の教へ方を、替えて見る必要は無いかどうか。
>
> （柳田、1939、pp.3-4）

　この言葉は、方言を排除し標準語への統一を目指した当時の国語政策や、「口真似と型に嵌まつた決まり文句」の指導に陥りがちだった学校教育を批判する文脈の中で、柳田が考える「本当の」「国語の愛護」について述べたものである。言葉を駆使し、人々が各々の思いを自らの言葉で的確に表現し尽くすことができることに、柳田は、国語教育の目標をとらえていた。このシンプルな目標観の背後にある、方言の承認、話し言葉の重視、新語への支持などを含

め、柳田の国語教育観は今日の国語教育を考える際にも示唆することが多い。

　ところで、「書きたいことは何でも書け」るようにするためには当然、文章表現技術の指導は欠かせない。この考えを単純に推し進めていけば、「書くこと」の授業の目的は、学習者に文章表現技術を教え、学習者が書けるようにすることだということになろう。現に、そうした技術主義的な発想に基づく指導が盛んに行われている。

　もちろん、文章表現技術の指導は必要であり、大切なことでもある。だが、そこにのみ「書くこと」の指導観を求めることには、どこか違和感があるのではないだろうか。文章表現技術中心の指導観には、「書くこと」が学習者にとってどのような意味や価値を持つ活動であるかという視点が欠けているからである。例えば、「書きたいこと」一つをとっても、今日のような高度情報社会では「自―他」境界は曖昧化しており、自分が書きたいと思ったことが実は外部からすり込まれたものかもしれないのだ。したがって、自分が「書きたいこと」自体を吟味することが欠かせない。このことは自己認識にかかわる重要な課題であり、文章表現技術とは別の次元の問題である。

　次に、「書くこと」の指導観について、学習指導要領と関連させて考えてみよう。2017・18年版学習指導要領において、「書くこと」の内容（1）は次のように構成されている。

○題材の設定，情報の収集，内容の検討
○構成の検討
○考えの形成，記述
○推敲
○共有

　この構成は小学校から高等学校まで同一で、それぞれの指導事項が系統化された。中学校の指導事項を見てみよう。

ア　目的や意図に応じて，社会生活の中から題材を決め，多様な方法で集めた材料を整理し，伝えたいことを明確にすること。
イ　伝えたいことが分かりやすく伝わるように，段落相互の関係などを明確にし，文章の構成や展開を工夫すること。

ウ　根拠の適切さを考えて説明や具体例を加えたり，表現の効果を考えて描写したりするなど，自分の考えが伝わる文章になるように工夫すること。

エ　読み手の立場に立って，表現の効果などを確かめて，文章を整えること。

オ　表現の工夫とその効果などについて，読み手からの助言などを踏まえ，自分の文章のよい点や改善点を見いだすこと。

このように、今回の改訂では，学習過程を一層明確にしながら、各指導事項が位置付けられた。もちろん、この学習過程は指導の順序性を示すものではなく、アからオまでの指導事項を必ずしも順番に指導する必要はない。各単元ごとに、指導の重点となる指導事項を「単元の目標」として設定し、評価規準の柱とする。

　学習指導要領では、文章表現における「自分の考え」を広げたり、深めたりする認識活動が明確には示されていないように読める。

　しかし、内田伸子が子どもの作文産出過程を観察して得た知見が示唆しているように、学習者は「書くこと」の活動のさまざまな段階で「考えを広げ」たり「考えを深め」たりする認識的活動を行っている。

　文章を書いたことで、"認識が深まった"という主観的な体験は、文章化したときに、つながりの悪いところ、十分表現しつくしていないように感じたところ、文間に矛盾があるところが発見され、それを是正するために外的表現を探すことによって、無関係なものが関係づけられたり、表現する以前には自覚されなかったものが自覚化されるとき、それまで気づかなかったことを発見したときに生ずるのである。　　　　　　　　（内田、1990、p.221）

　内田が「推敲は自分のアイデアや意識を明確にするために組み立てメモを作る段階にすでに始まっている」とも述べるように、「書く」活動全体にかかわる指摘である。たとえ、文章を最後まで書くことができず、中途で挫折してしまった場合であっても、学習者は「書く」という行為を通じて、なんらかの意味ある認識活動を展開していると考えるべきなのである。

　以上のように、「書くこと」の指導観は、文章表現技術の習得や「書く」能

力の育成に偏るのではなく、学習者の認識的側面（学習指導要領でいう「態度」）である自己認識機能や、対象世界（他者・社会・自然・歴史）とつながり、働きかける機能を視野に入れて考えなければならない。「目標」とは「目的を達成するために設けた、めあて」（『広辞苑』第七版）だとすれば、「目標」の上位概念である「目的」の明確化が「目標」に先だって必要である。なんのために「書くこと」の授業を行うのか、「書くこと」の授業観・指導観は、教師一人一人が自ら形成する必要があり、授業実践を通して修正され、鍛え直されていくものである。そのためには、たえず自らの授業の「ふり返り」を行うこと、そして国語教育の研究成果はもちろん、発達心理学や認知心理学などの隣接分野の知見も視野に入れることが必要であろう。

2 「書くこと」の活動とそのねらい

　「書くこと」の活動にはさまざまな種類がある。2017年版中学校学習指導要領の「言語活動例」だけを見ても、鑑賞文、図表などを用いた説明文や記録文、行事等の案内文や報告文（第1学年）、詩歌や物語の創作、意見文、手紙（第2学年）、批評文、文章の編集（第3学年）に関する8種の活動例があがっている。

　これらの活動を書く文章の種類で分類すれば、論理的な文章、文学的な文章（詩歌を含む）、実用的な文章に大別される。また、活動のねらいで分類すれば、理解を目的とする活動、自己表現や自己認識を目的とする活動、日常生活や社会生活を充実させることを目的とする活動、言語感覚や感性を育てることを目的とする活動などに分けることもできよう。書く文章の種類やねらいによって、学習者が必要とする知識や教師の指導のあり方も変わってくる。一斉指導で行うのか、グループ指導で行うのか、あるいは個別指導で行うのか、指導目的に合わせた学習形態の選択も必要となる。活動によっては、国語の授業という枠を超え、例えば学校行事（校外学習・修学旅行、文化祭）などと関連づけることで、より効果的な学習になる場合もある。

　これらの「書くこと」の活動が「書く」という行為だけで成り立っているの

ではない点にも留意すべきであろう。例えば、説明文や評論の要約は対象の文章を読んで理解することが前提となる活動であり、「読むこと」と「書くこと」の中間領域に位置する活動である。「話すこと・聞くこと」と「書くこと」を複合させた活動も当然考えられ、授業に当たっては「書くこと」の活動の総合的性格を考慮することが不可欠である。

3 「書くこと」の指導過程と授業展開のポイント

指導目標や指導事項を達成するための、学習活動を順序立てて組織した方法（手順・段階）を指導過程という。一般に、「書くこと」の指導過程は「取材→構想→記述→批正→処理」の順序で構成される。中学校学習指導要領の「書くこと」の指導事項も、おおむねこの順序で示されていることは第1節で述べた通りである。

ただし、実際の「書くこと」の学習活動においては、記述の段階で主題が変更されたり、取材をやり直したりすることがごくふつうに見られる。第1節で述べたように、学習者は批正の段階でのみ推敲を行っているわけでもない。したがって、指導過程を絶対的なものと考えると、学習活動は硬直した形式的なものになりやすいので注意が必要である。また、「書くこと」の活動の種類によって、指導過程のどこに力点を置くかが変わってくることも当然考えられる。

それでは、実際の授業展開に即して「書くこと」の指導過程について考えてみよう。ここでは、中学校と高等学校の双方で実践されることがある「新聞に投書する」という学習活動を例に取り上げる。投書は文章の種類からみれば「意見文を書く」活動になるが、「新聞に投書してみよう」という単元名にすることによって、教室と社会とをつなげ、授業という「虚構の場」を「実の場」へと変換する装置となっている点にまず、目を向けておきたい。

① 学習活動のねらい

投書の特色は、日常生活の中から問題を発見し、その問題について明確な根拠をあげて意見を述べるところにある。学習者に対して、日常生活に目を向けさせ、そこでの体験を掘り起こし、自分にとってあるいは社会にとって大切な問

題や課題を発見するところに「投書」を書くことの教材価値をみることができる。加えて、投書は不特定多数の人に向けて意見を述べる行為であり、文章を公表することには責任が伴うことを学ぶよい機会でもあろう。このような教材性を考えると学習の目標は例えば次のように設定することができる。

・日常生活や社会生活の中から問題や課題を発見し、それに対する自分の意見や考えを相手に分かりやすく伝える。

・文章を公にすることには責任が伴うということを理解する。

なお、授業に先立って、評価の観点を明確にしておくことも必要である。その際、分かりやすく説得力のある意見文が書けたかどうかという観点だけではなく、日常生活を掘り起こし、そこから問題や課題を発見できたかどうかといった観点も含める必要があろう。

② 記述前の指導のポイント

記述前の指導には、学習活動への興味・関心を高める指導と、書く題材を決め、それをどのような構成で書くかといった取材や構想に関する指導がある。

学習者にとって、新聞の投書はなじみの薄いものであることは容易に想像できる。そこで、記述前の指導として重要となるのは、「投書」を身近なものにするための活動である。例えば、授業の導入として、学習者と同世代の投書例をプリントして読み合うといった課題を設定することが考えられる。「書くこと」からではなく「読むこと」から入るのである。実際に新聞の投書を三日分読み、その中で特に印象に残った投書を発表し合うという課題も効果的である。投書という文体に慣れ、発表という活動を通して、投書への興味・関心を喚起することが期待できよう。

取材や構想に関する指導も重要である。ふだんの生活の中で、気になることや違和感を覚えたことなどを列挙させ、その中で最も強く感じた事柄を選択させる。そして、それについて、どのような時にそう感じたのか、その時どうしてほしかったのかなど、体験やその意味をじっくり掘り下げるような課題を設定する。それらを記述させるプリントを作成するのもここでは有効だ。

③ 記述中の指導のポイント

一般に、記述中の指導には事実と意見の区別、文体や用語、主述の照応や段

落意識、表記に関する指導などがある。ここでは、以下に挙げるような「投書を書くための留意点」を学習者に提示し、表記・表現の技術的な側面は批正の活動で扱うことになる。「留意点」は、① 書き手の立場を明確にする、② 意見や主張を明確にする、③ 意見を支える事実や体験が提示する、④ 分かりやすい文章にする、⑤ 内容にふさわしい題をつける、等が考えられる。

④ 記述後の指導のポイント

記述後の指導には、批正指導と評価・処理の指導がある。

批正指導は、書いた文章を推敲することであり、個人で行う場合と共同で行う場合とがある。前掲の「投書を書くための留意点」なども踏まえて、表記・表現のレベルから、客観性・妥当性・説得性のレベルまで点検する。書き手自身では気付けない場合も多いので、他の学習者と交換して意見を述べ合い、より分かりやすく説得力のある投書を完成させる。

評価・処理の指導には、学習者自身が主体的に行う場合と、いわゆる「赤ペン」のように、教師が訂正を施したり評語を付して返却したりする場合とがある。この授業では、クラスで編集委員を決め、テーマ別に分類し、印刷したり製本したりして、クラスで読み合う課題を設定するのがよいだろう。テーマ別に編集することによって、学習者たちの関心がどこにあるのか、彼らの「いま・ここ」も見えてくる。この課題とは別に、積極的に新聞に投書するように働きかけることも大切である。この授業を継続的に実践し、その度に数名の投書が新聞に掲載され、本人だけでなく、次の学年の学習者たちの学習意欲向上にもつながり、国語の授業で学習者たちが互いの文章を批評し合う習慣が定着したという報告もある。これは「新聞に投書しよう」という授業を通して「教室の文化」が形成された例として注目に値しよう。

4 「書くこと」のこれから

日本の作文教育では、大正期以来の『赤い鳥』綴方や、昭和期、戦前戦後の生活綴方の、「ありのまま」を綴るという伝統的な考え方が根強く残っている。学習者の内面や自己認識を書くという、自己表現を重視してきたと言っていい

だろう。しかし、学校教育に求められることも、次第に自己表現だけでなく、相手意識や場面意識といった社会的文脈に即した、求めに応じて適切に書く力へと移行してきている。実社会・実生活において必要に迫られたときに、相手の求めに応じて適切に文章を書くことは、自己表現とともに軽んじてはならないだろう。

　とりわけ高等学校の「書くこと」の学習をめぐっては、たびたび言及されているように、中央教育審議会「幼稚園・小学校・中学校・高等学校及び特別支援学校の学習指導要領等の改善及び必要な方策等について（答申）」(2016) において「書くこと」の領域の学習が十分に行われていないと指摘されていることが重要である。「答申」における 2008 年版の「学習指導要領では、言語活動の充実を各教科等を貫く改善の視点として掲げるにとどまっている」という記述や「主体的・対話的で深い学び」「カリキュラム・マネジメント」という方策の柱を併せると、これからの「書くこと」の学習においては、従来のアクティブ・ラーニングの授業方法に加えて、近年改めて注目されるワークショップ型の授業展開がキーポイントとなると考えられる。ワークショップ型の授業展開に知悉することも国語科教員の資質の一つとして重要になってくる。これまでの教育観、授業観を更新するためにも「さらなる学びのために」にあげた文献等にも目を通しておきたい。

（高野　光男）

> **課題**
>
> 1　自分自身が受けた「書くこと」の授業の経験をふり返り、その改善点（あるいは優れた点）を整理してみよう。そして、できれば、その結果をもちより、他の受講生と読み合ってみよう。
> 2　「意見文を書く―新聞に投書してみよう」という授業の指導計画を作成してみよう。また、ワークシート「投書を書くための留意点」や「相互評価表」を作成してみよう。

【引用文献】

内田伸子『子どもの文章―書くこと考えること』（東京大学出版会、1990)

柳田国男『国語の将来』（創元社、1939)

【さらなる学びのために】

アトウェル, N. 著、小坂敦子・澤田英輔・吉田新一郎訳『イン・ザ・ミドル―ナンシー・アトウェルの教室』（三省堂、2018)

島田康行『「書ける」大学生に育てる― AO 入試現場からの提言』（大修館書店、2012)

フレッチャー, R. & ジョアン・ポータルピ著、小坂 敦子・吉田 新一郎訳『ライティング・ワークショップ―「書く」ことが好きになる教え方・学び方』（新評論、2007)

プロジェクト・ワークショップ編『増補版　作家の時間―「書くこと」が好きになる教え方・学び方【実践編】』（新評論、2018)

6章

「読むこと」の授業

キーワード　解釈学　読者論　小説　語り　論説文　内容と形式
意見と根拠

1 「読むこと」の指導過程をめぐって

　「読む」という行為の歴史をふり返ってみたい。西洋では「読む」といえば伝統的に「聖書」を読む行為を指していた。「読むこと」の究極の目標は、唯一絶対の神の言葉をいかに正しく読めるかということにあったのである。東洋でも「読書百遍意自通」、「己を空しくすべし」というような読みの極意とその実践としての漢籍の素読などが知られている。これらの「読む」行為は素朴な反映論に基づいており、いずれも対象となった文章をいかに正確に「読むこと」ができるかが最大の関心事であったのである。

　明治期以降の日本の国語科教育においても、文章の「叙述」を手がかりに「構想」を明らかにし、「主題」をとらえさせるという解釈学に基づいた指導過程が採用されてきた。その理論的な根拠は、西尾実の「素読」（「反復読誦」による「文学的形象の直観」）、「解釈」（「直観の反省的判断」）、「批評」（「直観の発展としての解釈」の「完成」段階における「価値判断」）（『国語国文の教育』古今書院、1929、p.74）や、石山脩平が体系化した「通読」「精読」「味読」という「解釈の実践過程」（『教育的解釈学』賢文館、1935、p.174）などにあった。

　学習者にまず第一次感想を出させて、「読むこと」の授業を展開する指導過程は、西尾のこの理論に原点がある。石山の「解釈」の理論は、後に「三読法」と呼ばれて現場の実践に大きな影響を与えた。石山は「精読」段階の「任

務」を「全文の主題の探求決定」としており、その「主題」の「探求」は「作者が原体験を素材としてそれを表現の想にまで構成するに当つて、何を意図し、如何なる価値方向に導かれて、それを成したかといふ点の考察」としていた。このような読書観に基づく「読むこと」の授業は、メタ言語としての「主題」、「作者の意図」などをいかに正確に読むか、すなわち〈読みの統合〉を目標として構想され、きわめてオーソドックスな指導過程として現代でも広く採用されている。このようなスタイルの授業では、読みの「正解」が厳然として存在し、学習者一人一人の読みは「不正解」とされて生かされないが、知的な了解としての学習は成立することになる。

　1970〜80年代に入ってテクスト論、受容理論、読者反応批評などの文学理論が、「読むこと」の指導過程論に大きな影響を与えた。「読むこと」における読者の役割の解明を試みる、読者論という領域が拓かれたのである。読者論に基づく授業は、教室の学習者の読みを中心として構想され、読者の人数、読書の回数だけ読みは生じるとして、お互いの読みを出し合うこと、すなわち〈読みの拡散〉を目標としている。このような授業では、個々人が読むこと自体が目的とされるのだから、それぞれの解釈が有効（「正解」）となり、唯一の「正解」は消滅する。教室は学習者一人一人を生かすことを目指すが、「読むこと」は根拠を失い、教材となった文章は消費の対象となる。

　ここまで述べてきたことを踏まえて、改めて「読むこと」の指導過程について考えてみると、「読むこと」の授業でどのようなことを指導するのか、という学習の目標を明確にしておくことが、何よりも重要であることが明らかになってくる。授業者が「読むこと」の授業にどのような学習の目標を設定するかによって、その指導過程や方法は変わってくるのである。

2 「文学的な文章」の教材研究と授業について

(1)「羅生門」の教材研究

　「文学的な文章」の教材研究の対象として、芥川龍之介の「羅生門」を取り上げる。芥川は、1892年、東京府京橋区入舟町に生まれ、東京府立第三中学

校、第一高等学校を経て、1913年、東京帝国大学英文科に入学した。1915年、久米正雄とともに漱石山房を訪問、以後「木曜会」の常連メンバーとなる。1916年に第四次『新思潮』を久米、菊池寛、松岡譲、成瀬正一の四人と創刊し、「鼻」を発表する。雑誌が出てまもなく、芥川は漱石から「大変面白いと思ひます」など「鼻」への賛辞の手紙を受け取った。1916年、大学を卒業し、横須賀にあった海軍機関学校の英語教師となる。1918年「地獄変」「蜘蛛の糸」を発表。1919年、大阪毎日新聞社に入社した。1920年「杜子春」、1922年「藪の中」、「トロッコ」を発表。1927年「河童」を発表、同年7月24日睡眠薬で自殺した。『文藝春秋』を創刊した菊池寛は、芥川龍之介賞を創設して彼の業績を顕彰したのである。

「羅生門」の初出は1915年11月の『帝国文学』である。初出の末尾は「下人は、既に、雨を冒して、京都の町へ強盗を働きに急ぎつゝあつた。」となっていた。1917年に阿蘭陀書房刊の『羅生門』に集録された本文の末尾は「下人は、既に、雨を冒して、京都の町へ強盗を働きに急いでゐた。」とされた。さらに1918年に春陽堂から刊行された『新興文芸叢書8　鼻』に集録された本文では、末尾が「下人の行方は、誰も知らない。」に改稿されている。決定稿に至るまでの彼の苦闘の跡がうかがえる。以下、作品本文は『羅生門・鼻』（新潮文庫、2005）によるが、ルビは省略した。

定番教材と呼ばれて久しい「羅生門」だが、教材としての登場は比較的新しい。1957年に初めて教科書に登場し、1978年の「国語Ⅰ」の頃から、その採用率は他の作品の追随を許さないほどに高くなる。いったいなぜ「羅生門」なのだろうか。「羅生門」の教材としての価値を以下の四点に集約してみた。

第一は、短編小説としてのその完成度の高さにある。四百字詰原稿用紙にして約15枚の分量は、教科書教材として適切であると同時に、短編小説を読む醍醐味を味わうにも十分である。また四つの部分からなるその構成には破綻がなく、高校生にとっても読みやすい作品となっている。

第二は、作品が扱っている善と悪、生と死の問題が学習者の問題意識を喚起するという点にある。それは大正時代に書かれた本作品に、現在の高校生に働きかけるものがあるということである。荒廃した都に立つ羅生門、その楼上で

展開する下人と老婆のドラマをていねいに読み取る学習活動を通して、人間の生き方の問題について考えさせることができるのである。

　第三は、小説の語りに注目させることができるという点である。「羅生門」の語り手は「作者」を自称して作中に顔を出し、作者と読者との間に語りの空間を作り出している。この語り手は「旧記」をひもといたり、「Sentimentalisme」というフランス語を操ったりもする。下人の物語を語り手が相対化し、批評するという語りの構造を踏まえて、解釈の幅を広げてみたい。

　第四は、古典と近代文学を比較するのに適切な作品であるという点にある。「羅生門」が『今昔物語』を典拠にしていることは広く知られている。典拠とされる『今昔物語』(「巻二十九」)「羅城門登上層見死人盗人語第十八」と読み比べることによって、古典と近代文学の違いを比較したり、作家がどのように翻案したのかを調べたりすることができる。また作中で語り手が言及する「旧記」が、『方丈記』、『今昔物語』であることも明らかになっている。「羅生門」に張られた古典とのリンクを辿らせることによって、古典への興味関心を喚起することができるのである。

　「羅生門」のテーマについては、さまざまな見解が提出されている。「下人の心理の推移を主題とし、あわせて生きんが為に、各人各様に持たざるを得ぬエゴイズムをあばいてゐるものである」とする吉田精一(『芥川龍之介』三省堂、1942、p.72)の説は、その後の主題論の基調をなした。一方で駒尺喜美(『芥川龍之介の世界』法政大学出版局、1972、p.28)は「善と悪とを同時に併存させているところの矛盾体である人間そのものを、さしだしている」とした。「己を繋縛するものからの解放の叫び」とする関口安義(文学批評の会編『批評と研究　芥川龍之介』芳賀書店、1972、p.178)の説もある。「無明の闇」「悪が悪の名において悪を許す」「倫理の終焉する場所」を描いたとする三好行雄(『芥川龍之介論』筑摩書房、1976、pp.56-70)の説、「現実とは別次元の、美の世界」の構築をテーマとする平岡敏夫(『芥川龍之介―叙情の美学』大修館書店、1982、p.135)の説もある。作品の語りに注目して「〈語り手〉」は下人が己の既成の〈観念〉によって〈世界〉の方を組み替えてしまう、その若々しい倨傲と錯誤、観念の陥穽にあることを語ってい」るとする田中実(『小説の力』大修館書店、

1994、p.37）の読みもある。これらの読みを、読者である学習者がお互いの読みを検討し合うための一つの材料と位置付けておきたい。

(2)「羅生門」の授業

　まずは作品を「羅生門の下」（第一段落・初め〜ふみかけた。」）、「羅生門の梯子の中段」（第二段落・それから、何分かの後〜忘れているのである。）、「羅生門の楼上」（第三段落・「そこで、下人は、〜事を云った。）、「夜の底へ」（第四段落・「下人は、太刀を〜終わり）という具合に四つに分けてみよう。以下、各段落の主な指導事項を列挙して整理してゆく。

　第一段落では、作品冒頭の「或日の暮方の事である。一人の下人が、羅生門の下で雨やみを待っていた。」という叙述をベースにして、作品冒頭で「下人」が置かれている状況を把握させよう。次に「さびれ」た「洛中」を背景にして、「主人から」「暇を出され」、「Sentimentalisme」を感じつつ、「低徊」していた彼の状況から、下人の当初の心理を読み取らせる。さらに「作者」を自称する語り手がもたらす効果を考察する。「平安朝の下人」の心情を「Sentimentalisme」というフランス語を用いて語る語り手の存在は、作品のテーマの現代化、普遍化に通じるのである。「「途方にくれていた」と云う方が、適当である」と自らの前言を訂正するこの語り手の登場によって、作品は立体化し、読者はこの「作者」とともに作品を外から眺めることが可能となる。

　第二段落では、楼上に向かう梯子における「下人」の心理を整理させる。「羅生門の楼の上へ出る」「梯子の中段」で「誰か」の様子をうかがっている彼の心理が、「或る強い感情」（＝「六分の恐怖と四分の好奇心」＝「頭身の毛も太る」）、「はげしい憎悪」（＝「あらゆる悪に対する反感」＝「悪を憎む心」）と変化していく過程をていねいに整理させたい。次に「下人」が「老婆」を「許すべからざる悪」と判断した理由を考えさせる。「下人」は「老婆」が「死人の髪の毛を抜く」行為を「合理的には、それを善悪の何れに片づけてよいか知らなかった」にもかかわらず、その行為を悪と断じているのである。

　第三段落では、楼に上がった後の下人の心理を整理させる。ここでは「下人」が、「老婆」の前に躍り出て「おのれ、どこへ行く」と叫んだ後に、「老婆

の生死」を「支配」したことによって「けわしく燃えていた憎悪の心」が「冷」め、「或仕事をして、それが円満に成就した時の、安らかな得意と満足」を感じたこと。さらに「老婆」の返答の「平凡」さに「失望すると同時に、又前の憎悪が、冷な侮蔑」がぶり返してきたことに着目させる。次に「老婆」の言い訳の論理を理解させる。「ここにいる死人どもは、皆、その位な事を、されてもいい人間ばかりだぞよ。」という老婆の返答から〈悪に対する悪は許される〉、いわゆる自業自得の論理を読み取らせる。さらに「饑死をするじゃて、仕方なくする事じゃわいの。」という返答からは、〈生きるための悪は許される〉という正当防衛の論理を読み取らせる。「老婆」のこれらの論理が、門の下で「勇気」なく「低徊」していた「下人」の決断を後押しすることになるのである。

第四段落では、「下人」が「老婆」の話を聞いた後に「ある勇気」を得て、「嘲るような声で念を押した」後に「老婆」に「引剥ぎ」をはたらく点に注意させたい。最後に「下人の行方は、誰も知らない。」と「下人は、既に、雨を冒して、京都の町へ強盗を働きに急ぎつゝあつた。」という末尾を比較させたい。ここでは前者が、「下人」のその後を、自由に考えさせる余地があり優れていることを押さえたい。

さらに本作品の「表現上の特色」についても指導しておきたい。「羅生門」の文体は読点が多く、総じて一文が短いという特色がある。単純明解でいささか理屈っぽい印象を与える短文が連なるこの文体は、生と死、善と悪の問題がうずまくこの短編の緊張した世界を描くのに適したものであるといえよう。また芥川の卓越した色彩表現にも注目したい。作品冒頭だけを取り上げてみても、赤と黒を基調として、白や紺をちりばめた色彩豊かな描写が展開されている。作品の中盤や終盤で採用されている色彩表現について学習者に調べさせてみよう。また小道具として登場する事物にも注目しておきたい。計四回登場する「にきび」は、「下人」の行動を起こすスイッチの役割を果たしている。また「蟋蟀」がいなくなることで、夜が近づくという時間の経過を表すと同時に、高まる「下人」の寂寥感が表現されているのである。「猫のように」、「守宮のように」というような動物を使った直喩の多用も表現上の特色である。それぞれの比喩の効果についても考えさせたい。

3 「説明的な文章」の教材研究と授業について

（1）安田喜憲「モアイは語る―地球の未来」の教材研究

　「説明的な文章」とは、中学校では記録、論説、評論、報道などの文章であり、高等学校では一括りにして評論と呼ばれることが一般的である（以下「説明的な文章」を論説文と称する）。

　論説文の学習目標の第一は、文章に示された筆者の知見、すなわち文章の内容を読むことにある。換言すれば〈何が書いてあるのか〉を読むのである。優れた論説文は、読者の常識や先入観に楔を入れて世界の事象を新しく見せる。論説文を「読むこと」の授業においては、学習者の知的好奇心を刺激する話題そのものが学習の内容となる。

　第二の学習目標は、論説文の構成や論理的な形式をつかむことにある。つまり〈どのように書いてあるのか〉を読むのである。論説文の筆者は、自らの主張や意見の説得力を高めるために事実（実際にあることや、あったことが確かめられる内容）を根拠として論証していく。また論説文の筆者が、自らの主張を展開するために用いる一般化・抽象化、二項対立、二分法、帰納法・演繹法などの思考法を学ぶことも重要な学習である。これらの思考法に代表される論理の形式を学ぶことは、学習者がさらに高度な内容の評論の〈読み方〉を身に付けることに直結するからである。

　ここでは、中学校の教科書教材である安田喜憲の「モアイは語る―地球の未来」（教科書のための書き下ろし）を、教材研究の対象として取り上げる。全体の分量はさほどではないが、抽象度の高い社会科学の用語や専門的な自然科学の用語が多用されており、難易度は決して低くはない。環境考古学者である安田は、先行研究や自らの研究によって明らかになった事実を根拠にして「イースター島の歴史」について述べながら、「モアイの秘密」を明らかにしていく。教材は合計20の形式段落からなっており、それらの各形式段落は機能上、序論部・本論部・結論部という三部の構成に分けることができる。

　安田は、序論部にあたる第1～2形式段落において「モアイ」について、「い

ったいこの膨大な数の巨像を誰が作り」（第一の問い）、「あれほど大きな像を
どうやって運んだのか。」（第二の問い）、「あるときを境として、この巨像モア
イは突然作られなくなる。いったい何があったのか。モアイを作った文明はど
うなってしまったのだろうか。」（第三の問い）という三つの問いを読者に投げ
かける。

　本論部の冒頭で、まず第一の問いの答えが「ポリネシア人」であることが示
される。そしてその根拠として「墓の中の化石人骨の分析」「彼らが持ってき
たヒョウタンなどの栽培作物の分析」が列挙される。さらに「初期の遺跡から
出土した炭化物の測定」から、「ポリネシア人」が来島したのが「五世紀ごろ」
であることも判明する。これらは考古学の知見によって明らかになった事実で
ある。ここでは「絶海の孤島の巨像を作ったのは誰か。」（問い）→「ポリネシ
ア人」（答え）→「〜の分析」「〜の分析」「〜の測定」（根拠）という論理の展
開に注意しておこう。本教材で繰り返される論証の基本形だからである。

　第7形式段落においては、序論部における第二の問いが「ラノ・ララクの石
切り場から、数十トンもあるモアイをどのようにして海岸のアフ（引用者注・
モアイの台座）まで運んだのだろうか。」と繰り返される。ここで安田は「モア
イ」を運ぶためには「木のころ」や「支柱」が「必要不可欠」であろうという
仮説を立てる。しかし現在の「イースター島」には「ころ」や「支柱」用の木
材を供給する「森」は存在しない。そこで第二の問いは「モアイが作られた
時代、モアイの運搬に必要な木材は存在したのだろうか。」と言い換えられる。
この「なぞを解決したのが」安田らの研究であった。安田らの「ボーリング調
査」で「採取」した「堆積物の中の花粉の化石」の「分析」の結果、「五世紀
ごろの土の中から、ヤシの花粉が大量に発見」されたのである。この事実から
第二の問いの答えは、「人間が移住する前のイースター島」は「ヤシの森に覆
われていた」となる。さらにこの「分析」から「もう一つの事実」が判明す
る。「七世紀ごろ」から「ヤシの花粉」が減り「代わってイネ科やタデ科の草
の花粉」が増えていたという事実である。このことから「ヤシの森が消滅して
いったこと」が明らかになる。第13形式段落においては、第三の問いが「で
は、モアイを作った文明は、いったいどうなったのだろうか。」と繰り返され

る。続く第14、15の形式段落において、伐採による森の消滅によって島の表層土壌が浸食され、農耕や漁が不可能になっていった、という島の歴史が述べられる。このような経過をたどって「イースター島の文明は崩壊してしまった。」のである。第三の問いの答えである。

　さらに安田は、結論部の冒頭の第16段落で「イースター島のこのような運命は、私たちにも無縁なことではない」という問題提起を行う。続く第17段落では、「日本列島」の「文明が長く繁栄してきた背景」として、「国土の七十パーセント近くが森で覆われている」というデータ（事実）が提示され、「森林」が「文明を守る生命線」であるという本教材の核心的な主張が述べられる。そして第18〜19形式段落において、地球の人口の爆発的な増加、地球全体の農耕地の限界などの具体的なデータが示され、このままでは地球がイースター島と同じ運命をたどってしまうという「地球の未来」像が明らかにされる。「人類が生き延びる道」は「有限の資源をできるだけ効率よく、長期にわたって利用する方策を考える」必要があるのである。教材は「イースター島の文明」の「崩壊」は、「地球の未来」の姿であるというショッキングな結論に至る。

(2)「モアイは語る—地球の未来」の授業

　実際の授業の導入部は、教材全体を序論部、本論部、結論部の三つに分けることから始めてみよう。生徒に分けさせた後に、なぜその部分で三つに分けたのかという理由（根拠）を確認しよう。

　授業の展開部は、教材の序論部で示されている「モアイ」についての三つの問いを軸に構想する。疑問の助詞「か」が用いられている文末に着目させて、三つの問いを本文から探させる。探した部分を正確にノートに視写させよう。そしてこれらの疑問文が、本論部のどこでどのように繰り返されているか（言い換えられているか）を確認させ、その部分もノートに書き写させる。

　次にそれぞれの疑問の答えが、どこでどのように示されているかを押さえる。該当するそれぞれの箇所に傍線を引かせて、問いには「Q」、答えには「A」という略号をつけさせたり、「Q1」「A1」という具合に問いと答えにナンバーを振らせたりすると生徒の作業がスムーズに進むだろう。次に「問い」と

「答え」の間や前後で示される事実やデータが、「答え」の「根拠」として機能していることを確認する。明確な「根拠」があって、はじめて「答え」、つまり意見や主張は説得力をもつのである。この論説文全体の主張は、これら複数の「問い」と「答え」、さらに「根拠」によって支えられていることを指導しておきたい。

　授業のまとめでは、序論部、本論部、結論部にそれぞれ小見出し（小タイトル）をつけさせてみよう。小見出しは、いわば字数を切り詰めた要約である。的確な小見出しをつけるには、それぞれの部分の内容を正確に読み取ることが必要不可欠なのである。小見出しのつけ方のコツとして、文章内に繰り返し登場するキーワードに注意すること、ニュアンスが変わってしまう可能性が高いので、本文中の言葉を言い換えずできるだけそのまま用いること、数値などの具体的なデータは、小見出しにおいては省くことなどを指導しておきたい。

4　「読むこと」の授業における ICT の活用について

　以下、「羅生門」と「モアイは語る―地球の未来」を教材にした「読むこと」の授業において、ICT を活用した実践例を紹介する。いずれも個人の学び（「個別最適な学び」）とグループワーク（「協働的な学び」）を組み合わせた例である。また、それぞれの実践例は、高等学校学習指導要領「国語」の目標にある「生涯にわたる社会生活における他者との関わりの中で、伝え合う力を高め、思考力や想像力を伸ばす。」と、中学校学習指導要領「国語」の目標にある「社会生活における人との関わりの中で伝え合う力を高め、思考力や想像力を養う。」とを踏まえている。

　「羅生門」の末尾にある「下人の行方は、誰も知らない。」を読んで、その後の「下人の行方」について個人で考えて、その結果をノートにメモさせる。次に、グループごとに準備しておいた Jambord（Google が提供するオンラインのホワイトボード。メンバーが共有できる画面に、生徒が各自の端末から自由に「付箋」を追加して書き込める）の画面に「下人の行方」についての自分の考えを書き込ませる。グループごとに完成した Jambord の画面を見ながら「付箋」を

動かしたり、「付箋」の色を変えたりしながら、各自の意見を「下人は盗人になった」「下人は盗人にならなかった」などの観点で分類する。次に、他の人の意見を参照した後に、改めて本文に根拠を求めながら「下人の行方」について考えて、その結果をノートに書かせる。最後にグループ内で、他の人の考えを参照したうえで、自分の考えが変わった、あるいは変わらなかったなど、最終的な自分の考えを発表し合う。

　「モアイは語る―地球の未来」の学習のまとめとして、文章全体の内容をプレゼンテーション・ソフト（Microsoft PowerPoint や keynote（Apple）など）のスライド１枚の「ポスター」を作ることで「要約」させる。スライドには画像や図を使ってもかまわないという指示をしておく。具体例を削って、筆者の意見を残すという「要約」のコツも指導する。各自で完成させたスライドを、クラス全体で順番に上映して、そのできばえを相互批評し合う。このような学習活動によって、文章全体の内容の理解を深めたり、「要約」する際の注意点を共有することができる。

（佐野　正俊）

> **課題**
>
> 1　「読むこと」の指導計画を考える際に、留意すべき点について整理してみよう。
> 2　小説の語りに留意して読むことによって、作品はどのように読めてくるだろうか。他の小説教材（三島由紀夫「白鳥」、村上春樹「レキシントンの幽霊」など）を読んで確かめてみよう。
> 3　論説文がどのような構成で書かれているか、またその論説文において主張と根拠が適切に書かれているかどうかを調べてみよう。

【さらなる学びのために】

倉澤栄吉・野地潤家監修『朝倉国語教育講座２　読むことの教育』（朝倉書店、2005）

田近洵一『読み手を育てる―読者論から読書行為論へ』（明治図書、1993）

田中実・須貝千里編『文学の力×教材の力　中学校編１年～３年』（教育出版、2001）

田中実・須貝千里編『〈新しい作品論〉へ、〈新しい教材論〉へ―文学研究と国語教育研究の交差―［小説編]』（全６巻）（右文書院、1999）

読書指導＝国語科のみの指導？

　中央教育審議会答申（2016年12月）において、まず「教科等を越えた全ての学習の基盤として育まれ活用される資質・能力」（p.4）ではその筆頭に「言語能力」を挙げ、「読書は、（中略）言語能力を向上させる重要な活動の一つとして、各学校段階において、読書活動の充実を図っていくことが必要である。」（p.13）とされた。ただしこの「言語能力」の向上はこれ以前の段落で「国語教育及び外国語教育の果たすべき役割」とされている。しかし同答申では、国語科の「教育内容の見直し」の筆頭に「読書」を挙げ、その重要性を説きながら（p.44）、外国語科等の他教科に関しては読書についてこれ以上の言及がない。そのため、「読書指導」は事実上国語科に委ねられた形になっている。そして学習指導要領でも、特に高等学校国語科の全科目で「読書」の語がいずれかの箇所に盛り込まれ、『高等学校学習指導要領解説（平成30年告示）国語編』の第1章第2節「国語科改訂の趣旨及び要点」では「(7) 読書指導の改善・充実」で、「(前略) 各科目において，国語科の学習が読書活動に結び付くよう，〔知識及び技能〕に「読書」に関する指導事項を位置付けるとともに，「読むこと」の領域では，学校図書館などを利用して様々な本などから情報を得て活用する言語活動例を示した。」と説明されている。

　「告示」としての学習指導要領、およびその解説はこれでもよい。しかし、学校現場ではさほど簡単な問題ではない。例えば、中学校・高等学校とも、教科書の中には「読書案内」等が盛り込まれている。しかし国語科の授業の中で「読書」を実際に行うのは困難を伴う。中高ともに教科書は年間の最大の授業時数に合わせて編集されているが、「読書」は授業時数に入っていない。朝読書などの課外活動で少しずつ行うとか、「読書感想文」の課題や「読書スピーチ」などの帯単元を詰め込まざるを得ないことが多いだろう。そして探究的な学びに関しては他教科でも読書が必要であるはずだが、現状では特段の言及はない。

カリキュラム・マネジメントと読書

　都内の私立SD学園中・高（仮称）では、「SDの300冊」という推薦図書群を、中1〜高3の全員を対象に、全教科および校長の推薦で選出し、学校図書館にも揃え、朝読書や各教科の課題に利用している。例えば中学校では教室の中に「読んだ本グラフ」が貼られていて、1冊読み終えるごとに紙で作られた

花が一つずつ増えていく。学校全体のこのような取り組みは「読書に関するカリキュラム・マネジメント」と言ってよかろう。国語科が中心になるにしても、学習者の興味は文学や言語ばかりではない。このような環境整備が行われることが好ましい。

読書指導の新たな潮流

　一方で、国語科の授業としての読書指導に関する研究も、一定の成果を積み上げてきている。ここにそれぞれを詳述する紙幅はないが、例えば竜田徹（2019）は、「中学校国語科の読書学習の糸口」を、「読書会をひらき、ともに読む」「ノンフィクションを読む前に予想する」などの七つの方策を示している。渡部洋一郎（2019）は、高校生の読書量と不読率に言及し、「限られた教育場面において読書の質を上げるために必要な取組」として、「読書のアニマシオン」の中でも特に中高生向けの方法を取り上げて示している。また、髙木まさき（2022）は、「主に読書活動を促す読書指導論」に関する多くの研究成果を校種に関わらずレビューしているが、その中でも注目すべきは、勝田光・澤田英輔（2018）による高校１年生を対象とした「リーディング・ワークショップ」の可能性を追求した実践である。これはアメリカの中学校の教員ナンシー・アトウェル（2018）による「リーディング・ワークショップ」の実践を澤田が自身の勤務校の生徒を対象にアレンジして行った実践に関しまとめたものである。この「リーディング・ワークショップ」は、教師側には極めて膨大な読書量が要求されるものであるが、澤田の授業には学校図書館などで全員に自由に本を読ませながら、一人一人に声をかけ、今どんな本を読んでいるか、それなら次にどういう本を読むべきかなどを助言してまわる場面等がある。これはICTとは別に「個別最適な学び」を促進する優れた実践として注目すべきものでもある。

　今後の読書指導は、単に課題図書や読書感想文などをあてがう程度ではなく、より広い視野から工夫された実践を開拓していく必要が増してくるだろう。

（浅田　孝紀）

〈参考文献〉

アトウェル, N. 著、小坂敦子・澤田英輔・吉田新一郎訳『イン・ザ・ミドル―ナンシー・アトウェルの教室』（三省堂、2018）

勝田光・澤田英輔「リーディング・ワークショップによる優れた読み手の育成―１時間の授業過程の分析―」（全国大学国語教育学会『国語科教育』第84集、2018）

髙木まさき「読書指導の理論・実践に関する研究の成果と展望」（全国大学国語教育学会『国語科教育学研究の成果と展望Ⅲ』渓水社、2022　所収)

竜田徹「読書（中学校）」・渡部洋一郎「読書（高等学校）」（全国大学国語教育学会『新たな時代の学びを創る中学校高等学校国語科教育研究』東洋館出版社、2019　所収）

7章

詩・短歌・俳句の授業

キーワード 想像力　多様性　言葉の特徴や使い方　鑑賞と創作　交流

1　韻文の学習

（1）韻文（詩・短歌・俳句）の特徴

　詩・短歌・俳句は、内に湧き上がる思いを説明したり解説したりせず、作者が吟味した言葉を用いて、選択した形式にのせ、感動や思想を表したものである。その感動といっても喜怒哀楽などの感情のみならず、その刹那の意識や感覚、主張等、その中心にあるものは多様である。また、必ずしも感動や思想があるから詠むということばかりではない。言葉で表現した結果、世界や感動が立ち現れるということがある。言葉に敏感に向き合い、言葉で表現しているうちに詩・短歌・俳句になる、ということである。このように韻文の中心には、感動や思想、情景などはもちろん、それらに括ることのできない一瞬の感覚やふと浮かんだ言葉から広がる世界等があり、多様な内容をもつものだといえる。作品からイメージする色合い・音・雰囲気は一つではなく、多種多様な世界を想像させる。作品世界が何を意味しているのか、主張しているのか、作品の言葉が含意するものをさまざまに想像することができるのである。

　また、選択された言葉・形式は、直感的なものや、彫琢を重ね無駄を省いたものである。それらは読み手への伝達といった機能より、表現者の美的芸術的な価値による創造といった機能を重視したものも多く、一義的な意味に当てはめることは難しい。省略による暗示性をまとった、曖昧、不明確な表現ともい

える。そうした一つ一つの言葉に丁寧に向き合い、その緊密に濃縮された言語そのものを見つめることで、言葉に込められた意味や言葉から広がる世界・思想を豊かに想像することができる。韻文を読むことで、具体的な情景や心情が眼前に存在するように思い浮かべられ、言語の形象性や想像・創造する機能に気付くことができるのである。

さらに、詩・短歌・俳句は、ともすると現実を超越する思いがけない世界を読み手のうちに現出させる。時間や空間を超えるだけではない、詩人・歌人・俳人たちの独特のまなざしによってとらえられた世界と出会うことができる。作者の、自由なものの見方・とらえ方と、言語のもつ芸術性や虚構性は、自身が認識している、ただ今・実際の世界の見方を大きく揺さぶられることになるのではないだろうか。韻文を学習材とするとき、その作品個々の特徴や価値を生かし、読み手である一人一人の学習者の解釈・鑑賞を認め合い、その交流から新たな解釈・鑑賞を豊かに広げていくことができるのである。

(2) 学習指導要領における韻文の学習指導

人工知能（AI）の飛躍的進化、さらなる情報化・グローバル化などの大きな変化を迎える社会の中で、学校教育に求められる学力は、中学校（2017年告示）・高等学校（2018年告示）の学習指導要領で三つの資質・能力として示されている。〔知識及び技能〕の習得、〔思考力、判断力、表現力等〕の育成、〔学びに向かう力、人間性等〕の涵養が目標となり、学力は「何を知っているか」のみではなく、そのうえで「何ができるか」というコンピテンシーベースへと転換された。高等学校国語科における共通必履修科目は、「現代の国語」と「言語文化」の2科目になった。韻文については、「言語文化」と選択科目「文学国語」で学習することになる。以下に、韻文の学習を新しい学習指導要領に位置付けながら、身に付けることのできる力について述べていく。

まず、〔知識及び技能〕に関して、中学校・高等学校ともに「(1) 言葉の特徴や使い方に関する事項」の「語彙」における、語感を磨くことや語彙を豊かにすることが挙げられ、「文学国語」では「言葉の働き」として、想像や心情を豊かにする働きについての理解が挙げられている。詩・短歌・俳句におい

て、言葉のリズムや微妙なニュアンス、その効果を感じとり味わうことは、とりわけ重要である。多くの韻文と出会う中で豊かな言語感覚を醸成させていきたい。また、「表現の技法」として文体や修辞については、中学校第1学年や高等学校の「言語文化」「文学国語」で挙げられている。継承されてきた伝統、言語文化における五七五や五七五七七のリズム、季語等も含め、韻文教材で学ぶことのできる内容である。また、「(3) 我が国の言語文化に関する事項」における「読書」については、教科書教材や授業で扱う作品を超えて、日常生活や季節、行事の中で数多くの韻文と出会う機会を多くつくることが重要であろう。言葉を個性的に用いて表現される韻文は、〔知識及び技能〕の習得として、こうした豊かな言語感覚や修辞・文体などの表現技法、読書における多読を特に学習指導に位置付けていきたい。

次に〔思考力、判断力、表現力等〕に関して、「書くこと」の言語活動例としては、中学校第1学年において詩の創作、第2学年において短歌および俳句の創作を挙げている。高等学校「言語文化」では、本歌取りや折句などを用いて短歌、俳句で表す活動、高等学校「文学国語」では、詩歌などを創作し批評し合う活動がある。

「読むこと」の言語活動例として中学校では、詩歌などを読み、第2学年においては引用したり解説したりする活動、第3学年においては批評したり、考えたことを伝え合ったりする活動を挙げている。高等学校においては、「言語文化」で和歌や俳句などを読み、書き換えや外国語への翻訳を通して互いの解釈の違いを話し合ったりまとめたりする活動や、古典から受け継がれてきた詩歌等の題材・内容・表現の技法を調査し、発表したり文章化したりする活動がある。「文学国語」では、作品の内容や形式について書評を書いたり議論したりする活動、作品の評価について評論・解説を参考に議論したり討論したりする活動、テーマを立てて詩文を集め、アンソロジーを作成して発表し合い、批評する活動などが具体的に挙げられている。

中学校・高等学校のいずれにおいても韻文に関する言語活動例として、「書くこと」と「読むこと」で創作と鑑賞の両方を挙げている。一語一語を丁寧にたどり、中心となる感動や情景・思想をとらえる解釈や鑑賞を行う「読むこ

と」にとどまるのではなく、韻文を教材に「書くこと」の力を身に付けさせることが記されている。解釈・鑑賞を通して、ものの見方や感じ方・考え方、表現の特徴と出会いつつ、学習者自身が言葉によって日常生活や現実社会を見つめ発見したり、それらを超えた世界を創造したりする創作を「書くこと」に位置付けている。創作することにより解釈・鑑賞も豊かなものになる。「書くこと」と「読むこと」との往還が大切である。

　最後に〔知識及び技能〕と〔思考力，判断力，表現力等〕の育成において大きな原動力となる〔学びに向かう力・人間性〕について考える際、以下の小海永二の論を紹介する。

　（略）楽しさ、面白さ、生命感、躍動感（ダイナミズム）、機智、ユーモア、衝撃性、情感、着想の鋭さ・新鮮さ、物の見方・とらえ方のユニークさ、人間味、思想的内容の深さ等の価値的な特性を持つことによって、読み手を感覚のレベル、感情のレベル、心情のレベルで動かし、その想像力に有効な刺戟を与えることのできる詩（中略）こうした感動性を持つ詩を読むことで、読み手は、一種の精神的な快美感、心理的な解放感や高揚感、知的な感銘を受け、新たな発見をしたり、のびやかに広がる気分をおぼえたり、空想の世界へとさそわれたり、深く考えさせられたりする。そして、このような感動体験を通して、詩という言語空間の広がり、深さ、ふしぎさや豊かさへと導かれ、感性を耕されると同時に、様々な物の見方・とらえ方・感じ方、考え方を次第に身につけて行くことができるだろう。　　（小海、2007、p.391）

　上記は詩について論じたものであるが、詩・短歌・俳句を含む韻文から得られる学びを的確に表現したものととらえることができる。韻文の学習を通して、言葉の、伝達という面のみではない、言語空間の広がり・深さ・不思議さ・豊かさへと誘う価値への認識を深めることができる。さらに言語感覚を磨き、世界と出会う多様な視点や観点・立場を考え続けることになる。生涯にわたる学びに向かう力・人間性を涵養することが期待できるのである。

2　教材研究の考え方

　詩歌・俳句は読み手の感受性や想像力によって多様に解釈・鑑賞されるとい

う特徴をもつ。が、学習者の感受性や想像力に任せた、さまざまな異なる読み
を交流することのみをもって学習指導とすることでよいだろうか。多様な読み
を知ることは目標の一つにはなるが、一人一人にある感受性や想像力がより豊
かなものになるよう、言葉の働きや語句の意味・語感への認識がより鋭く深い
ものになるよう、教材の特徴をふまえた学習活動を構成していきたい。そうし
た教材の価値を十分に生かす学習のために、以下の準備点を挙げておく。

　①教材について自分なりの解釈・鑑賞をしてみること（作品研究１）

　②作品の先行研究にできるだけ多く当たること（作品研究２）

　③学習者がどのように解釈・鑑賞するか想像すること（学習者観）

　④学習指導の中心をどこに設けるのか熟考すること（目標と評価）

　いずれもどの教材に対しても行うことではあるが、韻文が多様な解釈・鑑賞
が可能であるという特徴がある以上、教師の読み、先行研究の知見、予想され
る学習者の読み、学習指導の目標について整理しておくことが特に必要になる。

　①解釈・鑑賞をするためには、まずは幾度も音読してみる。言葉のリズム、
修辞、文体の特徴をつかむ。次に語句等の意味を確認し、中心となる表現につ
いては文脈の中で意味を考えていく。そして、特徴的なものの見方・とらえ方
や感動の中心、テーマ、主題をどう考えるか、作者の思想・人生や詠まれた背
景・社会状況等を追及することも含め、解釈・鑑賞を明確にしておく。インタ
ーネットで調べることのできる詩人・歌人・俳人に関する確かな情報や、作品
の詠まれたり創られたりした場所などの紹介も、適宜、活用する。

　②先行研究を通して、①では気付かなかった新たな意味やイメージ、作品の
見方、鑑賞を表現する言葉等を知る。自分なりに教材と向き合い一語一語の言
葉と丁寧に出会い、作者や作品世界について考察した後、先行研究を参照して
読みを深める。他者の読みから学び続けていきたい。

　③学習者を思い浮かべ、どのような表現に注目し、どのように作品世界を読
むのか、感想を抱くのか等を考えておく。読み手がさまざまに意味付けをする
多様な解釈や鑑賞を想像しておくのである。それらを単に認めるだけではなく、
根拠や理由を確かめたり、読みの交流の観点などを用意したりすることで、よ
り豊かな読みへ至らせたい。また、明らかな誤読や作品世界を狭める読みへ流

れないよう授業をデザインするためにも学習者の読みを想像しておきたい。

　④最後に、教材価値をふまえて学習指導の中心をどこにおくのか考える。〔知識及び技能〕、「書くこと」や「読むこと」における指導事項を参考にしつつ、詩・短歌・俳句の教材の特徴を学習に生かす目標を考えたい。

3　授業デザイン例

（1）作品の空白を考える（解釈する）

　まずは、学習者自身が作品をしっかり読むこと、言葉と表現された作品世界に十分に向き合うことを目指したい。

　リズム・韻律の美しさなど音楽性が特徴となる作品は、特に繰り返し音読する。言葉が意味を表すだけではなく響きを有し、その音がイメージをもたらすという特徴に気付く。他に、筆写する、初読の感想を整理する等も第一次の学習として有効である。

　映像的要素の濃い、イメージ化しやすい造形性に特徴をもつ作品や、情感・認識に訴え、人間の生き方・あり方を考えさせる思想性の強い作品については、中心となる言葉を考えさせる。韻文の一部分を空白にし、そこに入る語句を考えるという学習活動である。どのような語句を入れるか各自が考えた後、グループで根拠や理由を挙げながら検討し、最後に作者の表現とその世界について考察するというものである。例えば、「するめ」（まど・みちお）や「冬眠」（草野心平）の題名を空白にし自由にイメージを描く、「ライオン」（工藤直子）の最終行「しみじみと縞馬を食べた」の「しみじみと」を空白にし言語認識を目指す、「庭の一部」（北原白秋）の最終行「あ、郵便が来た。」の「あ、」以下を空白にし読みの交流をはかる、などの授業実践や授業構想がある。

　こうした作品のタイトルや一部に空白をつくることは、そこに入れるべき語句を考えるために作品と真剣に向き合うことになる。さらに、どのような語句がふさわしいかを話し合い、その根拠や理由を求めて何度も作品の言葉を読み直すことになる。交流を通して、他者の言葉に対する考えと出会い、作品を読み深めていくのである。このとき、言葉から作品世界のイメージや意味を見い

だし、ものの見方・感じ方・考え方の観点や表現する言葉の多様性を考えることができる、教材の中心となる部分を空白とするものでありたい。

(2) 作品の鑑賞文を読む（作品の読み方を知る）

　次に、韻文を豊かに読むために、作品について書かれた文章を読む学習を行う。詩・短歌・俳句を読み大きく心を動かされたとき、言い換えることのできない「言葉にならない」「説明できない」という思いがあるだろう。そういった感動や感激がどのように表現されるのかの例として、鑑賞文や自作の韻文についてのエッセイを読ませたい。例えば、短歌を紹介しその短歌について文章で表している『よつ葉のエッセイ』（俵万智）を教材に、短歌と文章を結び付けたり、言葉と言葉の対応を考えたりする。鑑賞文の書き手は、作品のどこに注目し、どのようにその世界を味わい、表現するのか、ときには作者自身がどのように解説しているのか、知ることにつなげるのである。

　詩・短歌・俳句に関する読みやすい鑑賞文は数多くある。教科書にも鑑賞文を採録したものは多い。一つの作品について複数の鑑賞文を取り上げ、読み比べることもできる。これらを読み、作品の言葉への注目、中心にあるテーマや心情・情景などをとらえる観点を知ることになる。解釈・鑑賞する的確で豊饒な言葉・表現が、学習者の認識を更新させ、深く豊かなものにする。教科書教材に限定せず、ICT を活用して多くの韻文とその鑑賞文を読むことで、緊密に構成された言葉の芸術のとらえ方に学習者自身が出会う学習を構想したい。

(3) 作品について話し合う、鑑賞文を書く（鑑賞する）

　また、詩・短歌・俳句を読み、どのように解釈し、どのように感じ考えたのか、をグループで話し合った後、各自が鑑賞文を書く。話したり書いたりすることで自分の読みを確認し、作品との出会いを対象化する学習である。発言を通して自身の思考を確認、整理し、新たな発見を生むことにつながる。また、教室の他の学習者と読みを交流することで、読みの広がりや深まりを実感できるはずである。そして鑑賞文を書く。その書いた鑑賞文をさらに読み合い、共有していくことで次の問題意識を見いだすこともできる。

その際、鑑賞の観点や、文章を書く際に使用する語句等を参考として示す手立てがある。教材の特徴を見いだすための概念を知るということになり、語彙の獲得にもつながるものである。どの観点、どの語句を用いるかは学習者が選択するものであるが、作品の中心を考え、表現するために例えば次のような語句を参照させてみる。

　○文体、語り手、視点人物、主観・客観、具体・抽象、複眼・俯瞰、クローズアップ、発想・着想、虚構、ノスタルジー、機智・ユーモア
　○情景、自然、天、宇宙、空間、過去、未来、時間、永遠、季節、色彩、イメージ、音響、心象風景
　○人物、表情、心情、感情、身ぶり、動作、会話
　○表現、リズム、オノマトペ、比喩、雅語・俗語、和語・漢語・外来語、ひらがな・カタカナ・漢字など

　こうした語句やこれらから連想できる語句を観点とし、作品を分析・理解し、味わい、享受していく。鑑賞文やエッセイを読む学習の後では、それらの文章から印象的な語句を自身の鑑賞文を書く参考にし、引用することもできる。教材を解釈・鑑賞する観点や印象に残る鑑賞文の語句を用いることで、学習者個々の内面世界と作品世界との豊かな出会いを確かなものにしていきたい。

（4）詩を創る、短歌・俳句を詠む（創作する）

　最後に、創作を行う。言葉の、伝達のためという機能を超え、感性や想像力に資する言葉の特徴を生かすために、学習者一人一人の興味や関心を自由に発揮させることのできる創作という活動を十分に楽しませたい。詩・短歌・俳句を読み、鑑賞し、その世界を小さな物語や小説に書き替える学習や、多くの作品を読み、詩を作ったり短歌・俳句を詠んだりする学習がある。

　前者の書き替えの学習については、例えば、詩「河童と蛙」（草野心平）を小説に書き換え、内容理解を進めながら自由な発想やイメージづくりを行い、交流することで新たな解釈を得る学習、「伊勢物語」に代表される歌物語の特徴をふまえて、短歌を小説化し、言葉に即した解釈を広げる面白さや言葉の多義性、学習者相互の感性の違いに気付かせる学習などがある。いずれも書き替

えの学習を通して、言葉や教材の深い解釈を行うことになり、豊かな想像力や感性の涵養につながるであろう。交流を通して、他者の創作から解釈・鑑賞や表現の多様性を学ぶことにもなる。５Ｗ１Ｈを踏まえた情景描写や人物の心情を具体的に叙述することに注意し、創作する面白さを味わわせたい。

　後者の創作の指導については、詩・短歌・俳句のいずれについても「読むこと」との関連から学習に位置付ける。多くの作品を読むことをせずに詠むことは難しいであろう。多くの韻文と出会う、印象に残る作品の鑑賞文を読む、再度作品を読む、という場を数多く設ける。そのうえで、それぞれの特徴をふまえ、形式に基づいて、自己の内面や言葉に思いを巡らせ、表現することを行わせたい。

① 詩

　詩に関して、方法・形式などの概念も広く含むレトリックに注目してみる。例えば、「未確認飛行物体」（入沢康夫）などを読み、視点・語り手のレトリックに注目し、「わたし」を変換して見える世界を広げる創作、「二十億光年の孤独」（谷川俊太郎）や「発車」（吉原幸子）などを読み、想像・イメージを広げるレトリックを意識し、現実を変形させて新しい世界をつくり上げる創作などを行う。周囲にあるモノや日常・現実を見つめ直し、向こう側・裏側、異なる角度から見える情景を想像したり、自分以外の何かになった行動を考えたり、現実を超えた世界を想像する場をつくってみる。作品や鑑賞文を読むことと創作との有機的な往還の中で学習活動を展開したい。

② 短歌

　短歌の創作では、まず五七五七七の定型で表現することから生まれる世界であることを押さえる。日本語の五音七音が醸し出すリズムを感じ、その味わいを知る。そのうえで、句切れや字余り・字足らず、一字空けなどの技巧を活用することにも出会わせる。

　内容に関しては、思いを直接的に表現する叙情の傾向が強いといわれる特徴を生かし、詠もうとする情景と心情とを整理する。情景については、中心となるものなどの状況や人物の行動を、インターネット上での画像情報なども利用して具体化する。見えるものや景・耳に入る音・香りやにおい・手触りや雰囲

気などの五感で感じられる時と場をイメージする。また、中心となる人物など
の動作や様子を具体的に想像し、言葉に直していく。心情については、その情
景に込める思い、発見、気付きを考える。自分の体験や気持ちをありのまま言
葉に直すばかりではなく、描こうとする情景に変わったモノや限定されたモ
ノ、固有のモノ・一種独特なユニークな視点などを取り入れ、オリジナリティ
を演出してみる。どのようなものを入れるのか熟考することで、自分という個
を見いだすことにもつながるであろう。

　さらに、鑑賞との往還の中で、①枕詞・序詞、②比喩（直喩・隠喩・擬人法）、
③オノマトペ（擬声語・擬音語・擬態語）、④押韻、⑤言葉の繰り返し、⑥体言
止め・倒置法、⑦名表現や固有名詞、⑧文語、などの短歌の技法についてその
効果を知り、創作に生かす可能性につなげたい。

　③ 俳句

　叙情の傾向を帯びる短歌に対し、俳句は人間や社会・自然への思いや気付き
を一幅の書画、一枚の写真のように景として表現する。五七五の切り詰めた表
現から景をイメージさせ、心情も想像させる。こうした表現について、坪内稔
典（2010、p.51）は、「感想を表現する」ことと「表現して感動を探す」ことの
二つに整理する。感動があるから俳句を詠むだけでなく、後者のような表現す
ることにより自己を再発見するあり方（例えば、甘納豆を詠むことで甘納豆を好
きな自分を発見するなど）を述べ、題詠による句会の魅力を述べている。

　後者の句会については、例えば、次のような学習を展開する。
①　季語当てクイズ　「水枕がばりと（　　　）海がある」（西東三鬼）などにふ
さわしい季語を考える。季語により俳句の世界が全く変わってしまうことに気
付く。季重なりに注意し、季語と残りの語の「取り合わせ」を意識する。
②　取り合わせによる創作　「五音の季語」＋「七五のフレーズ」として、先
に季語「春の雲」などを示し、他は好きな十二音を入れる。関連はあるが重な
らない組み合わせを考える。歳時記や季語集を活用したり、感情語ではなく心
情を想像させる言葉、助詞や動詞などを意識したりする。続けて、③投句（紙
に書いて提出）、④清書（黒板に書き出す・印刷する）、⑤選句（自作以外の２句を
選ぶ）、⑥披講（選句の発表）、⑦合評（良い点や選ばなかった理由などを述べ合

う）、⑧名乗り、といった流れで句会を行う。グループごとに１句を選ぶ、代表句についての句会では、互いに句を吟味したり、合評の言葉を考えたりすることもできる。教師は学習者同士の合評を整理し、投句された句の良さを十分に評価し、次の創作につなげたい。

　その他、韻文の創作に関して、例えば、以下のような学習を取り入れることができる。

○　テーマや情景について、タブレット等を利用し、個人の考えを教室全体で共有する。また、マップ法（一人で連想を広げる）やブレインストーミング（数名で考えを出し合う）を行い、大判の紙上で可視化する。

○　独詠ばかりではなく呼びかけや相聞歌など、読み手を意識する場や、複数で作品をつくりあげる連歌などの場を設定する。

○　書写・書道との関連を図り、用紙・書体・余白などに留意しながら自ら書いて一つの作品として完成させ、互いに鑑賞し合う。

○　創作した作品や作品に対する自注・鑑賞文を書き、タブレット等を利用し、アンソロジーに編集する。

こうした創作活動を含む韻文の学習を年間計画の中で構想していく。

　以上、授業デザイン例として挙げたが、折々の季節や何かのできごとについて、詩やその一節、短歌や俳句を紹介していくことを大切にする。魅力的な多くの韻文にふれる場を学習者たちと共有し、言葉そのものや言葉が描き出す世界、言葉が伝える思い・考えと豊かに出会っていきたい。

（高山　実佐）

1 韻文を教材として、学習者が「主体的・対話的で深い学び」を実現できるような授業デザインを考える際に留意すべきことを整理してみよう。
2 魅力的な詩・短歌・俳句、およびそれらについての鑑賞文や作者のエッセイを探し、学習材としての価値を話し合ってみよう。
3 本章を参考に韻文を学習材とした学習指導案を作成し、互いに読み合い、批評し合ってみよう。

【引用文献】

小海永二『小海永二著作撰集第8巻 詩・文学と国語教育』（丸善、2007）
坪内稔典『増補 坪内稔典の俳句の授業』（黎明書房、2010）

【さらなる学びのために】

茨木のり子『詩のこころを読む』（岩波ジュニア新書、1979）
児玉忠『詩の教材研究―「創作のレトリック」を活かす』（教育出版、2017）
近藤真『中学生のことばの授業 詩・短歌・俳句を作る、読む』（太郎次郎エディタス、2010）
西郷竹彦『増補 名詩の美学』（黎明書房、2011）
俵万智『考える短歌 作る手ほどき、読む技術』（新潮新書、2004）
夏井いつき『子供たちはいかにして俳句と出会ったか』（創風社、2000）
浜本純逸監修、武藤清吾編『ことばの授業づくりハンドブック 中学校・高等学校 文学創作の学習指導―実践史をふまえて』（溪水社、2018）
東直子・佐藤弓生・千葉聡『短歌タイムカプセル』（書肆侃侃房、2018）
穂村弘『短歌という爆弾―今すぐ歌人になりたいあなたのために』（小学館文庫、2013）
町田守弘編著『サブカル国語教育学―「楽しく、力のつく」境界線上の教材と授業』（三省堂、2021）

8章

古典の授業

キーワード 言語文化 言語活動 表現への着目 言語感覚
アクティブ・ラーニング

1 「古典」の意味するもの

　一般に「古典」とは、古い時代に作られ、現代に至るまでその価値が認められ引き継がれている事物を指し、「古典音楽」「古典物理学」などあらゆる分野に存在する。しかし国語教育で「古典」といえば、「古文」「漢文」を指すことが多い。もちろん時には、「近代文学の古典」として明治以降の著名な作品を指すこともあるし、「古典芸能」であればその詞章のみならず、歌舞伎や能などの上演そのものを含むこともあるので、必ずしも「古文・漢文の文章」に限定されるわけではない。場合によっては世界文学の古典も、日本語に翻訳すればその範疇に入れられる。また、「おとぎ話」「昔話」として説話や物語文学から児童文学化されて小学校等で読まれている話は、文章は現代語で書かれていても「古典」であるし、現在は小学校でも、文語文のまま『枕草子』や韻文等が教材化されている。このことを念頭に置きながらも、本章では従来私たちが中学校・高等学校の国語科の中で「古典」と呼んでいる教材群を扱った授業について考えていく。

2 2008・2009年版学習指導要領における「古典」

　2008・2009年版の学習指導要領では、「A　話すこと・聞くこと」「B　書く

こと」「C 読むこと」「伝統的な言語文化と国語の特質に関する事項」の３領域１事項が立てられ、特に「伝統的な言語文化と国語の特質に関する事項」は、それ以前の「言語事項」に代わって登場した。そして小学校段階から古典の原文を用いた指導が主として音読や暗唱を中心に行われ始めるなど、「伝統的な言語文化」の中の大きな部分を古典に関する学習が占め、「古典指導の重視」といわれた。

　ただし高等学校学習指導要領では必履修科目「国語総合」のみにおいて、上述の３領域１事項が立てられ、それ以降の選択科目には３領域１事項に該当する内容が、項目は立てられずに散りばめられる形で記述されている。それゆえに高校では「伝統的な言語文化」は事実上「古典」と同義のようになり、「国語表現」「現代文Ａ」「現代文Ｂ」ではあまり扱われなかった。だがこれはもちろん現代文分野で扱われることもあってよい。ただ、やはり「古典」の学習指導において、「言語活動」を通して「伝統的な言語文化」を理解し考察し親しむことを学習者に促すことは、国語教師の極めて重要な任務である。この姿勢は 2017・2018 年版学習指導要領においても変わるものではない。

3 高等学校 2018 年版学習指導要領における「古典」

　しかし 2018 年版の高等学校の学習指導要領においては、状況が一変した。これまでの必履修科目「国語総合」４単位が廃されて、「現代の国語」２単位と、「言語文化」２単位が創設され、「現代の国語」の「読むこと」では主として実用的な文章や論理的な文章を扱うこととなり、それ以外は「言語文化」に移管された。そして「言語文化」では、70 単位時間中、「読むこと」の古典に関する指導については 40〜45 単位時間程度、近代以降の文章に関する指導については 20 単位時間程度を配当するものとされており、つまり、必履修科目では「言語文化」２単位のうちの６割程度しか古典に関する指導ができなくなった。もちろん、これを履修したあとの選択科目「古典探究」４単位は全部が古典に関する指導なのだが、少なくとも学習指導要領上は、古典を扱う絶対量は減少した。

ここにおいて留意すべき点が二つある。第一点は、従来の慣習で「この文章は1年生の教材だ」とされてきた教材群が、「言語文化」では扱いきれなくなったことである。実際の各社の教科書では古典教材の数は大きく変わってはおらず、各教材文が短くなる傾向はあるものの、近代以降の文章が加わって教科書のページ数は増えているので、扱う教材を偏りなくピックアップする必要があるのが実状である。

　第二点は、比較、調査、考察、報告といった「探究」を意識した学習活動が重視され、また、創作や文語作文等のクリエイティブな学習活動も念頭に置かれ、それらが「言語活動」例で示されている点である。この点は、2009年版の高等学校学習指導要領でもある程度は意識されているが、事実上は古典文法・古語・漢文句法とそれを覚えさせたうえでの読解指導が中心であり、これは戦後の1955年頃から今に至るまで、基本的には変わらないまま推移してきた。しかし、2018年版では学習指導要領全体が各教科・科目で「探究」を重視したカリキュラム・マネジメントを要求しており、各社の実際の教科書には、従来と同様に教材が羅列され、その後の「学習の手引き」の部分やコラムに、探究型の学習課題が示されているものが大半だが、教師側には、上記の趣旨をよく認識したうえで一つの文章を語学的に解釈するのみにはならない授業展開を工夫することが、強く求められている。高大接続改革も確実に進みつつある。その中で知識と読解を中心とした授業ばかり行って古典嫌いを増やすのは得策ではないことを肝に銘じておくべきである。ただしこれは、「文法や語彙等の知識はもう不要だ」という意味ではない。教師側は、文法や語彙等の知識を踏まえ、周到な教材研究を行ったうえで、細部にわたるまで説明できなければならないし、必要なら説明しなければならない。しかし、それが古典の授業の主眼ではないということである。

4　魅力ある古典の授業を開発するための工夫や実践の例

　本節では、本章筆者の過去の実践から現行教育課程でも通じうるものを三つ選び、その概要を紹介する。指導の工夫のためのアイデアとして参考にしては

しい。共通するのは「古典の表現への着目」である（なお、漢文の具体的な教材例については、本書のp.101の漢文についてのコラムを参照のこと）。

（1）文法指導における発見学習

　例えば古文入門期の高校1年生に動詞の活用を学ばせる際には、次のような創作例文を示すことができる（わざと現代語を混ぜてある）。

> 　　　※「いぬ（往ぬ／去ぬ）」＝「行ってしまう、去る」
>
> 　昔、江戸に男ありけり。この男、芭蕉門下の路通の句「<u>往ね</u> 往ね と人に言はれつ年の暮れ」を見て曰く、「良き句なり。されど路通は<u>往な</u>ず。彼には作句の力あり」と。友曰く、「良き句にあらず。芭蕉には優れたる門人多し。路通<u>往ぬ</u>れども数多の名句あり」と。男曰く、「路通は<u>往に</u>難し。その故は、他に<u>往ぬる</u>所なきがためなり」と言ひ、立ちて隣の部屋へ<u>往ぬ</u>。何故か路通の句を書き直して来て曰く、「これならいかが。『いいねいいねと人に言はれつ年始め』」。友曰く、「いいね！」。

　活用形が6種になるのはナ変動詞が基になっているといわれているので、ここでは「往ぬ」を用いて、その接続から6種の活用形を見いだす学習を行わせる。これは短文六つではなくストーリーがあり、最後は現代のSNS用語を落ちにしてあり、学習者は苦笑しつつも文法を楽しく学んでいくことになろう。

　これは表現そのものを比較してその特徴（ここでは活用に応じた接続の違い）を発見させるためのものである。時間がある限り、文法は発見的に学習させていくことが有効である。なお、これは中学生にも実践できる。

（2）ワークシートの工夫

　学習者の実態に応じた工夫として、中学でも高校でもよく行われるのが、傍注を付したプリントをはじめとする、さまざまな形態の「ワークシート」の作成である。教科書本文で脚注になっているものも考慮したうえで、言語抵抗の適切な低減を図ることが有効な場面は多い。ただし、必ずしも易しくすればいいわけではなく、古典の表現を対象にした考察を促すことが大切である。

　図8-1は、普通科高校2年生の『大鏡』「花山院の出家」のワークシート例の一部である。二段構成にしてあり、下段では既習の文法項目は◆、新出文法

さやけき影をまばゆく思しめしつるほどに（明るい月の光を気がひけるとお思いになっていらっしゃるうちに）、**月の顔に**（月の面に）**むら雲のかかりて**（むら雲がかかって）、**少し暗がりゆきければ**（少し暗くなっていったので）、「わが⑧出家は成就する**なりけり**。」と**仰せられて歩み出で**（とおっしゃって、歩み出し）**させたまふほどに**（なさったときに）、**弘徽殿の女御の御文の**（（亡くなった）弘徽殿の女御のお手紙で）、**日ごろ**（平素、）、**破り残して**（破り捨てずに残して）、**御身も放たず御覧じけるを**（御身から離さずご覧になっていたお手紙のことを）思しめし出でて、「**しばし**（しばらく（待て））。」とて、取り⑨に入りおはしましけるほど**ぞかし**、粟田殿の、「いかに、かくは**思しめしならせ**おはしましぬるぞ。ただ⑩今過ぎば、おのづから障りも出で来なむ。」と、**そら泣きしたまひけるは**（そら泣きなさったとは）。

○影

◆なりけり―気づいた驚き

◆同格「の」

◇ぞかし（連語）　念押し・強調

Q　傍線部から敬語をなくすと？

◇「思しめし～」＞「～給ふ」

◇「なむ」の見分け方

図 8-1　ワークシート例

項目は◇、重要な単語は○、予習の段階で考えておかせたい項目には「Q」を付して示してある。

上段には教科書本文と一部の傍訳を付し、特に取り上げたい部分を括弧や傍線・太字等で示して、主に言語事項面での学習の助けとなるようにしている。ここでは、必ずしも難しい項目に傍訳を付しているわけではないということに注意してほしい。例えば「さやけき影」は教科書の注を見れば書かれていることも多いが、流れを損なわないようにするため、あえて傍訳を付してある。一方、この場面では花山帝の心情を考えるうえでは「なりけり」という表現が重要で、一方、粟田殿の心情を考えるうえでは、過剰なほどの最高敬語の使用にはぜひ目を向けさせたい。それ以外にも、語り手の世継も含めた心情や、述べ方の巧みさなどにも目を向けることができ、かつ学習（復習も含む）の便宜を図った重要事項の示し方を行っている。学習者にとって難しいと思われる教材に関しては、こうした補助教材を用意することによって、単に文法や単語を覚えて解釈を行うだけではなく、文法等の言語事項を教材の内容に結び付けて深い理解や鑑賞へと導き得る。もちろん同様のことをワークシートなしでも行うことは可能であるし、いつでもワークシートが必要なわけではないが、教材と学習者の実態に応じて用意する工夫はぜひ行いたい。

これに関連して ICT 活用について言及しておこう。各校の ICT 環境に左右されてしまう面は否めないが、例えばこうしたワークシートを、「ロイロノート・スクール」や「Google Classroom」などのツールによって配信し、タッチ

ペンで書き込ませたうえで、再びそのツール上で回収するとか、代表的な生徒のものを共有するなどのことは、「1人1台端末」の普及によって比較的簡単にできるようになってきた。これはワークシートに限らないし、何でもICTに置き換えれば良いというものではないが、紙媒体のみならず、ICTを適切に活用することで学習効果が高まるものについては積極的に活用していくべきである。

(3) 創作古文とそのプレゼンテーション

　グループで文語作文を行い、その作品をプレゼンテーションした実践事例を紹介する（文語作文自体は、中学校でも実践が可能である）。目標として、①プレゼンテーションの技法に習熟すること、②既習作品の表現をまねた古語訳を通して言語感覚を錬磨すること、の二つを設定した。対象は、総合学科高校2・3年次生混合の講座「古典講読」選択者22名（男子1名、女子21名）。4月から9月まで「伊勢物語」と「大和物語」を扱った後、歌物語からの発展学習として「歌物語の創作」を計画し、以下の指示プリント（抜粋）を出した。

単元「『私たちの歌物語集』を作ろう！」

　「伊勢物語」「大和物語」を参考にグループで古文の歌物語を作り、プレゼンテーションをしてください。
手順　①現代語で物語を作る：昔風のものでも現代風のものでもかまいません。②古文訳：教科書等でこれまで見てきた古文の文章と、古語辞典や文法書を参考に、協力して訳を作る。　③視覚資料の作成：パワーポイント、実物提示装置、模造紙など、何らかの形で視覚資料を作成する。　④発表プロットの作成：1班あたり8分程度を目途に、発表のプロット（計画）を立て、文章化する。　⑤発表台本の作成：実際に話す内容を、1から4に基づいて原稿化。　⑥わかりやすくプレゼンテーション！

　そして全体を6班に分け、9月から10月に計8時間を使って作成し（学習者は慣れてきた物語文学の表現をモデルにして作ることになり、授業者は各班に助言してまわる）、その後1時間は練習、もう1時間は発表、とした。
　準備に当たり、書いて提出するものを四つ指示した。a. 現代語の物語、b. 配付資料（古語訳を含む）、c. 発表プロット、d. 発表台本、である。ここではま

ず、人形劇を作った第３班の「b. 配付資料」を紹介する。

「翁柿物語」

　昔、夫婦ありけり。年月限りなく思ひて住みけるを、嫗もの病みになりて、師走ばかりに死にければ、いみじうかなしくて庭に柿の木を植ゑたり。

　春になりて芽吹きければ、嫗のごとくおぼえつつねんごろに育てけり。ある夜、嵐来たり。つとめて翁惑ひつつ木によりて見るに枝折れにけり。翁あわて急ぎ、すなはち枝をそへ、布をば巻きたるところ立ち直りけり。それより後、同じやうなること度重なるに、ねんごろにいたはりて柿なむやうやう生ひ立ちにける。

　長月の楓の葉色づきたるほどに例の柿をば見に行きけるに、いと紅なる柿あまたなりけり。翁、あはれにおぼえければ、かく詠みたりける。

　　秋深し　柿の匂ひぞ　ながむれば　年月過ぎぬ　人を想ひて

　かくして翁、はかなき心地にわづらひて、その冬、先立ちたる嫗の方へ、ともし火などの消え入るやうにて果てにけり。

☆創作のポイント☆

・歌の下の句を倒置にして主人公の心情を強調した。／「柿なむやうやう生ひ立ちにける」は強意。／直接「紅葉」と書かずに「楓の葉色づきたる」として、秋を表す表現を工夫した。／最後は「死にけり」ではなく「果てにけり」として婉曲的に表現した。

☆重要単語☆

・ねんごろなり（丁寧に、手厚い）・つとめて（早朝、翌朝）・匂ひ（美しい色つや）・はかなき心地（ちょっとした病気）・果つ（死ぬ）

☆班員の一言☆

・時間が足りなくなって大変だった。現代文から古文に訳すのはなかなか難しかった。（Ｓ）・現代語で歌の意味を考えるのは簡単だったけど、古語に訳すのは大変だった。（Ｎ）・視覚資料作りが大変だった。（Ｕ）・古文は現代文よりも簡潔な表現であることで、想像力が刺激されてより深く自分なりに読むことができるものだという事を改めて強く感じた。（Ｏ）・古文は全く馴染みの薄いものだったので、訳すのはとても苦労したが、古文が出来た時とても嬉しかった。（Ｋ）

「創作のポイント」と「重要単語」は、工夫点や調査項目を明示する目的で書く指示をした。「班員の一言」は口頭のみでもよいとしたが、どの班も書いた。特に学習者Ｏの一言は、この単元の目標にかなった好ましいものである。

　次にある班の「c. 発表プロット」を紹介する。この班は、視覚資料として、紙芝居を作成した。これを実物提示装置（OHC）で提示しながらプレゼンテーションを行ったのだが、その前に準備した発表プロットである。

第5班　　　班長：M・A　班員：N・O、M・I

☆**始まりのあいさつと発表内容の紹介（1分）**
最初のあいさつをして、班員の紹介をする。／「第5班は、いろんな昔話やおとぎ話、童話などを混ぜ合わせて作った話を発表する」ということを述べる。／（M・Aが司会進行を担当する。）／（OHCには班員の紹介と物語の表紙を映し出す）／（M・IがOHCを担当する。）

☆**古文の朗読（3分）**
朗読しながら、OHCに紙芝居を映し出す。／合わせて配付資料を見てもらう。／（N・Oが朗読を担当する。）

☆**古文の説明（3分）**
それぞれの場面の紙芝居と、古文とその訳を対照させる。／文法や訳し方の工夫点を詳しく説明していく（わかりにくい場合は、別紙にまとめておく。）

☆**歌の説明（1分）**
古文と訳を対照させる。／（OHCには歌を映し出す。）／どんな想いが込められているのか詳しく説明する

☆**まとめ**
発表資料の「感想」に軽く触れ、質問を募る。／（M・Aが司会進行を担当する。）／（OHCには終了のイメージの絵を映し出す。）

　これは発表前までに作成しておき、発表後に提出してもらった。手順と時間配分を書くようにという指示に従って作ったものであり、簡にして要を得ている。プレゼンテーションでは、「手順が悪くて発表が下手だった」ということがよく起きる。このプロットはそれを防ぐための計画の言語化で、このような準備をすれば発表は円滑になる。

5　学習指導案の例

高等学校国語（古典探究）学習指導案　（簡易版）

指導教諭　○○○○　先生　印
○○大学教育実習生　○○○○　印

1　日　　時　○年○月○日（○曜日）第○校時
2　対象学級　○立○○高等学校2年○組（男子○名、女子○名、計○名）
3　単元名（教材名）「方丈記」：教科書所収「行く川の流れ」「養和の飢饉」お

よび訳文つきプリントで配付する他の四つの災厄の記述。

4　単元の目標

①随筆としての「方丈記」の内容面・表現面での特質をとらえ、長明の無常観を理解する。

②長明の思いが込められた表現を汲み取り、それを検討し発表し記述できるようにする。

③上記①②をシンク・ペア・シェアやジグソー法[*]を用いて協働で力を発揮できるようにする。

5　評価規準

知識・技能【知】	思考・判断・表現力【思】	主体的に学習に取り組む態度【態】
①語彙・文法・歴史的背景等を基に、自分の考えに根拠づけができる。	①長明の思いが強く込められた箇所を複数発見できる。②グループ内の友人や学級全体に対し説得的意見が言える。③自分の意見や鑑賞文をまとめて書ける。	①長明の思いについて、積極的に理解しようと努めている。②グループ内や学級の友人の意見を真摯に聴こうとしている。

6　指導観

(1)　単元観

　学習者全体に対し「古典の表現を自分たちで深く味わう」ことを経験させ、魅力を実感できる。既習の「平家物語」「徒然草」等に見られる無常観についての学習経験も活かせる。また、アクティブ・ラーニングの手法を用いて集団的思考法を獲得させるのに好適である。

(2)　学習者観

　古典が好きな学習者もいる一方、かなりの苦手意識をもつ学習者もいる。しかし災害の記録という性格が強い作品では、昨今の自然災害等と関連付ければ興味をもたせられるであろう。加えて、主に言語的な面からの探究へと興味をもたせ得ると考える。

(3)　教材観

　和漢混淆文体を基調とする著名な随筆。特に仏教的無常観や五大災厄の記述について、老境の筆者長明が整理された形式で抑制的に叙述しているが、彼の実体験に基づく部分については、実体験ゆえの重みを読み取ることが可能である。なかでも「養和の飢饉」冒頭付近の「あさまし」の含意にはぜひ着目してほしいと考えている。

7　単元の指導計画

(1)　単元計画（6時間）

①「方丈記」の概要と「行く川の流れ」について、シンク・ペア・シェアを取り入れながら文体の特徴と長明のもつ無常観について理解する。（2時間）

②「養和の飢饉」を中心に五大災厄の箇所を各班で分析し、ジグソー法で共有する。（2時間）

③「養和の飢饉」中の長明の心情表現を検討、重みのある表現を学級に発表する。（1時間・本時）

④各班から出た「表現の重み」を基に、「養和の飢饉」の表現に関し鑑賞文を書く。（1時間）

8　本時の指導計画と評価計画・評価方法

(1) 本時のねらい

　各班内に「専門家グループ」と称するグループをつくり（ジグソー法の手法、飢饉以外の四つの災厄を割り振ってある）、学習者たちが読み込んできた文章を比較しつつ長明の心情表現を指摘し合い、そこにどういう思いが込められているかを話し合ったうえで、それを記録し共有して、次回の発表のための準備をする。

(2) 本時の指導計画

分	学習内容	学習活動	指導上の留意点	評価計画・方法
2	挨拶・点呼		作業グループ毎に行う。	
15	飢饉以外の災厄についての心情表現の共有	各班（比較検討グループ）内の専門家グループのメンバーから、飢饉以外の四つの災厄の概要と心情表現を聞き取る。	前時までに、専門家グループに各災厄の文章を割り当てて、内容や表現を把握させておく。	・長明の思いに注意して読んできたか。（【態】①）班員の話を聴いているか。（【態】②）
20	五大災厄の分類	各班（比較検討グループ）で五つの災厄を二つに分類し、その根拠も考える。	各班の全員に心情表現（有無も含め）や状況に直目するように促す。指導者は、各班ごとの状況を簡潔に記録しておく。	・長明の思いを積極的にとらえようとしている。（【態】①）・言語的事実を基に自分の考えに根拠付けができる。（【知】①）
10	「養和の飢饉」における「重みのある」心情表現の探究と発表	他の四つの災厄との比較を土台としながら、「養和の飢饉」の心情表現のうち「重みがある」と思われるもの、各班で討論して発表する。	各班での議論を巡視しながら、話し合い進行状況を見極めていく。	・グループ内の友人や学級全体に対し説得的意見が言える。（【思】②）
3	まとめ	状況の確認と次時の予告・挨拶	各班でそれぞれ指摘できたかどうかを確認するが、指摘しきれない班もあるもの	

(3)	（まとめ）		と予想されるので、次回までに考えておくことを促す。

※評価の【書】に関しては、第6時の評価項目（提出された鑑賞文による）になる。

＊シンク・ペア・シェア（Think-Pair-Share）は、まず一人で考え、次にペアになって、それぞれが考えたことについて共有や議論を行うもの。ジグソー法は、学習者を複数（この例では四つ）の「専門家グループ」（それぞれ一つの資料に取り組むグループ）に分けて内容を把握し、次に1～2名の専門家が残ったところに他の三つの専門家グループから1～2名ずつを加えたグループ（ジグソーグループ）で共有や議論を行い、再度元の専門家グループに戻ってジグソーグループの内容を共有し直すもの。いずれもアクティブ・ラーニングの基本的な手法である。

　本学習指導案の例では、アクティブ・ラーニングの手法を用いているが、こうした手法やICTの活用といった教育方法学・教育工学の知見にも大いに学び、新たな指導法を開拓していくことが望まれる。

（浅田　孝紀）

課題

1　中学・高校の2017・2018年度版学習指導要領における古典の扱いについて、自身が受けてきた授業と比較し、その特徴をまとめてみよう。
2　古典の原文を扱う際、文法、古語、漢文句法等の知識以外にどのような表現に着目すれば学習者の関心を深められると思うか、話し合ってみよう。
3　古典学習で「アクティブ・ラーニング」や「ICT活用」などを導入して学習を活性化する方法を考えてみよう。

【さらなる学びのために】

浅田孝紀『言語文化教育の道しるべ　高校国語教育の理論と実践』（明治書院、2018）
岩﨑淳『新しい国語教育　基本指導の提案―伝統的な言語文化の指導を中心に』（さくら社、2012）
栗田佳代子・日本教育研究イノベーションセンター編著『インタラクティブ・ティーチング―アクティブ・ラーニングを促す授業づくり』（河合出版、2017）

　2018年版学習指導要領において、国語科の新設科目「言語文化」「古典探究」の教材に日本漢文を含めることが明示された。今までも教科書に日本漢文は採られていたが、この改訂によってそれがより多く採用されることになった。また、探究学習が強調されたことによって、「読み比べ」の学習が増えることが予想される。本稿では漢詩三首を読み比べることによって、詩に託された古人の思いを考えてみたい。まず、菅原道真の「聞旅雁（旅雁を聞く）」から読み始めよう。

我為遷客汝来賓	我は遷客たり　汝は来賓
共是蕭蕭旅漂身	共に是れ蕭蕭として　旅漂の身
欹枕思量帰去日	枕を欹てて　帰り去らん日を思ひ量るに
我知何歳汝明春	我は何れの歳なるかを知らん　汝は明春　　　　　『菅家後集』

　越冬のため北から飛来し、来春には帰っていく「旅雁」と左遷され大宰府にある自分とを対比させ、帰洛の望みのない自分の運命を嘆いている詩である。ちなみに『源氏物語』須磨の巻で、謫居中の源氏が詠んだ「古里をいづれの春か行きて見むうらやましきは帰る雁がね」の歌はこの詩に依拠している。

　次に、白居易の詩「放旅雁（旅雁を放つ）」を読むことにする。

九江十年冬大雪	九江十年　冬大いに雪ふり
江水生氷樹枝折	江水は氷を生じて　樹枝折る
百鳥無食東西飛	百鳥　食無くして　東西に飛び
中有旅雁声最飢	中に旅雁有りて　声最も飢ゑたり
雪中啄草氷上宿	雪中に草を啄みて　氷上に宿し
翅冷騰空飛動遅	翅は冷えて空に騰れども　飛動すること遅し
江童持網捕将去	江童網を持して　捕らへ将ち去り
手提入市生売之	手に提げて市に入り　生きながらにして之を売る
我本北人今謫謫	我は本北人にして　今は謫謫せらる
人鳥雖殊同是客	人と鳥とは殊なると雖も　同じく是れ客なり
見此客鳥傷客人	此の客鳥を見れば　客人を傷ましむ
贖汝放汝飛入雲	汝を贖ひ汝を放たば　飛びて雲に入らむ
雁雁汝飛向何処	雁よ雁よ　汝は飛びて何処にか向かふ
第一莫飛西北去	第一に西北に飛び去ること莫かれ

淮西有賊討未平　淮西に賊有り　討つも未だ平らかならず
百万甲兵久屯聚　百万の甲兵　久しく屯聚す
官軍賊軍相守老　官軍賊軍　相守りて老れ
食尽兵窮将及汝　食尽き兵窮まりて　将に汝に及ばんとす
健児飢餓射汝喫　健児飢餓して　汝を射て喫ひ
抜汝翅翎為箭羽　汝が翅翎を抜きて　箭羽と為さん　　　　『白氏文集』巻十二

　この詩は、白居易が政争に巻き込まれ、九江（今の江西省九江市）に左遷された元和10（815）年冬の作である。左遷された我が身を、市場で売られる「旅雁」に擬え、同情共感の思いやみがたく、それを買い取って逃がしてやったというのである。命を助けたばかりでなく、「西北」は戦乱の地ゆえ、飛んで行ってはならぬと諭してもいる。この戦乱はいわゆる「呉元済の乱」で、同時代の詩人である韓愈や元稹まで従軍した戦乱であった。九江にある白居易が「紅旗破賊非吾事（紅旗もて賊を破るは吾が事に非ず）」（『白氏文集』巻四、「劉十九同宿（劉十九と同に宿す）の冒頭句」）と詠じたのはこの時である。

　「旅雁」といえば、漢の蘇武の逸話を思い出す。すなわち、蘇武が雁の足に「帛」を結んで手紙とした話である。ここから「雁帛」「雁書」「雁札」の語が生まれた。この逸話は『資治通鑑』『十八史略』『蒙求』などに載るもので教科書に掲載されることも多く著名であるのでここでは割愛し、それに代えて李白の「蘇武」という詩を示そう。

蘇武在匈奴　十年持漢節　蘇武匈奴に在り　十年漢節を持す
白雁上林飛　空伝一書札　白雁上林に飛び　空しく伝ふ一書札
牧羊辺地苦　落日帰心絶　羊を牧して辺地に苦しみ　落日帰心絶ゆ
渇飲月窟水　飢餐天上雪　渇しては月窟の水を飲み　飢ゑては天上の雪を餐ふ
東還沙塞遠　北愴河梁別　東に還れば沙塞遠く　北に愴む河梁の別れ
泣把李陵衣　相看涙成血　泣いて李陵の衣を把り　相看て涙血を成す

　この詩からも、蘇武が「漢節を持す」道を選んだがゆえに、いかに悲惨な生活を強いられたかが分かる。また、蘇武とは対照的な生き方を選ばざるを得なかった李陵との別れを、血の涙を流すほどの別れであったと詠じてもいる。

　ここまで「雁」にまつわる漢詩三首を見てきたが、これに加えて『古今和歌集』秋上、紀友則の「秋風に初雁がねぞ聞こゆなる誰がたまづさをかけて来つらむ」の歌に代表される「雁」を詠み込んだ歌、『平家物語』巻二の「蘇武」、「銀の匙」で有名な中勘助の『鳥の物語』中の「雁の話」、中島敦の『李陵』などを合わせ読むことで、「雁」に託された人々の思いについて、少しく探究してみたいと思うのである。

　　　　　　　　　　　　　　　　　　　　　　　　　　　　（吉田　茂）

9章

国語科の評価

キーワード　指導と評価の一体化　単元のヤマ場　形成的評価
総括的評価　学びの保障

1　国語科教育における評価

　評価は学習者の値踏みではない。評価は学習者の学習状況を把握し、必要に応じて手立てを講じ、学びを保障するという教育機能である。

　ここで述べる評価は、基本的には学習者の学習状況の見取りの意味で用いられる。学習状況の見取りとは、各単元ごとに指導したい内容があり、その指導内容を学習者が身に付けることができたかどうか、その学習を支える学びに向かう力を発揮することができているかどうかを見取ることである。

　それを学習場面ごとにさらに分類すると、診断的評価、形成的評価、総括的評価という三つに分類することが一般的である（田中他 2019）。

　診断的評価は、単元開始時前後学習の前提となる学習経験や生活経験の実態をアンケート調査をしたり、学習者自身が自身の学習定着状況を自己評価したりするなどして、これから始まる単元を構想したり準備したりする際に、教師にも学習者にも有益な情報として収集・共有されるもののことをいう。

　形成的評価は、授業の過程で行われる。単元において重点的に指導される指導事項に焦点化させて、その指導内容が達成されているか（B基準）、不十分なのか（C基準）を評価する。そして、不十分と評価した場合には、その指導内容を達成できるように学習者を支援する。この形成的評価は学習の保障の視点として用いられるものであり、成績に反映する性質のものではない。こうい

った教師の目は、授業の中で日常的に当たり前のように発揮されているものだが、その形成的評価の視線が、単元における重点的な指導事項に焦点化されているかどうかが重要である。指導したい内容に対して指導をし、その指導が学習者に有効に働き、学習者が指導内容に対して十分に理解しているか、活用できているかといったことを見取り、必要に応じて手立てを講じる。この一連の流れが形成的評価である。なお、A基準（A評価）の扱いについては、第6節の「評価のポイント」で詳述している。

　総括的評価は、単元の後半や単元終了後、学期末等に実施される評価のことである。単元で学習した内容が身に付いているかを評価する段階である。いわゆる定期テスト、単元テストなどペーパーテストもこの総括的評価に該当し、評定（成績）に反映される評価である。総括的評価には単元の後半や終了後に実施されるパフォーマンス（アウトプット、言語活動）に対して評価する方法（パフォーマンス評価）もあり、その方法論についても模索・提案が続いている（石井・吉本2023）。ペーパーテストの設問のあり方も含めて、この総括的評価の方法論についても十分に議論を積み重ねる必要がある。

　診断的評価、形成的評価、総括的評価の三つの評価に加えて、重要なのは学習者自身による自己評価と相互評価である。これは後述する「主体的に学習に取り組む態度」の評価においても重要であり、国語科教育における単元づくりの際にも大きな要素となる。

2 単元のヤマ場が評価のしどころ

　単元のヤマ場が形成的評価のしどころでもある。単元のヤマ場とは、最も重視する学習目標について取り組む学習の場面である。

　石井英真は授業づくりの「ヤマ場」について次のようにいう（石井・吉本2023）。

　「ヤマ場」は授業者の意図として「思考を深めたい」場所で、「見せ場」は生徒にとって「思考（学習成果）が試される場所」（手応えを得られる機会）です。授業のヤマ場の豊かな学びよりもテストという貧弱な見せ場に引きず

られる状況を超えて、ヤマ場と見せ場を関連づけることで「学びの舞台」が生徒たちにとって真に学びの目標となる「見せ場」になるよう学びのストーリーを組み立て、単元や授業のヤマ場を構想していくことが重要である。

例えば、「書くこと」単元の意見文の言語活動の教材研究を行う場合、教師はまず自身が意見文を書くことから始める。意見文を書きながら、何を書くのか（題材の設定）、どんな情報に基づいて書くのか（情報の収集）、どんな内容の意見文を書くのか（内容の検討）、どんな構成で書くのか（構成の検討）、書くことの中心は何か（考えの形成・記述）、文章は整っているか（推敲）、互いの文章を読み合い意見を伝えあう（共有）といった学習過程全体の視点から分析することとなる。

年間指導計画などとも絡めながら、本単元で重点的に指導したい学習目標を明確にし、単元計画をイメージすることが「書くこと」の言語活動の教材研究である。重点的に指導したい学習目標が中心的に扱われる学習場面が評価すべき場面でもある。このように考えると、評価内容を明らかにすることは、授業構想においてごく当然の営為であり、教材研究段階で自然と明らかになるものであることが分かる。

3 評価の前提としての系統表への理解

学習指導案の作成の際には、指導の目標や評価規準を明記することとなる。単元の評価規準の作成のポイント・プロセスについては、評価についての必読文献である国立教育政策研究所教育課程研究センターの「「指導と評価の一体化」のための学習評価に関する参考資料」（中学校 2020、高等学校 2021）（以下、『参考資料』と略記）で次のように示されている。

Step 1　単元で取り上げる指導事項の確認
Step 2　単元の目標と言語活動の設定
Step 3　単元の評価規準の設定
Step 4　単元の指導と評価の計画の決定
Step 5　評価の実際と手立ての想定

指導事項を確認することが、評価規準の作成プロセスの最初に位置付けられている。つまり、指導事項を読む（分析する）ことがまずは肝要である。本節では、その重要性を鑑み、改めて指導事項をとらえることについて、解説を加えておきたい。

　指導事項を読み解く際のキーワードとなるのが、各校種（小学校・中学校・高等学校）の学習指導要領解説に附録として示される系統表と、学習過程と系統性という二つの用語である。系統表は、『中学校学習指導要領（平成29年告示）解説　国語編』や『高等学校学習指導要領（平成30年告示）解説　国語編』では、それぞれ附録4として掲載されている。

　ここでは中学校版解説の「附録4：教科の目標、各学年の目標及び内容の系統表（小・中学校国語科）」を例にとり、「書くこと」に関する部分を開いてみよう（pp.174-175）。

　p.174の左上に「B書くこと」とあり、指導事項が網羅された系統表が示されている。見開きの左側（p.174）が小学校、右側（p.175）が中学校に位置付けられた「書くこと」の指導事項である。

　p.174の系統表の左端には、指導事項の見出しが示されている。この見出しは上から下に見ていくと学習過程に沿った流れになっていることが分かる。「題材の設定・情報の収集・内容の検討」→「構成の検討」→「考えの形成・記述」→「推敲」→「共有」となっており、意見文を書く教材研究の際にも触れた流れである。そして、この学習過程に対応するように、系統表の横の流れに目を移すと、アイウエオというように指導事項が各学年に位置付けられていることが分かるだろう。

　この横の流れに着目すると、「構成の検討」の指導事項は小学校第1学年および第2学年で指導されたら、それで「構成の検討」に関する指導が終わるのではなく、その後、中学年、高学年、中学1年、2年、3年と系統的に指導するように指導事項が絶え間なく位置付けられていることが確認できる。紙面上では、中学第3学年までしか示されていないが、当然、高等学校にもこの系統性は継続されている。

　「読むこと」でいえば、「構造と内容の把握」→「精査・解釈」→「考えの形

成・共有」という学習過程に沿って指導事項が配列されている。「話すこと・聞くこと」であれば、「話題の設定・情報の収集・内容の検討」→「構成の検討・考えの形成」→「表現・共有」というように話すことの学習過程に沿って指導事項が配列されている（「話すこと・聞くこと」には、他にも聞くことや話し合うことの指導事項もあるが、ここでは省略する）。

　この学習過程（縦軸）と系統性（横軸）という二つの軸によって系統表は構成され、各学年における指導内容を整理しているのである。ともすれば、学習指導要領に対して批判的・批評的な姿勢が強調される向きもあるように感じられるが、学習指導要領もまた戦後国語科教育の歴史の変遷の一部であり、重要な資料であることはいうまでもない。また、この指導事項の把握が、教科書単元の分析の視点や単元構想の起点となることを考えると、その理解については、国語科教員としての基本的な知識・技能として位置付けるべきだろう。指導事項を理解することは縛りではなく、単元構想のツールとして役立てればよいのである。一方で、その内容は完全なものでもないし、実際に運用しようと思えば、学習者の実態に沿って、指導事項の内容を分析・具体化・補完・批評・批判していかなければならない。学習指導要領（ここでは特に国語科に関する指導事項）について理解し、その内容を解釈し、補完・批評・批判するという三つの姿勢が必要である。筆者は、これを学習指導要領（あるいは指導事項）の守破離と呼んでいる。

　系統表を読む際には単に扱う予定の指導事項の位置を理解するのではなく、その指導事項がどのような学習過程（学習場面）で指導されるものなのか、その指導事項が前年度までのどのような指導内容を受けており、そして次年度にはどのような指導事項へと発展していくものなのか、その系統性についても視野に入れた分析が求められる。そうすることで、ある指導事項についての理解が難しい場合に、では、前学年の指導事項では何を指導するとされていたのかを踏まえることによって、何が発展しているのか、何を目指した指導内容なのかを把握することが容易にもなる。

4 指導事項を分析する・具体化する

　前節で引用した、『参考資料』で示されている単元の評価規準のポイント（Step 1〜5）をいま一度みてほしい。

　Step 1 から Step 3 までは決まった手続きで進めるだけのことで難しいことはない。Step 1 で扱う指導事項を確定させ、Step 2 で指導案上の「単元の目標」の表記ルール（指導事項の語尾を「〜できる」にする。）に沿って整理し、Step 3 で評価規準をこれもまた表記ルールに沿って整理するだけである（冒頭に「「書くこと」において、」となどと領域を明記する。「知識・技能」と「思考・判断・表現」の指導事項の語尾を「〜している」にする）。

　なお、「単元の目標」の〔学びに向かう力、人間性等〕の表記については、いずれの単元においても当該学年の学年の目標である「言葉がもつ価値〜思いや考えを伝え合おうとする。」までを示す必要がある。また、評価規準の「主体的に学習に取り組む態度」については、後の節で説明を行う。

　いずれにせよ、本『参考資料』では、各指導事項に対応した評価規準の具体的な表記例が巻末資料に網羅されており、指導案作成の際には必ず参照するべき資料であることは再度強調しておきたい。『中学校学習指導要領（平成29年告示）解説国語編』、『高等学校学習指導要領（平成30年告示）解説国語編』も含めた基礎資料を開きながら本章を読まれることをお勧めする。

　先にも述べたように、評価するべき場面はおのずと単元のヤマ場となる。つまり、指導する内容が明確になっていれば、それが単元のヤマ場であり、評価するべき場面（形成的評価）となる。指導する内容を明確化するとは指導事項を分析する・具体化するということである。指導事項の分析が甘いと評価する規準も曖昧なものとなる。

　Step 4 の単元の指導と評価の計画の決定の段階では、指導事項を観点とした教材研究が済んでいる状態で臨みたい。扱うべき素材と指導したい指導事項の関係が良好であることが教員によって十分に分析されている必要があるからである。はたして扱う素材が、今回指導したい内容（指導事項）と合致した素

材であるのか。これを吟味するのが教材研究である。教員自身が作品を一読者として読んでみたり、言語活動を実際に行ってみたりする段階はいわゆる素材研究といわれる段階である。これは重要な教材研究のステップであるが、その次にある指導内容を吟味する教材研究のステップがあることも忘れてはならない。素材研究の段階と指導内容の吟味段階の二種類の教材研究アプローチがあり、その両方をバランスよく行うことが重要である。どちらか一方では、授業が立ち上がらなかったり、素材そのものへの理解が不足し、表面的な授業に留まったりしてしまう。この両方を限られた時間でバランスよく行っていくことが大切である。

5 主体的に学習に取り組む態度

「主体的に学習に取り組む態度」は、「指導の目標」である「学びに向かう力」に対応した評価規準の観点である。単元で指導する知識・技能もしくは思考・判断・表現の目標に対して、学習の調整をしながら粘り強く取り組むことができているかどうかという視点から評価を行う。

ポイントは学習の調整と粘り強さである。学習の調整というのは、学習の目標や学習課題を理解し、それに沿いながら自律的に学習を進めることである。漫然と学ぶのではなく、今、何を目的にして学習をしているのか。向かう先はどこなのかを意識しながら学習することである。部活動などで「試合を意識して練習しよう」とか「相手をイメージしながら動いて」などと助言されることがあるが、それに近いものとイメージしてもらってもいいだろう。そのうえで粘り強く、学ぶべき学習内容に対して、試行錯誤をしたり、他に見落とした点はないかなど粘り強く課題に取り組む姿勢を見取ることとなる。単に、挙手の回数が多いとかノートを丁寧にとっているということを評価するのではなく、学習目標や学習課題（指導事項や言語活動）に焦点化した態度の評価が重要である。

そのため、評価規準の記載の仕方も、学習の調整については、言語活動・学習課題と絡めながら、粘り強さについて指導事項と絡めながら記載することとなる。例えば、中学2年の「書くこと」単元（重点的な指導事項は、B（1）イ

「伝えたいことが分かりやすく伝わるように、段落相互の関係などを明確にし、文章の構成や展開を工夫すること。」）であれば次のようになる。主体的に学習に取り組む態度、「粘り強く文章の構成や展開を工夫し、学習の見通しをもって手紙を書こうとしている。」。粘り強さ（粘り強く、進んで、など）＋指導事項と学習の調整（学習の見通しをもって、学習課題に沿って、など）＋言語活動の２側面で書かれていることが分かるだろう。このように指導事項や言語活動に正対した学習に取り組む態度を見取ることが、この評価規準では求められている。なお、**表9-1** に評価規準例を示す。

表9-1　評価規準例

知識・技能	思考・判断・表現	主体的に学習に取り組む態度
・敬語の働きについて理解し，話や文章の中で使っている。（(1) カ）	・「書くこと」において，伝えたいことが分かりやすく伝わるように，段落相互の関係などを明確にし，文章の構成や展開を工夫している。（B (1) イ） ・「書くこと」において，読み手の立場に立って，表現の効果などを確かめて，文章を整えている。（B (1) エ）	・粘り強く文章の構成や展開を工夫し，学習の見通しをもって手紙を書こうとしている。

（出所）『参考資料』（2020）p.89

6 評価のポイント

　評価に関する文献を読んでいくと、あらゆる時間に評価規準が明確化され、それを常に学習者全員に対して、授業時間の中で形成的評価を行うようにとらえがちであるが、そういった理解は現実的ではないし、また、教師の働き方改革が叫ばれている状況の中で、評価の仕組みもできるだけ効果的かつ簡便な方法が模索されるべきだろう。評価の仕方についてもすでにさまざまな提案が示されている。そのいくつかを紹介しよう。これは単に仕事量を減らすということではなく、単元の中で結局何が重要なのか、優先すべきことは何かを検討するということにつながる。

① 指導事項をしぼる（評価の観点をしぼる）

指導目標や評価規準は精選されて位置付けられるべきだし、それが数時間をまたいだり、授業展開によっては指導目標や評価規準が位置付けられない時間があったりしても問題ない。特に長い時間数の単元であれば、そういったこともあり得ることである。

② Ｃ評価の学習者の見取りを優先し、Ａ評価は授業中には行わず、Ｂ評価にしておく

全員を完璧に授業時間内に見取り、ＡＢＣ評価に割り振る必要は必ずしもない。Ｃ評価の学習者がいたら、それに対して手立てを講ずるようにする。それ以外は、ひとまずＢ評価としておき、授業後に提出物から確認を通してＡ評価を見取るという処理で対応することも考えられる（冨山他 2021）。

③ 形成的評価は毎時間全員に対して行う必要はない

そのように考えると、形成的評価は毎回毎時間全員に対して、完全に正確に実施することにこだわる必要はない。数名を抽出、気にするべき学習者にのみ注目する時もあってよい（石井英真・吉本悟 2023）。

④ 評価する以前にそれを引き出す手立て・設定が重要である

指導（手立て）がないのに評価をするという本末転倒に陥ってはならない。評価をするということは、評価するべき姿へと成長するための手立てや機会が単元に用意されているということである。学び方について学習者自身が理解しているか、教員自身が学習方法や学びの広がりについて日々の指導ができているかという視点からも授業改善の視点がここで提供されるととらえたい。

学習の調整は、学習者自身が自身を評価できなければ調整のきっかけをつかむことができない。自身で状況をメタ認知できる機会や視点を学習過程に設け、「調整を促す」ところまで手立てが用意されている必要がある。その手立てに促されて、粘り強く取り組むことができているかどうかを見取る必要がある。

どう見取るか（ノートや態度など）のことに意識が向きがちだが、重要なのは、その学びに向かう力をいかに伸ばそうとするのか、手立てをどのように用意するのかである。育てたい資質・能力をいかに育てるのかという教材研究があって、その姿がどのように発露するのかという順番で考えるべきである。逆

ではない。

⑤ 定期テスト・単元テストの設問は指導事項と対応させる

定期テスト等を総括的評価として扱う場合は、指導事項と対応した問題作成が必要となる。指導内容に取り組んでいる学習場面をテストの紙面上に再現し、指導事項に対応した思考を求める設問を作成していく。全国学力・学習状況調査（中学校国語）の設問がどの指導事項に対応して作られているのかを分析したり、テスト例の提案をしている文献を研究したりするとよいだろう（石井・吉本 2023、冨山他 2021、堀 2003）。

⑥ ルーブリックはＢ基準から作成する

ルーブリックはＢ基準が示されていればひとまずは十分だろう。Ｃ基準については、Ｂに至っていないと書かれていればよい（ルーブリックについては次節を参照のこと）。

ＡＢＣの評価については、『参考資料』では、「十分に満足できる」状況と判断されるもの：Ａ、「おおむね満足できる」状況と判断されるもの：Ｂ、「努力を要する」状況と判断されるもの：Ｃ、と評価するとしている。つまり、Ａ基準とは、Ｂ基準を満たしたうえで、加えて評価するべき状況、状態を指し、そのＡ基準を満たしている状況についてはＡ評価を行うこととなる。

Ａ基準については、そのＡ基準への学習の調整を促すことも視野にいれた単元であれば、その基準を示し、学習者自身がルーブリックを踏まえつつ、さらなる高みに向かうことを促すことも考えられる。ただ、そのＡ基準は、実際にはさまざまな学習者の状況が想定できるのであるから、Ａ基準の状況がルーブリックで示されている以外のものも想定できることは留意が必要である（石井・吉本 2023）。

7　評価論の歴史的経緯：更新される評価

ここまで国語科における評価の考え方やその方法について学んできた。そのうえで、この評価論がどのような経緯で現在のような地点にまで更新されてきたのか、その歴史的経緯について確認しておきたい。

絶対評価という言葉は、その歴史的経緯から、戦前の絶対者（教員）による主観的・独断的な評価を指し、否定的な意味で使用される場合と、相対評価（教室の中でどの位置にあるのかを明らかにしようとする評価）に対する対概念として肯定的な意味で使用される場合の二通りがある。ただ、後者の意味を指す場合は、到達度評価や目標に準拠した評価といったよりふさわしい用語があるため、絶対評価については戦前の絶対評価を指す場合に限定して使用するべきだとされている。

　現在の相対評価は、戦前の相対評価に比べ、客観性や信頼性を保障する評価法として戦後、導入された評価法である。ただ、この相対評価は、教室には必ず「できない子」がいることを前提とした評価法であることを始め、多くの課題が明らかになり、その修正が議論となっていた。

　相対評価に代わる立場として、1970年代に登場したのが到達度評価である。到達度評価は、学習者への学力の保障を前提としており、身に付けさせたい学力（到達目標）を明らかにし、学習者が到達していないのであれば、それは授業改善の必要があると考える立場である（指導と評価の一体化）。

　相対評価は課題が指摘されつつも、その変更には時間を要したが、以上のような到達度評価の議論の蓄積もあって、2001年度の指導要録改訂において、相対評価は廃止され、目標に準拠した評価へと変更となった。目標に準拠した評価とは、到達度評価の方法論を継承しつつ、さらに基礎学力の育成とともに発展的な学力の育成についても視野を広げた評価の立場である。2001年度の指導要録改訂の際に導入され、2010年度指導要録によって明確に位置付けられた目標に準拠した評価は、学習者の学習状況を多角的にとらえ、指導に活かすことと、学習者の自己評価能力を伸ばすことを求めている。

　この自己評価（能力）とは、学習者が自身の学習活動をふりかえり、自身の学習のあり方の状況を確認・改善することをいう。その際には、何をどの規準（観点）から評価するのかが具体的である必要がある。例えば、何を評価するのかという場合には、ポートフォリオ評価が有効である。ポートフォリオ評価とは、学習の成果物、学習者の自己評価、教師の指導・評価記録などがポートフォリオ（もともと、紙ばさみとかファイルとかいったものを指す言葉）に収

められた収集物に基づいて、学習者の学習状況を評価する評価法である。

　なお、自己評価の質を高めていく際には他者評価（学習者相互による相互評価や教師による評価）も行うことで、自己評価の確かさが高まっていく。そのためには、評価規準と評価基準が明確にされている必要がある。この規準と基準が曖昧であると、学習者の自己評価も他者評価も曖昧なものとなってしまう。

　この評価規準と評価基準の具体化という点で言えば、ルーブリック評価は有効な評価法の一つといえる。ルーブリックは、達成の度合いの数値的尺度（基準）とそれぞれの尺度（基準）に見られる認識や行為の特徴を示した記述から構成される評価指標のことをいう。このルーブリックは、教師が学習者に示す場合もあれば、学習者とともに学習目標を共有しながら作りあげていく場合もある。

（菊野　雅之）

課題

1　教科書単元に示される学習の手引きを踏まえて、言語活動・学習課題を実際に取り組み、その単元のヤマ場（形成的評価の場面）はどこなのかを議論しよう。

2　その教科書単元における総括的評価（学習者にとっての見せ場）はどの段階でどのような形で行うことが考えられるかを議論したうえで、総括的評価としての単元テストを作成し、互いにそのテストについて議論してみよう。

【引用・参考文献】

石井英真『ヤマ場をおさえる単元設計と評価課題・評価問題　中学校国語』（図書文化、2023）

国立教育政策研究所教育課程研究センター『「指導と評価の一体化」のための学習評価に関する参考資料　中学校　国語』（東洋館出版社、2020）

国立教育政策研究所教育課程研究センター『「指導と評価の一体化」のための学習評価

に関する参考資料　高等学校 国語』（東洋館出版社、2021）

田中耕治・鶴田清司・橋本美保・藤村宣之『新しい時代の教育方法 改訂版』（有斐閣、2019）

田中耕治『よくわかる教育評価［第3版］』（ミネルヴァ書房、2021）

独立行政法人教職員支援機構（NITS）「新学習指導要領に対応した学習評価（中学校　国語科）：新学習指導要領編　No.49」https://www.youtube.com/watch?v=bohGKbvLwFw（2023年11月7日閲覧）

冨山哲也・廿楽裕貴・積山昌典・山内裕介編『ワークシート＆テスト問題例が満載！中学校国語新3観点の学習評価完全ガイドブック』（明治図書、2021）

堀裕嗣『絶対評価への挑戦⑦　絶対評価の国語科テスト改革・20の提案』（明治図書、2003）

【さらなる学びのために】

石井英真『中学校・高等学校　授業が変わる学習評価深化論：観点別評価で学力を伸ばす「学びの舞台づくり」』（図書文化社、2023）

大滝一登『新3観点対応　高等学校国語の授業づくり　学習評価の考え方と実践例』（明治図書、2023）

八田幸恵・渡邉久暢『深い理解のために 高等学校観点別評価 入門』（学事出版、2023）

三藤敏樹・山内裕介・髙木展郎『資質・能力を育成する授業づくりと学習評価　中学校国語』（東洋館出版社、2021）

10章

指導計画・学習指導案の作成

キーワード　　単元指導計画　　内容のまとまり　　評価規準・観点
　　　　　　　　　指導観と目標　　評価計画・方法

1　強い「期待」を背に受けて歩む

　あの学校では、どのような授業が行われているのか。あの学校の国語科では、どのようなことを考えて3年間、授業運営をしているのか。あの学校の、国語科の先生方やあの先生は、いつもどのような授業を展開しているのか。——こうした不安の「声」が渦まく中で、学校教育活動の中心である授業は、学習者とともに行われている。それは、授業がこうあってほしいという強い期待のあらわれでもある。そうした「声」を背景に、授業は、各学校のあるべき方向性やそこに向かっての取り組みを示した「学校経営方針」や「指導における重点目標」等を構成する大事な要素として、展開されている。

　それは、時代や社会構造等の変化とともに、学校教育が担っていく社会的役割も常に変化しているという事情による。だから、同じ時代・社会で呼吸し、学校を支えている地域の人々や保護者も、子どもたちがその変化に対応できるだけの生きぬく力をつけるために、各学校としてどのような取り組みがどこまでなされているかについて、説明を求めてくる。

　当該学校の管理職・教職員には、それに応じていく不断の努力と成果が求められているのである。そのことがはっきりと現れる各学校のカリキュラム編成や授業のあり方についてももちろん、例外ではない。

　教師は、学校教育を通じて学習者が生き生きと授業に取り組み、「確かな学

力」の形成を図れることを保証していかねばならない。個々の教師や教師の集団自らが授業を創造する力量を育てていくことで、それが学習者にはねかえっていく。

　生徒や保護者、同窓生、地域住民などが、学校のカリキュラムや、日々の授業内容を理解する手掛かりの一つとして、例えば、「学校案内」や、学校が作成し公表している、各教科の「年間指導計画」がある。そこには、その学校の教育目標や何を重点的に指導するかなどが反映されていて、学校の授業公開の際、それらを手元において説明を受けたうえで、授業ぶりを見学することも多くなっている。「年間指導計画」に基づいた授業は実は、「学習指導案」（「単元指導計画」・「本時の指導計画」）に支えられて作成されているのである。

　また、充実した授業の在り方を生徒とともに追い求め、ふり返り、教員が互いに研究・研鑽を通じて、改善し続けていく。「学習指導案」はその基礎的な資料（叩き台）である。授業の実践に向けて、それらは何度も書いては消し、消しては書かれる《設計図》だともいえる。

　「『確かな学力』の保証を教科「国語」の学習活動の中心に据える」ことで、その学校の教科「国語」が担わなければならない内容は、学校のさまざまな「計画」と相互に影響し合いながら、形成されることが求められる。

2 「単元指導計画」「本時の指導計画」作成に至るまでの手順

　各学校「国語」科の「年間指導計画」（＝単元ごとの指導とその評価計画を、年間における全単元について概要をまとめたもの）は、学習者に１年間を通じて、段階的・系統的に身に付けさせていく力と、それをどのような観点で評価していくのかを明確にすることを目的に作成する。では、その作成の手順を具体的に紹介する。119ページ以降の学習指導案の実例を参照していただきたい。

①"教科・科目の目標と評価の観点及びその趣旨"を確認する

　年間における各「単元指導計画」は、学習指導要領の「教科・科目の目標」に準拠した評価を重視し、その客観性・妥当性・信頼性について充分配慮しな

がら、学習者の実態に即した「単元の目標」と学習内容・活動、評価規準と評価方法を明確にした計画を立てることが必要になる。

②「内容のまとまり」（領域）ごとの評価規準を確認する

〔思考力、判断力、表現力等〕に関して、例えば、2018年版学習指導要領における高校の必履修科目である「現代の国語」では「A話すこと・聞くこと」「B書くこと」「C読むこと」、「言語文化」では「A書くこと」「B読むこと」、を各「内容のまとまり」（領域）としている。その「まとまり」ごとの評価規準を、「「指導と評価の一体化」のための学習評価に関する参考資料〈高等学校 国語〉」（国立教育政策研究所教育課程研究センター、2021）などを参考にして、学習者の実態を念頭に作成する。

③「指導観」（①単元観 ②学習者観 ③教材観）の確立とともに、「単元の目標」「評価規準」を設定する

指導観の確立：まず、「指導観」は、以下の3点から成る。目指す生徒像の実現に向けて単元目標の達成を図り、本時のねらいを明確にした授業構想を練るうえで、この「指導観」の確立は重要なカギとなる。（学習指導案の実例の中の6）

① 「単元観」（何を学ばせるか）：学習指導要領およびその解説などによって、身に付けさせたい力や単元の教育的意義を確認する。

② 「学習者観」（どのような実態か）：単元・題材に関する既習状況、興味・関心など直近の学習者の実態を確認する。

③ 「教材観」（何で教えるか）：テキストの教材価値や、資料・各種教材・教具、学習環境などを授業でどのように活用するか確認する。

これらの指導観を確立したうえで、「単元の目標」「評価規準」を設定していくこととなる。

「単元の目標」の設定：②学習者の実態（単元・題材に関する既習状況、興味・関心など直近の生徒の実態を確認する）を踏まえ、その単元でどの領域のどのような能力を身に付けさせるかという目標を、①扱う単元（題材）の特性「何を教えるか」について、学習指導要領・学習指導要領解説等によって、単元や題材が持っている教育的意義を確認する。③「何で教えるか」について、

活用する教育環境（ICT活用・学校図書館等）・教材教具・資料などをも考慮して設定する。

---

§1 「1単元1領域の指導」とする

「1単元1領域を指導」のもと、指導内容を焦点化し、単元の目標を絞り込む。〔知識及び技能〕の (1) 言葉の特徴や使い方に関する事項、(2) 情報の扱い方に関する事項、(3) 我が国の言語文化に関する事項は、「話すこと・聞くこと」「書くこと」「読むこと」のそれぞれの指導と関連させて行う。

（本章学習指導案の場合、「1単元（題材）1領域」とは、「単元（題材）：小説『羅生門』」「領域：C読むこと」を指す。）

「単元の評価規準」の設定：単元の目標に照らして、評価の観点ごとに評価規準を設定する。評価規準は、その実現状況が「おおむね満足できると判断される」学習者の姿を念頭に置き、具体的に記す。前述の「「指導と評価の一体化」のための学習評価に関する参考資料」の「「内容のまとまりごとの評価規準」作成の手順」などを活用して、学習者の実態に即して作成するとよい。

---

§2 「1単元3観点の評価規準」を用いる

1単元においては、〔知識・技能〕〔思考・判断・表現〕〔主体的に学習に取り組む態度〕の3観点についての評価規準を作成する。「思考・判断・表現」は、その単元で中心に指導する領域の能力を指す。

---

④ 各授業時間の目標、学習内容・活動、評価規準、評価方法を設定する

各授業時間の目標：単元（題材）の目標を踏まえて、各授業時間（＝「本時の学習」を含む）でどのような力を身に付けさせるか、具体的に明らかにした目標（学習の場における生徒の具体的な姿）を設定する。

学習の内容・活動：学習者が適切な言語活動を活発に展開できるように、学習指導要領の内容に示された言語活動例を参考に授業構想を練り、主体的・対話的で深い学びを実現できるよう授業改善を図ることが大切である。

各授業時間の評価規準（評価計画）：各授業時間の目標に照らし、「おおむね満足できると判断できる」学習者（B）の具体的な姿を想定して、学習活動に即して評価の観点ごとに設定する。

評価方法：ルーブリックの活用など、評価の観点に応じた適切な評価方法によって、授業での発表内容を観察したり、ワークシート・ノートなどの記述内容を点検したりする。また、学習者による自己評価や相互評価の詳細から授業改善のヒントや手掛かりを得られる。それらを踏まえて、教師は「評価」を行う。

　評価した結果を毎時間、評価規準に基づいて「観点別」に学習者一人一人を観察し記録簿に記録しておくことは難しいが、1単元の中で継続的に観察し、「単元」ごとに全員の評価が出るように考えたい。

　また、「努力を要すると判断される」状況（C）と評価される学習者への指導は、「その時間内でなすべきこと」「「単元（学習）」中になすべきこと」「「単元」を超えてなすべきこと」を念頭に、継続的・意図的に指導を行うことが大切である。

3　学習指導案の例

高等学校国語（言語文化）学習指導案

　　　　　　　　　　　　　　　　　　　　　　指導教諭　　〇〇〇〇先生　　印
　　　　　　　　　　　　　　　　　〇〇大学教育実習生　　〇〇〇〇　　印

1　**日時**　〇年〇月〇日（〇曜日）第〇校時
2　**対象学級**　〇〇立〇〇高等学校1年〇組（男子〇名、女子〇名、計〇名）
3　**単元名（教材名）**　小説を読む「羅生門」〈教科書『言語文化』（出版社名）〉
4　**単元の目標**
　(1) 常用漢字について理解を深め、語彙を豊かにするとともに、表現の工夫について理解すること。（知識及び技能）
　(2) 作品全体の構成や主人公など登場人物の心理の変化や人物像について、的確にとらえること。（思考力・判断力・表現力等）
　(3) 作品の内容を踏まえ、自分のものの見方、感じ方、考え方を深めること。（思考力・判断力・表現力等）
　(4) 登場人物の考え・心情を表現に即して読み味わい、生徒間の交流を通じて自分の考えを深めようとする。（学びに向かう力、人間性等）

5 単元の評価規準

知識・技能 【知・技】	思考・判断・表現 【思】（読むこと）	主体的に学習に取り組む態度 【態度】
ⓐ 語句の意味を理解し、語彙を豊かにしている。 ⓑ 常用漢字の読み書きに慣れている。 ⓒ 各場面での、比喩などを含む効果的な表現の工夫について理解している。	ⓐ 作品の構成を読み取っている。 ⓑ 主人公など登場人物の心理や人物像について、各場面の表現に即して読み味わっている。 ⓒ 作品が描こうとしたことを、互いの意見交流を手掛かりにして自分の考えを深めている。	ⓐ 表現に即して、登場人物の心情や人物像を味わおうとしている。 ⓑ 生徒が互いの交流を通じて読みを深めようとしている。

※この単元では、作品に即した「B 読むこと」の指導と「評価計画」を作成した。

6 指導観

(1) 単元観

　「ことば」の一般的な意味以外に、この小説作品の中でその「ことば」が担っている固有の意味、作中人物の心情の推移、語り手の仕掛けなどの短編小説の構造を学ぶことができる。

(2) 学習者観

　主体性にやや欠け、学習も受け身になりがちな生徒が多い。他の学習者の感じ方や考え方から学びとったり、自分の考えを練り深めて発表し、それを受け止めてもらったりすることで楽しさと緊張を感得するとよい。

(3) 教材観

　作品タイトル『羅生門』のイメージづくりのために、関連する古典作品を紹介することができる。また、作品のストーリーはシンプルなものであるが、読者に多様な読みを試みさせることを可能にしている点などについて、随時、考えさせることができる。

＊ 「年間指導計画」における位置付け

　高校1年1学期（5月初旬）での指導。語句の文化的背景について理解を深めたり、文章を読むことを通して語彙を豊かにしたりして、小説に関する、構造や内容の把握を学ぶ。読みを深める「授業」づくりをし、次回の学習につなぐ。

　　　　＊他章の学習指導案との統一から番号を入れないが、このような項目を設ける場合もある。

7 単元の指導計画と評価計画 （7時間扱い）

時	単元構成 各時間の目標	主な学習活動	評価計画（各時間の具体的評価規準【　】）・評価方法
1	(1) 作品を興味をもって読もうとする。 (2) 作品全体の構成を読み取る。	① 教師の範読に沿って作品を黙読する。 ② この作品の主題について自分の考えを持ち、初読の感想を書いて、発表・交流する。 ③ 場面変化によって段落分けし、相互発表する。 （次時の学習範囲の難解語句の意味を調べ、よく読めるようにしてくる。）	(1) 作品が描こうとしていることや、主人公などの人物像などについて、自分なりの考え・感想をもとうとしている。【態度－ⓐ】 ・観察（机間指導・発表）、授業中と授業後の感想確認 (2) 場面変化によって、段落に分けている。【思－ⓐ】 ・観察（机間指導・発表）
2	(1) 場面背景である社会情勢・場所の状況を的確に読み取る。 (2) 主人公（下人）が置かれている状況を的確に読み取る。 (3) 第一段落（前半）の語句の意味を理解し、語彙を豊かにする。 （～「雨の降るのを眺めていた。」）	① 第一段落（前半）教師の範読に沿って、黙読する。 ② 難解語句の意味発表とその確認をする。 ③ 第一段落（前半）、当時の社会情勢や羅生門が置かれている状況や、下人の人物像・置かれていた状況などに関わる描写・説明部分に印（傍線）をつけて、要点をまとめたうえで、発表・交流を行う。	(1) 第一段落（前半）の描写・説明から、平安末期の都が衰微した様や羅生門の荒廃・不気味さを指摘している。【思－ⓑ】 ・観察（机間指導・発表） (2) 主人公の年齢・身分・追い込まれた状況を指摘している。【思－ⓑ】 ・観察（机間指導・発表） (3) 難解語句の適切な意味を説明している。【知・技－ⓐ】 ・ノート確認、観察（発表）
3	(1) 楼の下における下人の心理を読み取る。 (2) 第一段落（後半）の語句の意味を理解し、語彙を豊かにする。 （～「梯子のいちばん下の段へふみかけた。」）	① 第一段落（後半）指名音読と教師の範読に沿って、黙読する。 ② 難解語句の意味発表とその確認をする。 ③ （楼の下）下人の心理を話の筋に従って（箇条書きで）まとめ、発表・交流を行う。 ④ 下人が「状況」を深刻に受け止めていたかどうか、発表・交流を行う。	(1)－ア 第一段落（後半）下人の考えが、問題解決を先延ばしするだけで止まっていたことと、一方で若く大胆で無神経な下人の様子を指摘している。【思－ⓑ】 ・観察（机間指導・発表） (1)－イ 下人が、自分の「状況」を深刻に受け止めていなかったことを指摘している。【思－ⓑ】 ・観察（机間指導・発表） (2) 難解語句の適切な意味を説明している。【知・技－ⓐ】 ・ノート確認、観察（発表）

4	(1) 梯子上での下人の心理の変化、その特徴を読み取る。 (2) 第二段落の語句の意味を理解し、語彙を豊かにする。 （「それから、なん分かの後である。～「とうに忘れているのである。」）	① 第二段落、指名音読に沿って、黙読する。 ② 難解語句の意味発表とその確認をする。 ③ 梯子上での、下人心理の変化とその切っ掛けをまとめ、発表・交流を行う。 ④ 下人の「悪を憎む心」（正義感）の特徴を考察し、発表する。	(1)―ア　第二段落、梯子上での下人の心理変化とその切っ掛けを整理し、順にまとめている。【思－ⓐ】 ・観察（机間指導・発表） (1)―イ　下人の「悪を憎む心」（正義感）が一貫性のない非合理的なものであることを指摘している。【思－ⓑ】 ・観察（机間指導・発表） (2) 難解語句の適切な意味を説明している。【知・技－ⓐ】 ・ノート確認、観察（発表）
5	(1) 楼上における下人の心理変化とその特徴を読み取る。 (2) 第三段落の語句の意味を理解し、語彙を豊かにする。 （「そこで、下人は、両足に力を入れて」～「だいたいこんな意味のことを言った。」）	① 第三段落、指名音読に沿って、黙読する。 ② 難解語句の意味発表とその確認をする。 ③ 楼上で生まれた、下人の心理変化とその切っ掛けをまとめ、発表・交流する。 ④ 老婆の答えに「失望」した理由から、下人の心理の特徴を考察し、発表する。	(1)―ア　第三段落、楼上で生まれた下人の心理変化とその切っ掛けを整理し、順にまとめている。【思－ⓑ】 ・観察（机間指導・発表） (1)―イ　下人の心の動きに、一貫性がなく、気分的（非合理的）なものであるということを指摘している。【思－ⓑ】 ・観察（机間指導・発表） (2) 難解語句の適切な意味を説明している。【知・技－ⓐ】 ・ノート確認、観察（発表）
6	(1) 下人の心に悪に対する「勇気」を齎した、老婆の理屈を読み取る。 (2) この作品の結びの表現効果を理解する。 (3) 老婆についての描写の特徴を理解する。 （「下人は、太刀を鞘に」～終わり）	① 老婆が自分の行為を正当化する理屈を述べた箇所について、指名読みによる音読をする。 ② 老婆のどのような理屈によって、下人の心に悪に対する「勇気」が生まれたのか考えをまとめ、発表・交流する。 ③ この作品の「結び」の表現を、初出作品の表現と比較し、その効果について考察し、発表する。 ④ 老婆について描写された部分を抜き出し、その特徴を考察し、発表する。	(1) 老婆の言う「生きるために仕方がなくしたことは悪いこととは思わない」という理屈をとらえ、下人の考えの変化について指摘している。【思－ⓑ】 ・観察（机間指導・発表） (2) 作品の「結び」の表現が、初出作品の表現と比較してどのような効果があるか考えている（オープン・エンド型式）。【思－ⓒ】 ・観察（机間指導・発表） (3) 老婆についての描写から、老婆が醜く卑小な存在であることが印象づけられるように、動物の比喩（直喩）で表現し

6		（課題：作品『羅生門』が描こうとしたことについて、自分の考えを30〜50字以内でまとめてくる。）	たり、「死人」・「死骸」の使い分けがされたりしていることを指摘している。【知・技ーⓒ】 ・観察（机間指導・発表）
準備	①『羅生門』が描こうとしたことについての、生徒の考えを分類・整理して、話し合い用の「資料」（プリント）を作成する。 ② 分類・整理する中で、多く有った生徒の考えを代表する者を3人決める。 ③ 3人に予め、その考えの根拠を話せるように準備しておくことを指示する。パネル・ディスカッション風形式について、説明しておく。 ④ 7時間目が始まるまでに、教室前部に、代表者3人の席を設けておく。		
7	(1) 生徒間の読みの交流を通じて、『羅生門』について自分の読みを深める。	① 話し合いの目的・手順を聞き、配布された「資料」（プリント）を読む。 ②『羅生門』が描こうとしたことについて、3人の代表者から考えを聞く。 ③ 代表者が質疑応答するのを聞く。 ④ フロアの生徒からの意見・質問を聞く。後に隣同士で話し合う。 ⑤ 教師が紹介した研究者等の考えを聞く。 ⑥『羅生門』が描こうとしたことを入れて、「学習」の感想を300〜400字でまとめる。（授業時間内で書けない場合は課題とする。）	(1)ーア 他の生徒との読みの交流を積極的に行い、自分の読みを深めようとしている。【態度ーⓑ】 ・観察（机間指導・発表） (1)ーイ 『羅生門』の描こうとしたことについて、互いの意見交流を通じて、自分の考えを深めている。【思ーⓒ】 ・第6時間目・第7時間目授業後の課題の確認。 ・「学習」の感想は「資料（成果報告)」としてまとめる。

※1 「評価計画」の【　】は、関連する「単元の評価規準」とその観点である。
　2 各時間の目標と「評価規準」とその観点の符号は対応させている。
　3 この「単元指導計画」では、「単元の評価規準」の「話す・聞く」能力・「書く」能力よりも、「読む」能力および「読むこと」に関わる「主体的に学習に取り組む態度」の深まりに焦点を絞って観点別評価をするように作成している。
　　授業内での一学習活動に対して複数の「評価規準」を適用しないようにする。また、単元内において、その「評価規準」は、「評価」の精度を高めるために複数回は用いるようにする。
　4 「単元の目標」(1)「知識及び技能」における常用漢字の指導は、音読時やその後に行うこととする。
　5 「単元の目標」(4)「学びに向かう力、人間性等」については、関わるものが記されていなくても、「読むこと」の学習を中心とする、授業内の「導入」「展開」「まとめ」の各段階に応じて、その指導を行うこととする。

6 「思考・判断・表現（読むこと）」「知識・技能」については、定期考査（テスト）によっても評価を行っている。

8　指導に当たっての工夫等

(1) 指導形態：一斉授業の中に、パネル・ディスカッション風形式をとりいれる。

(2) 指導方法：作品を「読む」ことを中心にして、学習者相互の学びの交流を図りながら、生徒自身が自分の考えが深められたと実感できるように工夫をする。

(3) 教材：作品が描こうとしたことやそれを含めての「学習」の感想を字数制限付きではあるが、生徒一人一人が文章としてまとめ、「資料（成果報告）」を作成し、教材として使用する。

9　本時の指導計画

「本時」の位置	第4時（単元全7時間中）	
「本時」の 学習目標	(1) 第二段落の語句の意味を理解し、語彙を豊かにする。（知識・技能） (2) 梯子上での下人の心理の変化、その特徴を読み取る。（読む能力）	
	学習内容	学習活動
導入 7分	○第二段落の音読 ○「本時」の学習内容を確認。	①句読点に注意し、停滞なく、読めるようになることを目標に、起立して音読（指名）する。音読者以外は、それに沿って黙読する。 ②学習目標が「梯子上での下人の心理の変化とその特徴を読み取る」ことにあるのを理解する。	□停滞なく音読できることは、内容理解の前提である。起立しての音読と、それに沿っての黙読は、授業へのスムーズな切り替えも意図している。 □漢字の読み・アクセント等の確認は机間指導で行う。重要なことは全員に音読終了後、説明する。
	○難解語句の意味の理解 ○梯子上の下人について、その心理を理解する	③難解語句の意味を理解する。 （発問）梯子上で、下人の心理はどのように変化したか。変化のきっかけは何であったか。	□隣同士で「意味調べ（課題）」を確認チェックさせる。 ・目標(1)について【知・技－ⓐ】「息を殺す」「たかをくくる」等の適切な意味を説明できる。 ◇観察（発表） （状況Cの生徒） 下人の心理と結びついた語句にどのような心理が表わされているか、授業で考えていき、理解を深めていくように助言する。

		④上記（発問）の下人の心理変化とその切っ掛けをノートにまとめる。 ⑤発表による意見交流（指名）を通じて理解を深める。	・目標（2）について【思－ⓐ】 下人の心理変化を、「楼上からさす光に気付いたとき」「老婆を見たとき」「老婆が髪の毛を抜きはじめたとき」の順で整理しまとめることができる。 ◇観察（机間指導・発表） （状況Cの生徒） 下人の様子や態度からも読み取れる心理について考えるよう、助言する。
展開 40分	○下人の「悪を憎む心」（正義感）の特徴を理解する。		□下人の心から「恐怖」が消えていった理由などを確認しながら、それぞれの心理変化について、理解を深めさせる。

※ノートⅠ

・「恐怖」：自分に危害を加えるかもしれない何かに対して⇒了解不能な事態に対して
・「好奇心」の対象：「死骸」の顔をなぜ、老婆はのぞきこんでいるのか。
「一本ずつ抜ける」（髪の毛：老婆）⇄「少しずつ消え」る（下人の恐怖）
⇒「少しずつ動いてきた」（下人の、老婆に対する憎悪）「いや…」⇒
「一分ごとに強さを増し」た（あらゆる悪に対する、下人の反感）

（発問）下人の「悪を憎む心」を、語り手はどのようにとらえているか。

| | | ⑥上記（発問）「悪を憎む心」の特徴を、語り手のことばを手掛かりに考える。
⑦発表（指名）による意見交流を通じて、理解を深める。 | ・目標（1）について【思－ⓑ】
下人の「悪を憎む心」が、一貫性のない非合理的なものであるということを、語り手のことばを手掛かりに指摘できる。
◇観察（発表）
（状況Cの生徒）
門の下で下人が考えていたことと比較して、考えるように助言する。 |

	※ノートⅡ ・「サンチマンタリスム」：批判的精神を欠く感傷主義（「明日の道徳」芥川 T13）的な下人 ・下人はなぜ「死人の髪の毛を抜く」のか、老婆の行為についての情報を一切、持っていない。 ⇒「合理的には」善悪の規範に照らし合わすことがでない。 ⇒その行為を行っている老婆やその動機とは切り離され、その行為をとり囲んでいる。 「この」状況（雨」「夜」「羅生門の上」）が意味不明のまま、「死人の髪の毛を抜く」という眼前の行為に結びつく。 ⇒「…自分が盗人になる気…とうに忘れているのである。」（判断を欠いた感覚的、情緒的反応）		
まとめ 3分	○「本時」のまとめと次時の予告	⑧「本時」の授業のポイント（梯子上の下人について、その心理と特徴）を理解する。	□次時は、楼上における下人の心理変化とその特徴を読み取るということを予告する。

10　本時の指導の評価

1　題材の選定、指導の創意工夫は適切であったか。
2　本時の授業計画の時間設定は適切であったか。
3　本時の授業計画（学習目標・発問・学習活動）は適切であったか。
4　評価規準の設定は適切であったか。
5　言語能力の育成方法は適切であったか。
6　国語への関心意欲を高める授業であったか。

《注意》
1.　学習指導案の書き方は多様である。事前に、指導教諭にどのように書くのかをよく相談すること。
2.　国語科の学習指導案には、縦書き・横書きの両方の形式がある。
3.　この中の 6、8、10 などの項目は、省略する場合もある。
4.　評価にはさまざまな方法があり、観点別評価については諸論がある。

（古井　純士）

> **課題**
>
> 1　「単元指導計画」と「本時の指導計画」との関係において、①「本時の指導
> 　目標」は、「単元指導計画」のどこに記載されているか、確認しよう。②
> 　「本時の評価規準」と、「単元指導計画」に記載された「評価規準」に《ち
> 　がい》はあるか、確認しよう。
> 2　「努力を要すると判断される」状況（C）と評価される学習者への指導をど
> 　のように行っていくか、具体的に考えてみよう。
> 3　「10　本時の指導の評価」項目について、授業者は参観者と話し合ってみ
> 　よう。また、その内容を記録して授業改善に活かしていこう。

【さらなる学びのために】

国立教育政策研究所教育課程研究センター『「指導と評価の一体化」のための学習評
　価に関する参考資料　高等学校国語』（2021）

柴田義松・阿部昇・鶴田清司編著『あたらしい国語科指導法　七訂版』（学文社、
　2023）

高垣マユミ編著『授業デザインの最前線―理論と実践をつなぐ知のコラボレーショ
　ン』（北大路書房、2005）

日本国語教育学会監修、町田守弘・幸田国広・山下直・高山実佐・浅田孝紀編著
　『シリーズ国語授業づくり　高等学校国語科　新科目編成とこれからの授業づく
　り』（東洋館出版社、2018）

11章

模擬授業の意義とその構築

キーワード　　模擬授業の意義　　授業構想の要素　　漢字・漢字語彙指導

1 国語科授業実践知の第一歩─模擬授業

　国語科教師は、教科に関する専門的知識に加えて、学習者の実態に合わせて授業をデザインし、一つひとつの学びを成立させる高度な実践的指導力が求められている。そのため、「国語科教育法」の授業の後半に受講者による模擬授業を実施することが多い。受講者は、模擬授業を通して授業づくりのイメージを掴み、教材や学習材を研究したり、指導法や学習活動を工夫したり、発問や板書を設計したり、実施後授業の問題点を省察し、その改善策を検討したりすることを実践的に体験することができる。

　丸山範高は、国語科教師が授業実践において機能させている授業実践知について次のように説明している。

　授業実践知とは、教師自身の種々の経験の蓄積によって形成される、授業実践を成り立たせている具体的文脈に依存している、教科内容・学習者・教授技術といった諸領域にまたがる複合性を持つ、などの特質を持つ専門職ならではの知である。そして、その内容は、授業という現象と、その現象を背後で支える可視化できない、教師の判断・意図との総体として記述できる。

　　　　　　　　　　　　　　　　　　　　　　　　　　（丸山、2014、p.3）

　授業実践知は、教師自身の経験の中で形成されていくわけだが、学習者の実態や教科内容、教材など教師以外の要素をも内包しており、具体性、多面

性、総合性をもつ、日々変化する生きた「知」である。模擬授業はこの生きた「知」の扉を開く最初の経験になるが、通常の授業とは幾つか相違点がある。

　模擬授業は受講者の人数によって持ち時間が異なるが、概ね30分前後で実施されることが多い。1単元中の1時間を本時として取り上げ、その本時の一部を30分で指導することになるが、この限られた時間で、単元の指導目標や位置付け、当該授業の前後の流れを説明したうえで、意義ある学習活動を取り入れ効果的に授業を展開していくことが求められる。また、指導対象学級（例えば、高校1年生）を想定して授業を構想しても、実際に授業を受けるのは大学生であるため、授業が予想以上に早く進んだり、あるいは予想外のところで躓いたりすることがある。このように、模擬授業は通常の授業と異なる側面を併せもっており、制約が多い。しかし一方で、模擬授業ならではの利点と意義もある。

　その意義の第一は、模擬授業は「教わる立場」から「教える立場」へと受講者の意識を転換させることができることである。授業構想、教材研究、指導方法、発問づくり、ICTの活用、評価方法などに関する理論知識や先行実践を熟知していても、いざ教壇に立つ時に必ずしもそれらの知見を授業に生かすことができるとは限らない。模擬授業では、自ら授業設計や授業展開を体験することで、既有知識の運用力、活用力を向上させ、「教える立場」に対する理解を深めることが期待できる。

　第二は、指導者と学習者、参加者と評価者など多様な視点から授業（学習指導案、授業展開、指導方法、教材活用、学習活動など）を複眼的に見つめることができることである。例えば、複数の受講者は同じ教材を扱うことがある。同じ教材でも、導入の工夫や授業展開の仕方、教材の活用方法、学習活動の設計などが人によって異なる。「教える側」にいる時に思い付かなかった指導の工夫や気付かなかった問題点を、「教わる側」にいる時に気付いたり発見したりすることが多い。むろん、その逆の時もある。これらの気付きや発見は「教わる側」と「教える側」の両方を体験するからこそ得られる知見である。

　第三は、模擬授業後の自己評価と他者評価によって授業を対象化して客観的に分析・省察することができることである。自己評価では、独りよがりに陥り

授業の問題点に気付かなかったりすることがあるが、他者の評価を聞いたり、質問を受けてそれらに答えたりするなど意見交換を重ねることで、自らの授業を俯瞰的・多角的に省察することができる。この省察で得られた知見や反省点を今後の授業に生かすことが、授業実践知の蓄積と向上に繋がっていく。

2 授業づくりの諸要素とその基本

　国語科の授業づくりは、国語科教育の方針・政策、時代の要請、言語環境、言語生活、教材・学習材、年間指導計画、単元指導計画、指導事項、指導方法などさまざまな要素が総合的・有機的に関与しているが、個々の授業を構想するにあたっては、さらに学習者の実態、目標設定、教材研究、学習活動の設計、発問・指示の工夫、交流の場の設定、評価方法など、より具体的な要素が関わってくる。これらの要素をどのように認識しながら授業を構想するのか、いわば「授業構想力」が求められている。

　授業は教師・教材・学習者から構成される。授業づくりの基本をどこに据えるかについて、町田守弘は次のように述べている。

　　授業構想の基本は、常に生徒の側に立つということである。授業の主役は生徒であり、教師はコーディネーターとして生徒たちの学びを支援する立場にある。まずは生徒にとってどのような授業がふさわしいのかということを、構想の基盤に据えなければならない。いくら教師の側で十分な教材研究をしても、その成果が生徒の学びに生かされなければ授業は成立しない。

（町田、2003、p.7）

　このように、学習者の学びを最優先に考えて授業を構想する必要がある。しかし、教育現場では、教材研究を優先し教材を教え込むような授業や、学びの有無を問わず学習活動や交流の場を重要視する授業が少なくない。

　2017年版小・中学校学習指導要領、2018年版高等学校学習指導要領では、「主体的・対話的で深い学び」「アクティブ・ラーニング」がキーワードとして登場し、理論研究や授業実践など多方面から注目を集めている。その影響は教育現場のみならず、大学の模擬授業にも及んでいる。最近の「国語科教育法」

の模擬授業では、目標達成に結びつかないようなグループ活動に終始する「アクティブ・ラーニング」や、話し合いだけで「主体的・対話的で深い学び」を目指す指導内容が目立つようになり、活動そのものが目的になったり、「活動あって学びなし」といった本末転倒の現象が起きている。

「アクティブ・ラーニング」の本来の意味について、藤森裕治は次のように指摘している。

> アクティブ・ラーニングとは、心身の成長への意欲と関心を自ら活性化し、価値ある問いをもって未知の問題に取り組もうとする学びであって、学習形態を派手にすることではない。講義に終始する授業であっても、子供たちが自ら問いを立てながら教師の語りに耳を傾け、時間の経つのも忘れて集中しているのであれば、それはアクティブ・ラーニングである。（藤森、2018、p.2）

「アクティブ・ラーニング」は、「何を教えるか」「どのように教えるか」という指導者主導の授業づくりの「型」を示すものではなく、「何のために学ぶのか」「何ができるようになるのか」という学習者を見据えた授業づくりの創意工夫を指すものである。学習者の資質・能力の育成に資する「アクティブ・ラーニング」を実現するためには、学習者の実態を把握し、解決すべき課題を明確にしておく必要がある。

では、学習者の実態と課題を踏まえて、実りある学びを成立させながら一人ひとりの資質・能力を伸ばすには、具体的にどのように授業を構想し、実践するのか。次節では、漢字・漢字語彙指導の実践例を紹介する。

3 漢字・漢字語彙指導単元の構想と概要

（1）学習者の実態と今日的課題

情報機器やインターネット、SNS の普及に伴い、漢字を「手で書く」頻度が減り、漢字を「打つ」「選択する」ことが増えている。このような社会的背景のもと、例えば、「洗濯機」の「濯」の字義を理解せず、おぼろげな輪郭に対する記憶に頼って「洗躍機」「洗曜機」と書き誤っている例をよく見かける。表 11-1 の大学生による誤字もこの現象を物語っている。

表 11-1　大学生による誤字一覧表

	誤字表記（正しい表記）		誤字表記（正しい表記）
字音類似による誤記	掲帯（携帯）	字体類似による誤記	菅理（管理）
	検当（見当）		完壁（完璧）
	風調（風潮）		恰査（格差）
	文量（分量）		徴妙（微妙）
	隠影（陰影）		相達（相違）
	強性（強制）		左選（左遷）
	解善（改善）		繁栄（繁栄）
	不可決（不可欠）		小子化（少子化）

　表 11-1 で示したように、画数の多い難しい漢字はともかく、基礎漢字や基礎語彙でさえ書き間違えることが増えている。大学生だけでなく、高校生の漢字テストからも似たような誤字が散見される。「洗濯機」や「携帯」は漢字で書けなくても複数の変換候補の中から選べる、あるいは「せんたくき」「ケータイ」のように平仮名やカタカナで書けば何とかなると思っている学習者も少なくないであろう。しかし、国語（日本語）の根幹を成す漢字・漢字語彙は、知識の習得や理解の深化はもちろん、抽象的な思考を形成し、豊かな表現を生み出すには必要不可欠である。漢字を図形のように識別できるだけの力では、発信力のある真の漢字力・語彙力とはいえない。

　漢字が書けない、誤字が多発する背景には、情報機器の普及や言語生活の変容があるが、それだけではない。学校教育における漢字・漢字語彙指導の実態もその一つの要因といえる。

　漢字指導は小学校段階から行われ、とりわけ低学年では漢字の成り立ちや字源を紹介するなど漢字に興味をもたせる工夫がなされている。中学校段階になると、小学校段階の漢字指導内容（漢字の成り立ち、筆順、画数、字体、部首、音訓など）をもとにしつつより体系化されている。また、同音異字、同訓異字、熟語の構成（二字、三字、四字以上）、類義語、対義語など語彙指導の内容も多く盛り込まれている。しかし、高等学校段階に入ると、漢字・漢字語彙指導の目標や内容が学習指導要領に明記されているにもかかわらず、教科書に

おけるその指導内容はかなり少なくなっている。これは、小中高校における漢字・漢字語彙指導の一貫性が高等学校に入った段階で断ち切られてしまっているという実態を示している。高等学校段階は、小中学校で身に付けた漢字・漢字語彙の基礎知識を語彙拡充に生かし、表現の輪を広げるのに重要な時期であるので、このような断層を埋めるためには、高校生という発達段階にふさわしい、漢字・漢字語彙の面白さと奥深さを実感しながら積極的に漢字・漢字語彙を用いて表現する指導が必要となる。

　このような問題意識のもとで、高校生を対象に、寓話的小説「良識派」（安部公房）を創作四字熟語で表現するという単元を構想し、実践した。この単元の概要は下記の通りである。

（2）単元の概要

【単元名】　小説「良識派」を創作四字熟語で表現しよう

【対象学年】　高校2年生

【授業科目】　現代文B

【単元の指導目標】

①　四字熟語の構成上の特徴を分析し、漢字・漢字熟語の特質に対する理解を深め、語彙を増やす。

②　日本と中国の四字熟語と故事成語の相違点を分析し、日中漢字文化の繋がりと伝統的な言語文化の深奥に対する理解を深める。

③　自力で「良識派」を読解し、その内容と寓意をまとめる。①の四字熟語の構成上の特徴を踏まえたうえで、「良識派」の内容を創作四字熟語で表現し、漢字・漢字熟語による表現の広がりと面白さを体感する。

【単元の評価規準】

①　四字熟語の構成上の特徴や、日中の四字熟語の相違点、四字熟語と故事成語の相違点を理解し、漢字・漢字熟語に興味・関心をもっている。【関】

②　自らの分析や創作を発表したり、ほかの学習者の解説や創作を聞いたりすることで、自分の考えを広げ、深めようとする。【話・聞】

③　「良識派」の要約と寓意を書き、四字熟語を創作することができる。【書】

④　四字熟語の意味や構成上の特徴に関する基本的知識を身に付けている。【知】

【単元の指導概要】（3時間扱い）

◆　第1時

①　中学校既習の二字熟語の構成上の特徴を復習する。

②　二字熟語の構成上の特徴を踏まえたうえで、『国語便覧』における「四字熟語」の構成上の特徴を分析する。4、5人のグループを作り、グループ内でそれぞれの考えを発表し、意見交換を行う。

③　各グループでそれぞれの分析結果をまとめ、グループごとに発表する。

④　学習者による相互評価を行う。

◆　第2時

⑤　故事成語を生み出す母体・類書について説明する。類書は、世界のあらゆる事物を対象とし、それらを項目ごとに分類した古代中国の百科全書である。多くの場合、天・地・人の三部にまず大別され、さらにその内部が細目化される。類書は『論語』『孟子』『老子』など先行文献の中身をいったん解体し、該当する項目ごとに再編集するという特色をもつ。故事成語は類書の分類項目の見出しとして出現し、そのまま定着するものが多い。

⑥　個人で故事成語「矛盾」「蛇足」「塞翁が馬」「蛍雪の功」「杯中の蛇影」「五十歩百歩」「朝三暮四」の意味と構成上の特徴について考え、発表する。

⑦　個人で故事成語と四字熟語の相違点について考えた後に、グループ内でそれぞれの考えを発表し、意見交換を行う。

⑧　個人で和製四字熟語「青息吐息」「一期一会」「手前味噌」「天地無用」「和洋折衷」「海千山千」の意味と構成上の特徴について考え、発表する。

⑨　グループ内で日中の四字熟語の構成上の相違点について意見を交換し、まとめる。グループごとに発表し、クラス全体で共有する。

◆　第3時

⑩　「四字熟語創作ワークシート」を配布する。ワークシートは縦書きである。ワークシートには、故事成語「漱石枕流」の読み、訓読、出典、意味を例示したうえで、下記の三つの課題を提示する。

（1）「良識派」の概要と寓意（教訓）についてまとめてみよう。

(2)「良識派」の内容を想起させるよう、(1) の概要から四つの漢字を選び、四字熟語の構成上の特徴を踏まえながら、オリジナルの四字熟語を創ってみよう。そして、その熟語の読みと訓読も書いてみよう。

(3) 本日の内容を通して感じたことや考えたことをまとめてみよう。

⑪　「良識派」を読解し、ワークシートの課題 (1) と (2) をまとめる。(時間短縮のため、事前に「良識派」を予習するように促した。また、「良識派」の読解に関しては、指導者が解説をせず、学習者の読みを尊重するように心がけた。)

⑫　グループ内で課題 (1) と (2) の回答を発表し、意見交換を行う。

⑬　各グループで創作四字熟語の代表作を二つ選び、黒板に書く。クラス全員で黒板に書かれた創作四字熟語から優秀作を選出する。

⑭　ワークシートの課題 (3) をまとめ、学習者による自己評価を行う。

⑮　単元の総括を行い、今後の課題を示す。

　本節では、漢字・漢字熟語にあまり興味をもたず、漢字学習イコール漢字テスト前の準備という受動的な漢字・漢字語彙学習を能動的な学習に転換させるために考案・実践した単元の概要を紹介した。この単元実践の分析については、稿を改めて論じるが、本単元の一部を模擬授業として位置付ける際の授業づくりとその実践を次節で紹介する。

4　模擬授業の実際

　大学の「国語科教育法」の授業で、上記の漢字・漢字語彙指導単元の実践を紹介し、第1時を本時として、その「展開」の部分を中心に30分の模擬授業を実施した。本節では、この模擬授業の実際を通して、限られた時間でまとまりのある指導をいかに構想・展開するかについて述べる。なお、具体例や解説を随時付け加えるので、学習指導案形式の「本時の指導計画」は割愛する。

【本時の授業目標】

①　四字熟語の構成上の特徴について考え、自分なりにまとめ、発表する。

②　漢字・漢字熟語に興味・関心をもち、その特質を理解し、語彙を増やす。

③　他者の意見に耳を傾け、自分の考えを広げ、深めようとする。

【本時の授業展開】

◆ 導入（計画上は8分、実際使用時間は2分）

① 中学校で学習した二字熟語の構成上の特徴をクイズ形式で復習する。

［授業の実際と解説］

　模擬授業では、この部分の内容を資料として配布し、活動時間を省いた。配布資料の内容（二字熟語の構成上の特徴）は次の通りである。

　㋐並列構成の熟語：a同字反復（山々、年々）、b似た意味をもつ漢字の組み合わせ（身体、樹木）、c反対の意味をもつ漢字の組み合わせ（上下、勝敗）。

　㋑文法構成の熟語：a主語と述語の組み合わせ（国立、地震）、b述語と目的語の組み合わせ（読書、鎮痛）、c修飾語と被修飾語の組み合わせ（親友、激減）、d接辞的な漢字（否定語を含む）を含む熟語（非常、突然、未熟）。

◆ 展開（計画上は35分、実際使用時間は23分）

② 個人で『国語便覧』の「四字熟語」の構成上の特徴について考える。4、5人のグループの中でそれぞれの考えを発表し、意見交換を行う。

［授業の実際と解説］

　この部分を中心に模擬授業を展開した。四字熟語の構成は二字熟語より複雑であるため、ヒントなしで四字熟語の構成上の特徴を分析することは難しい。そこで、四字熟語の多くは「二字熟語（A）＋二字熟語（B）」という構成であることに気付かせ、二字熟語の構成上の特徴（前述の㋐と㋑）を参考にAとBの関係性と構成上の特徴を分析するように指示した。また、制限時間内に㋐と㋑以外のオリジナルの分類を最も多く発見したグループが優勝するというルールを説明し、学習活動を開始した。

③ 各グループでそれぞれの分析結果をまとめ、紙に書いて発表する。

［授業の実際と解説］

　各グループの発表時間は2分以内で、分析結果とその根拠、そしてそれぞれの類型の四字熟語を最低三つ以上示すというルールを設けた。

　各グループによる回答の一部を以下に示す。

（1） 同字反復と同字反復の組み合わせ（唯々諾々、虚々実々、是々非々、戦々恐々、津々浦々）

(2)　似た意味をもつ二字熟語の組み合わせ（曖昧模糊、悪戦苦闘、深謀遠慮、絶体絶命、大言壮語、博学多識、天真爛漫、美辞麗句、暴飲暴食）

(3)　反対の意味をもつ二字熟語の組み合わせ（夏炉冬扇、外柔内剛、神出鬼没、人面獣心、針小棒大、晴耕雨読、大同小異、内憂外患、有名無実）

☆(4)　四つの漢字が対等の関係にあるもの（花鳥風月、冠婚葬祭、起承転結、喜怒哀楽、行住坐臥、切磋琢磨）

☆(5)　漢数字を用いているもの（一心不乱、二律背反、二束三文、三拝九拝、三寒四温、五里霧中、七転八倒、八方美人、百花繚乱、千変万化）

☆(6)　同じ漢字の前後に反義語を用いているもの（一朝一夕、海千山千、半信半疑、右往左往、自問自答、独立独歩）

(7)　主語（二字熟語）と述語（二字熟語）の組み合わせ（意気消沈、意味深長、佳人薄命、旧態依然、玉石混淆、首尾一貫、大器晩成、満身創痍）

☆(8)　主語（二字熟語）と述語（同字反復の擬態語）の組み合わせ（意気揚々、興味津々、虎視眈々、多士済々、余裕綽々、和気藹々）

☆(9)　手段（二字熟語）と結果（二字熟語）の組み合わせ／○○で○○する（以心伝心、一気呵成、一挙両得、一刀両断、単刀直入、薄利多売）

☆(10)　仏教用語や『平家物語』の言葉、漢文由来の四字熟語（色即是空、会者定離、盛者必衰、傍若無人）

　上記の（1）、（2）、（3）、（7）は二字熟語の構成上の特徴を参考に分類したもので、「☆」の付く（4）、（5）、（6）、（8）、（9）、（10）は学習者によるオリジナルの分類である。この学習活動のねらいは、四字熟語の構成上の特徴を分析することだが、それぞれの四字熟語の意味や個々の漢字の関係を理解しておかなければ分析できないので、必然的に漢字・漢字熟語の意味や特徴に目を向けさせることになる。これもこの学習活動の重要な目的である。

④　学習者による相互評価を行う。

［授業の実際と解説］

　③の結果発表のうち、頷ける分類と疑問に思った分類について議論し、個々の分類に対する評価を行った。例えば、「唯々諾々」「戦々恐々」は（1）の例であるが、（2）の分類にも属しているのではないか、「虚々実々」「是々

非々」は（1）と（3）のどちらに分類すべきかなどの議論がなされた。『国語便覧』に載っている「四字熟語」は全部で237語である。構成上の特徴は多種多様で、分類の視点も複数あって、唯一無二の「正しい」分類は存在しない。提示された分類について議論を行った後に、絶対的な「正しさ」を求めるのではなく、問題意識をもって言葉を考えたり吟味したり新たな発見を得たりすることがこの学習活動のねらいであることについて再確認した。

◆ 総括（計画上は7分、実際使用時間は5分）

⑤　指導者が③の発表、④の議論・評価を整理し、授業の総括を行う。

⑥　学習者が感想をまとめ、【本時の授業目標】に照らし、自己評価を行う。

【授業後の研究協議】

　模擬授業の後に、問題意識（学習者の実態や今日的課題）、目標設定、教材研究、指導方法、授業の進め方、発問・指示、板書、姿勢、発声などの観点から授業を評価する時間を設け、授業をふり返りながら研究協議を行うことで、授業の評価を共有し、その成果と課題を明確にしている。

　今回の模擬授業後の研究協議では、一回の授業で多くの四字熟語を知ることができた、四字熟語を分析することで新たな気付きや発見があった、漢字・漢字熟語の特徴や面白さを再認識できた、といった感想がある一方、分析対象の四字熟語が多く難しさを感じた、分析・議論の時間が短く物足りなさを感じた、といった指摘もあった。これらの感想や指摘からは、模擬授業の成果が窺えると同時に、学習者の既有知識の把握、学習材の量と難易度の調整、探究学習の深さと広さのバランス、時間配分などにおける課題も見てとれる。これらの課題の原因を究明し、その改善策を次なる授業構想に生かしていくことが、模擬授業がもつ重要な意味である。

5　まとめ―模擬授業という「深い学び」

　模擬授業は、実施者が一人で授業を「発表」するのでなく、学習者を巻き込んで実りある学びを成立させるためのトレーニングである。学習者の資質・能力といった内面的充実を図りながら授業を構築するのであれば、絶対的に「正

しい」授業づくりの方法や手順は存在しないはずである。ただし、学習者の実態や今日的課題の把握、問題意識の明確化、目標設定の具体性、学習材の開発と活用、学びに資する学習活動のデザイン、課題設定や発問・指示の工夫、評価規準と評価方法の設定といった要素は、通常の授業づくりにおいても模擬授業づくりにおいても必要不可欠である。

　模擬授業は、授業づくりを主体的・対話的に学び、身を以って授業構築の深奥を体験できる良い機会である。模擬授業を授業実践知の第一歩として、そこで得た知見を今後の授業構想・授業実践に生かしていただきたい。

（李　軍）

> ▶ **課題**
>
> 1　模擬授業の意義と特徴について考えてみよう。
> 2　国語科の授業づくりに関わっている要素と、それぞれの要素の相互関係について考えてみよう。
> 3　単元の一部を模擬授業として構想する際の工夫について考えてみよう。

【引用文献】

藤森裕治「なぜ「主体的・対話的で深い学び」が求められているのか―自己組織・相互作用・球的充実の視点から」『日本語学』2018年6月号（明治書院、2018）

町田守弘『国語科授業構想の展開』（三省堂、2003）

丸山範高『教師の学習を見据えた国語科授業実践知研究―経験に学ぶ国語科教師たちの実践事例からのアプローチ』（溪水社、2014）

【さらなる学びのために】

町田守弘『国語科の教材・授業開発論―魅力ある言語活動のイノベーション』（東洋館出版社、2009）

町田守弘『明日の授業をどう創るか―学習者の「いま、ここ」を見つめる国語教育』（三省堂、2011）

安居總子『授業づくりの構造』（大修館書店、1996）

李軍『日中漢字文化をいかした漢字・語彙指導法―「覚える」から「考える」へ』（早稲田大学出版部、2016）

12章
効果的な学習指導の進め方
―主体的・対話的で深い学びと ICT 活用

キーワード　　ICT 活用　　個別最適な学び　　協働的な学び　　指導者の支援・指導

1 ICT 活用を含む授業構想に必要な視点 ―「深い学び」の実現に向けて

　2017・2018 年版学習指導要領の「総則」には「主体的・対話的で深い学びの実現に向けた授業改善」についての記述が、全校種にわたって示された。国語科では、「指導計画の作成と内容の取扱い」の冒頭に、「単元など内容や時間のまとまりを見通して、その中で育む資質・能力の育成に向けて、生徒の主体的・対話的で深い学びの実現を図るようにすること。」（中学校）とある。

　そもそも、「主体的・対話的で深い学び」とはどのような「学び」であるのか。学習指導要領に先がけて示された中央教育審議会「幼稚園、小学校、中学校、高等学校及び特別支援学校の学習指導要領等の改善及び必要な方策等について（答申）」(2016)（以下、2016 年答申）には、「主体的な学び」「対話的な学び」「深い学び」それぞれについて以下のように定義されている。

　　・学ぶことに興味や関心を持ち、自己のキャリア形成の方向性と関連付けながら、見通しを持って粘り強く取り組み、自己の学習活動を振り返って次につなげる「主体的な学び」

　　・子供同士の協働、教職員や地域の人との対話、先哲の考え方を手掛かりに考えること等を通じ、自己の考えを広げ深める「対話的な学び」

　　・習得・活用・探究という学びの過程の中で、各教科等の特質に応じた「見

方・考え方」を働かせながら、知識を相互に関連付けてより深く理解したり、情報を精査して考えを形成したり、問題を見いだして解決策を考えたり、思いや考えを基に創造したりすることに向かう「深い学び」

　上記３点のうち、「主体的な学び」と「対話的な学び」については、「主体的・協働的に学ぶ学習」（文部科学大臣諮問、2014）と定義された「アクティブ・ラーニング」の広がりとともに、これまでに多くの検討がなされてきた。しかし、2017・2018年版学習指導要領には、「アクティブ・ラーニング」の文言は用いられていない。「アクティブ・ラーニング」の代替として用いられているとみられるのが「主体的・対話的で深い学び」である。そのため、2017・2018年の学習指導要領の改訂は「深い学び」を強調する意図があると考えられる。

　「深い学び」への着目の背景には、2016年答申に示された「アクティブ・ラーニング」の実現に際して表面化してきた、諸課題への意識があると考えられる。同答申では、「学習活動を子供の自主性のみに委ね、学習成果につながらない「活動あって学びなし」と批判される授業に陥ったり、特定の教育方法にこだわるあまり、指導の型をなぞるだけで意味のある学びにつながらない授業になってしまったりという恐れ」があると指摘されている。これを受け「深まりを欠くと表面的な活動に陥ってしまうといった失敗事例も報告されており、「深い学び」の視点は極めて重要である。」と述べられている。

　本章のテーマである「効果的な学習指導の進め方」を実現する方法として、ICT活用が挙げられる。ただし、ICT活用に際しても、2016年答申における指摘には留意しておく必要がある。今日の教室においては、１人１台端末やプロジェクターの設置、学校全体におけるWi-Fi設備の整備が実現しつつあり、ICT活用が可能な環境が整ってきている。しかし、ICT活用そのものが目的になってしまうことは、「アクティブ・ラーニング」で生じた課題が再び表面化することになりかねない。つまり、学習活動においてICT活用が目的化してしまい、「ICT活用あって学びなし」となる恐れがある、ということである。

　ICT活用を含む授業構想の際に必要なのは、ICT活用の方法のみならず、それを通してどのように「深い学び」を実現させるのか、つまり「どのような

力を身に付けさせるのか」という視点である。この視点を意識することによって、ICT 活用は効果的な学習指導を実現する有効な手段になるのである。

2 ICT 活用が目指す二つの学び

　まず、ICT 活用が授業のどのような場面で可能なのかを、官庁から示された資料によって概観する。学校現場の情報化を目的として、2019 年 12 月に文部科学省は「教育の情報化に関する手引き」を示した。さらに、2020 年 6 月には、情報を追記した「教育の情報化に関する手引き　追補版」（以下、「追補版」）を示している。この手引きの第 4 章には、「教科等の指導における ICT の活用」があり、具体的な ICT 活用の場面や想定される学習活動が各校種・各教科に即して提示されている。

　「追補版」における「ICT を効果的に活用した学習場面」として、以下の三点が挙げられている（p.81）。

① 一斉指導による学び（一斉学習）
② 子供たち一人一人の能力や特性に応じた学び（個別学習）
③ 子供たち同士が教え合い学び合う協働的な学び（協働学習）

　上記のうち、「一斉学習」における ICT の活用例については、「教師による教材の提示」が主たる学習場面として提示されている。これは、従来の国語科授業実践の中で多く行われていた学習活動を効果的・効率的に行うためのものとして位置付けられる。例えば、これまで指導者が黒板に板書していた事項をプロジェクターからスクリーンに映したり、参照する資料をこれまで資料集等の紙媒体から、画像や映像を交えたものへと選択肢を広げたりすることが可能となる。換言すれば、ICT 活用によって、授業内で触れる情報量を増やすとともに、その方法をより効果的に行えるようになるともいえる。これらの成果によって、指導者によって示された事項を適切に記録できているか、確認するための机間指導を行ったり、画像や映像等を交えて学習者の興味関心を喚起させたりすることができる。

上記のような「一斉指導による学び」の場面におけるICT活用は、従来の国語科授業実践の枠組みの中でも応用が可能である。ただし、ICT活用は、「一斉学習」における活用に留まらず、「個別学習」や「協働学習」の場面での活用を提示していることにも注意が必要である。それぞれの具体的な活用方法を、「追補版」では以下のように示している（p.81）。

【個別学習】

- 個に応じた学習：一人一人の習熟の程度等に応じた学習
- 調査活動：インターネットを用いた情報収集、写真や動画等による記録
- 思考を深める学習：シミュレーションなどのデジタル教材を用いた思考を深める学習
- 表現・制作：マルチメディアを用いた資料、作品の制作
- 家庭学習：情報端末の持ち帰りによる家庭学習

【協働学習】

- 発表や話合い：グループや学級全体での発表・話合い
- 協働での意見整理：複数の意見・考えを議論して整理
- 協働制作：グループでの分担、協働による作品の制作
- 学校の壁を越えた学習：遠隔地や海外の学校等との交流授業

　上記の「個別学習」・「協働学習」は、学習指導要領に示された「主体的・対話的で深い学び」の実現に向けた「個別最適な学び」と「協働的な学び」に関連する。「個別最適な学び」と「協働的な学び」とは、2021年1月に中央教育審議会よる「「令和の日本型学校教育」の構築を目指して～全ての子供たちの可能性を引き出す、個別最適な学びと、協働的な学びの実現～（答申）」（以下、2021年答申）に示されたものである。2021年答申のより詳しい内容の記述が「教育課程部会における審議のまとめ」にある。このまとめには、学習指導要領において示された資質・能力の育成を着実に進めることが重要であり、多様な学習者を誰一人取り残すことなく育成する「個別最適な学び」と、子供たちの多様な個性を最大限に生かす「協働的な学び」の一体的な充実が図られることが求められるとされている。

「個別最適な学び」と「協働的な学び」の実現に向けて、ICT活用は有効な手段となり得る。その具体的な方法について、参照可能な国語科授業実践の報告は着実に蓄積されてきている。本章では、ICT活用を行い、先に挙げた「個別最適な学び」と「協働的な学び」のそれぞれの具体的な場面が設定されている、中学校における実践を提示していくことにする。

3 「個別最適な学び」の実現にむけたICTの活用実践例

実践例1　二田貴広（2022）実践「ガイドブックをつくろう」

[授業展開]

① 他の学校の学習者に紹介したい地域について情報を集める。

② 集めた情報を整理し、どのように紹介するか考えをまとめる。

③ 紹介する内容について、PowerPointの表現を工夫しながら製作する。

④ 学校ホームページなどを利用してガイドブックを公開し、他校と交流する。

[ICTの活用場面]

　本実践では、「個別学習」の場面として挙げられている「調査活動」および「表現・制作」、また、「協働学習」における「学校の壁を越えた学習」に相当する学習活動が行われている。ここでは特に、「調査活動」に焦点化して紹介する。

　「調査活動」においては、学習者が紹介したい施設や場所に赴き、各自の端末で写真を撮影し、ガイドブックに掲載する学習活動が設定されている。その利点として、「思いがけない被写体に出会うこと」等が挙げられている。

　1人1台端末では、インターネットを用いた情報検索がまず想定される。そこで出現する画像や文章の活用も想定されるが、その場合は著作権や情報の適否の確認といった課題もある。本実践では、自分自身で端末のカメラ機能を活用して情報を収集することにより、インターネットの活用に留まらない端末利用の方法が示されているものとして位置付けられる。

　ただし、実際に現地に赴き写真を撮影することにも留意点は存在する。本実践では、「撮影時の安全」と「撮影時の許可」の二点が留意点として挙げられている。いずれも、画像を自身で収集する際には重要な視点である。インター

ネットを用いた情報収集の課題点に加えて、このような端末活用の方法においても適宜学習者への指導が必要となる。

実践例2 髙井太郎（2023）実践「朗読スライドを取り入れた詩の授業」

[授業展開]

① 「レモン哀歌」の初発の感想を踏まえ、朗読スライドを作成する。

② 「レモン哀歌」の理解を深めつつ、内容について各自の端末で調べる。

③ 調べたことを発表し合い、詩の内容に関する解釈を交流する。

④ 解釈を基に朗読スライドを再度作成し、①と比較して相違点を記入する。

[ICTの活用場面]

　本実践では、「個別学習」の場面として「調査活動」および「表現・制作」、また、「協働学習」の場面として「発表や話合い」が行われている。ここでは特に、「表現・制作」に焦点化して紹介する。

　本実践では、オンラインボイスレコーダーを用いて自身の朗読の録音を行っている。学習者は、初読の段階と解釈を行った後の段階と二度、自身の朗読を録音することになる。自身の声を録音し保存ができる点、および複数回の録音を繰り返し聞くことができ、比較が可能である点にICT活用の長所がある。なお、朗読に際しては、ヘッドフォンマイクを用いて、自分の朗読を即時的に聴き直し、修正することが可能となっている。

　録音されたデータは、スライドにまとめて共有される。スライドには、自身の朗読における留意点を示すことになっている。朗読の録音データを共有するのみならず、聴くための観点を同時に知ることができるのが、朗読スライドを用いる利点であるといえる。さらに、初発の感想後と解釈の交流後のそれぞれの朗読の比較が容易に行える点も、ICT活用の利点である。

4 「協働的な学び」の実現にむけた ICT の活用実践例

実践例3 二田貴広（2021）実践「作品を分析して共有しよう」

［授業展開］

① 「走れメロス」を通読し、メロスとセリヌンティウスの人物像や関係、ディオニスの心のあり様を読解する。

② 本文の心情描写の語りの分析を Google Classroom に投稿し、他の学習者の考えに触れる。

③ 他の学習者全員分の考えを読み、「自分にはない観点や意見」を書いている投稿を1点挙げ、内容を引用しながら気付いたことを再度投稿する。

④ 本文の描写に着目し、メロスの心情を読み取る。

［ICT の活用場面］

　本実践では、「個別学習」の場面として「表現・制作」および「家庭学習」、「思考を深める学習」、「協働学習」の場面として「協働での意見整理」が行われている。ここでは特に、「協働での意見整理」に焦点化して紹介する。

　本文の「メロスほどの男にも未練の情というものはある」と「もはや故郷への未練はない」という記述について、「誰が語っているのか」「読者にどんなメロス像を認識させるのか」という観点で、考えたことを Google Classroom のストリームに投稿させる。学習者は、自身の意見を書きこむと同時に、他の学習者の考えの一覧が読める状況になる。

　示されたさまざまな意見に対して、他の学習者の結論と根拠に着目して、相違点を探すように指示がなされている。この学習活動によって、他の学習者による作品に対する複数の認識を知ることになる。つまり、他の学習者による意見や観点が、そのまま自分自身が作品を解釈する際の参考資料となっているのである。その考察の過程は ICT 活用の場面として挙げられていた「個別学習」の「思考を深める学習」につながる。

　ICT を活用することの利点は、さまざまな意見を一度に把握できる点とともに、授業時間内に終えられない学習者への配慮や、見直し（再編集）を可能

にする点にある。「考える速度」や「入力の速度」が、学習者はそれぞれ異なる。家庭で全員の意見に目を通すよう指示を出したり、家庭で一度提出したものを再編集したりするなど、学びの時間の制限を緩和することがICT活用によって可能となる。

[実践例4] 植田恭子（2021）実践「情報を「自分事」として捉えよう」
[授業展開] ※帯単元で展開
① ［2年3学期］東日本大震災に関する情報を読み取り、自分とは異なる見方、感じ方、考え方について慮り、伝え合いを考える。
② ［3年1学期］東日本大震災直後から1カ月後に至るまで、どのような行動をとっていたのか、情報を読む。
③ ［3年2学期］被災地を取材してきたNHKの記者に共同取材をする。
④ ［3年3学期］被災地で復興に取り組む方にリアルタイムでの共同取材を行い、成果を新聞形式でまとめ、情報発信をする。

[ICTの活用場面]
　本実践では、「個別学習」の場面として「調査活動」、「協働学習」の場面として「学校の壁を越えた学習」が行われている。ここでは特に、「学校の壁を越えた学習」に焦点化して紹介する。

　コロナ禍を経て、オンライン授業はさまざまな方法が確立されてきており、ZoomやGoogle Meet, Teams等のオンライン会議システムを用いたリアルタイムでの遠隔地との交流が実現しつつある。

　リアルタイムの交流には二種類の方向が考えられる。一つは、同学年・異学年等の学習者同士による交流である。筆者は、他校とオンライン会議システムを用いて交流する授業実践を行った。本実践では、これまでの国語科における授業実践や研究では考察の対象外であった「初対面」と「オンライン」の二つがあったことを指摘した（甲斐、2023）。話すこと・聞くことの学習活動において、交流の対象となるのは学級内の既知の学習者であることが多い。入学直後の学習者同士であったとしても、学級活動や部活動を通してさまざまに交流の機会があり、本当の意味で"初対面"という相手との学習活動は行われてこな

かったといえる。オンライン会議システムを用いることによって、教室の中に“初対面”の相手を出現させることができる。このようにICT活用を行うことによって、さまざまな交流の形式を学ばせることが可能となる。

　もう一つの方向は、植田実践で紹介されているように、遠隔地に住む人物や専門家との交流である。植田は、オンライン会議システムを用いることによって、「移動コスト、時間、場所、地域」を越えられると指摘している。そしてそのメリットとして、「第一次情報を得ることができ、情報と主体的に向き合うこと」や「画面を通して相手の反応も感じ取ることができ、相手意識をもっての交流」が可能になる点を挙げている。ここに挙げられた項目は、ICT活用の利点の一つであるといえる。

　「学校の壁を越えた学習発表や話合い」にあたっては、授業時間の調整や専門家の了承など、解決しなければならない課題は多い。しかしその分、同学年の学習者との交流と同様に、教室の中に真正な「他者」を表出させることができることが、ICT活用の大きな意義である。

　本節ではICT活用の実例を「個別学習」・「協働学習」のそれぞれに分けて示した。ただし、2節に挙げた「教育課程部会における審議のまとめ」にある通り、「個別最適な学び」と「協働的な学び」は、一体的な充実が求められている。ICT活用を含む学習活動を構想する際には、常に二つの「学び」を念頭に置いた姿勢が必要である。

5　指導者による指導・支援が実現する効果的なICT活用

　本章のタイトルにある「効果的な学習」とは、指導者が学習活動の目標を踏まえて、適切な指導・支援を行うことによって実現する。ICT活用を行って学習活動が活発になされたとしても、そこに指導者による適切な支援・指導が介在しなければ、「深い学習」には到達し得ない。その指導や支援を効果的・効率的にする方法としてICT活用は位置付けられる。つまり、ICT活用はあくまで手段・方法であり、それ自体が学習活動の目標とならないようにする必

要がある、ということである。

　ICT活用にあたっては、学習目標に関する事項以外にも、機器やアプリケーションの操作方法や家庭での利用方法等、細かい部分までの支援・指導が必要となる。小学校の段階から1人1台端末が実現しつつあるとはいえ、学習者の端末の扱いに関する習熟度は家庭環境等により千差万別である。指導者以上に扱い方に習熟している学習者もいれば、キーボードや画面操作による入力に不慣れで学習活動にうまく参加できない学習者もいる。その場合には、指導者が適宜支援を行い、学習活動に支障がないようにする姿勢が求められる。

　ただし、支援の中心がICT活用の方法にならないように注意しなければならない。そうなると、ICT活用が主たる目標となり、国語科としての目標が後景化してしまうためである。当然、学習者の状況によっては、ICT活用の技能・技術の習熟を目標とした学習活動を設定することもあるだろう。ただし、それはあくまで過程であることを意識し、学習活動の最終的な目標は常に国語科の能力を身に付けさせることであると、指導者は考えておかなければならない。

　ICT活用に際しては、学習活動の目標を見据えた適切な指導・支援が行われることが重要である。その前提を踏まえていれば、ICT活用は「主体的・対話的で深い学び」の実現に向けて、効果的な学習活動を実現する有効な方法となる。

（甲斐　伊織）

課題

1　話すこと・聞くこと、書くこと、読むことの学習活動に、ICTをどのように活用できるか、学習者に身に付けさせる国語科の能力と一緒に考えてみよう。

2　ICT活用を含む単元の構想をしてみよう。その単元を展開する際に、指導者の支援・指導はどの場面でどの程度必要か、考えてみよう。

【引用文献】

植田恭子「情報を「自分事」として捉えよう」野中潤編著『学びの質を高める　ICT
　で変える国語授業2　応用スキル＆実践事例集』（明治図書、2021）

甲斐伊織「ICTの活用による「協働的な学び」の拡張：学級・学校の壁を越える授
　業実践事例」『早稲田大学国語教育研究』43（早稲田大学国語教育学会、2023）

髙井太郎「朗読スライドを取り入れた詩の授業」『教育科学国語教育』No.879（明治
　図書、2023）

二田貴広「作品を分析して共有しよう」『ICT×国語　小学校・中学校　GIGAスク
　ールに対応した1人1台端末の授業づくり』（明治図書、2021）

二田貴広「ガイドブックをつくろう」植田恭子編著『小学校・中学校国語科　ICT
　×書くこと指導コンプリートガイド』（明治図書、2022）

【さらなる学びのために】

野中潤編著『学びの質を高める！　ICTで変える国語授業―基礎スキル＆活用ガイ
　ドブック』（明治図書、2019）

樋口綾香『「自ら学ぶ力」を育てる　GIGAスクール時代の学びのデザイン』（東洋館
　出版、2023）

13章

知識及び技能をいかに活用するか

キーワード　　知識・活用　　習得・活用・探究　　言語活動の充実　　共有

1 資質・能力の三観点における〔知識及び技能〕

　2007年学校教育法第30条第二項（中学校は第49条、高等学校は第62条の規定によりそれぞれ準用）には、「生涯にわたり学習する基盤が培われるよう、基礎的な知識及び技能を習得させるとともに、これらを活用して課題を解決するために必要な思考力、判断力、表現力その他の能力をはぐくみ、主体的に学習に取り組む態度を養うことに、特に意を用いなければならない」といった学力の三要素が示された。実生活におけるさまざまな場面において、学んだ知識を活用しながら課題解決に取り組み、学力の三要素を関連付けて生涯学習を見据えた学習に取り組むことが求められている。2014年中央教育審議会答申では、「高等学校教育を通じて（ⅰ）これからの時代に社会で生きていくために必要な、「主体性を持って多様な人々と協働して学ぶ態度（主体性・多様性・協働性）」を養うこと、（ⅱ）その基盤となる「知識・技能を活用して、自ら課題を発見しその解決に向けて探究し、成果等を表現するために必要な思考力・判断力・表現力等の能力」を育むこと、（ⅲ）さらにその基礎となる「知識・技能」を習得させること」(p.6)というように初等・中等教育から高等教育を貫く視点に立った学力の育成のとらえ直しがなされている。こうしたさまざまな議論を踏まえ、2016年中央教育審議会答申では、育成を目指す資質・能力を「知識及び技能」「思考力・判断力・表現力等」「学びに向かう力、人

間性等」といった三つの柱に整理した。「各教科等で身に付けた知識・技能を活用したり、思考力・判断力・表現力等や学びに向かう力・人間性等を発揮させたりして、学習の対象となる物事を捉え思考することにより、各教科等の特質に応じた物事を捉える視点や考え方も、豊かで確かなものになっていく。物事を理解するために考えたり、具体的な課題について探究したりするに当たって、思考や探究に必要な道具や手段としての資質・能力の三つの柱が活用・発揮され、その過程で鍛えられていくのが「見方・考え方」であるといえよう」(p.34) というように学力の三つの柱を軸に習得・活用・探究といった学び、授業改善の視点としての「主体的・対話的で深い学び」等と関連付けて「知識・技能の活用」が多く語られている。

　本章では、国語科で学んだことが実生活の場において生きて働く力となるような「主体的・対話的で深い学び」に向けた授業づくりに向けて、「知識・技能」とは何か、「活用」するとはどういうことかについて理解を深めたい。

2　国語科における〔知識及び技能〕の指導事項

　基礎的・基本的な「知識・技能」の習得、活用をなくして「思考力・判断力・表現力等」を育むことはできない。授業の内容が分かった、できたと実感できる授業にとどまらず、授業を通して、言葉による見方・考え方を働かせながら、どのような〔知識及び技能〕を活用して〔思考力・判断力・表現力等〕が身に付いたか、資質・能力の育成を重視する授業づくりが求められている。

　2017・18年告示中学校／高等学校学習指導要領（国語）においては、「言葉による見方、考え方」を働かせて、「国語で正確に理解し適切に表現する資質・能力」を育むことの重要性が述べられている。

　国語で正確に理解し適切に表現するために必要となる資質・能力としては、〔知識及び技能〕〔思考力、判断力、表現力等〕が位置付けられており、〔知識及び技能（(1)「言葉の特徴や使い方」、(2)「情報の扱い方」、(3)「我が国の言語文化」）〕の指導事項を、〔思考力、判断力、表現力等（「話すこと・聞くこと」、「書くこと」、「読むこと」）〕の指導事項と関連付けながら育成していくことが求め

られている。

　例えば、〔思考力・判断力・表現力等〕「読むこと」領域の指導事項イ「場面の展開や登場人物の相互関係、心情の変化などについて、描写を基に捉えること（中学１年）」を育むために、〔知識及び技能〕「(1) 言葉の特徴や使い方」に関する指導事項ウ「事象や行為、心情を表す語句の量を増やすとともに、語句の辞書的な意味と文脈上の意味との関係に注意して話や文章の中で使うことを通して、語感を磨き語彙を豊かにする（中学１年）」と関連付けるなど、〔知識及び技能〕と〔思考力・判断力・表現力等〕を有機的に関連付けることが大切である。

　〔知識及び技能〕の指導事項の構成は、次の通りである。

---

(1)「言葉の特徴や使い方に関する事項」
　　言葉の働き、話し言葉と書き言葉、漢字、語彙、文や文章、言葉遣い、表現の技法、音読、朗読
(2)「情報の扱い方に関する事項」
　　情報と情報との関連、情報の整理
(3)「我が国の言語文化に関する事項」
　　伝統的な言語文化、言葉の由来や変化、書写、読書

　以下、(1)～(3)の事項からいくつかを取り上げ、小・中・高等学校における指導事項を確認しながら系統的な〔思考力・判断力・表現力等〕との関連付けについて考えたい。

(1) 言葉の特徴や使い方に関する事項

　本事項では、例えば、語感を磨き語彙を豊かにするために語句の量を増やすことが指導事項として新設されている「語彙」に関する指導事項に着目したい。「身近なことを表す語句」（小学校低学年 (1) オ）、「様子や行動、気持ちや性格を表す語句」（小学校中学年 (1) オ）、「思考にかかわる語句」（小学校高学年 (1) オ）、「事象や行為、心情を表す語句」（中学１年 (1) ウ）、「抽象的な概念を表す語句」（中学２年 (1) エ）、「理解したり表現したりするための語句」（中学３年 (1) イ）、「実社会において理解したり表現したりするために必

要な語句」(「現代の国語」(1) エ)、「我が国の言語文化に特徴的な語句」(「言語文化」(1) ウ)、「論証したり学術的な学習の基礎を学んだりするために必要な語句」(「論理国語」(1) イ)、「情景の豊かさや心情の機微を表す語句」(「文学国語」(1) イ)、「自分の思いや考えを多彩に表現するために必要な語句」(「国語表現」(1) ウ)、「古典を読むために必要な語句」(「古典探究」(1) ア)というように、系統的に学習者の語句の量を増やすとともに、各領域(〔思考力、判断力、表現力等〕「話すこと・聞くこと」「書くこと」「読むこと」)と関連付け、すべての教科等における資質・能力の育成や学習の基盤となる言語能力を育むことが大切である。

　また、「文や文章」に関する指導事項では、「文の中における主語と述語との関係に気付くこと」(小学校低学年 (1) カ)、「主語と述語との関係、修飾と被修飾との関係、指示する語句と接続する語句の役割、段落の役割について理解すること」(小学校中学年 (1) カ)、「文の中での語句の係り方や語順、文と文との接続関係、話や文章の構成や展開、話や文章の種類とその特徴について理解すること」(小学校高学年 (1) カ)、「単語の類別について理解するとともに、指示する語句と接続する語句の役割について理解を深めること」(中学1年 (1) エ)、「単語の活用、助詞や助動詞などの働き、文の成分の順序や照応など文の構成について理解するとともに、話や文章の構成や展開について理解を深めること」(中学2年 (1) オ)、「話や文章の種類とその特徴について理解を深めること」(中学3年 (1) ウ)、「文、話、文章の効果的な組立て方や接続の仕方について理解すること」(「現代の国語」(1) オ)、「文章の意味は、文脈の中で形成されることを理解すること」(「言語文化」(1) エ)、「文や文章の効果的な組立て方や接続の仕方について理解を深めること」(「論理国語」(1) ウ)、「文章の種類に基づく効果的な段落の構造や論の形式など、文章の構成や展開の仕方について理解を深めること」(「論理国語」(1) エ)、「文学的な文章やそれに関する文章の種類や特徴などについて理解を深めること」(「文学国語」(1) ウ)、「実用的な文章などの種類や特徴、構成や展開の仕方などについて理解を深めること」(「国語表現」(1) エ)、「古典の作品や文章の種類とその特徴について理解を深めること」(「古典探究」(1) イ)、「古典の文の成分の順序や照応、文

章の構成や展開の仕方について理解を深めること」（「古典探究」(1) ウ）とい
った指導事項について、「書くこと」「読むこと」領域との指導事項と関連付け
ながら、どのように文章をよりよく書けたり、より深く読んだりすることがで
きたのか、指導事項を踏まえた授業展開を工夫したい。

(2) 情報の扱い方に関する事項

　本事項では、例えば、「共通、相違、事柄の順序」（小学校低学年 (2) ア）、
「考えとそれを支える理由や事例、全体と中心など」（小学校中学年 (2) ア）、
「原因と結果など」（小学校高学年 (2) ア）、「原因と結果、意見と根拠など」
（中学1年 (2) ア）、「意見と根拠、具体と抽象」（中学2年 (2) ア）、「具体と抽
象など」（中学3年 (2) ア）、「主張と論拠」（「現代の国語」(2) ア）、「主張やそ
の前提や反証など」（「論理国語」(2) ア）といった情報と情報との関係につい
て理解を深める指導事項について系統的に身に付けさせつつ、「話すこと・聞
くこと」「書くこと」「読むこと」と関連付け、どのような情報と情報との関係
に着目して自分の考えを形成したのか学習過程を振り返らせながら学習者自身
に実感させたい。

(3) 我が国の言語文化に関する事項

　本事項では、例えば、「伝統的な言語文化」に関する指導事項、「昔話や神
話・伝承などの読み聞かせを聞くなどして、我が国の伝統的な言語文化に親し
むこと」（小学校低学年 (3) ア）、「易しい文語調の短歌や俳句を音読したり暗
唱したりするなどして、言葉の響きやリズムに親しむこと」（小学校中学年 (3)
ア）、「親しみやすい古文や漢文、近代以降の文語調の文章を音読するなどし
て、言葉の響きやリズムに親しむこと」（小学校高学年 (3) ア）、「音読に必要
な文語のきまりや訓読の仕方を知り、古文や漢文を音読し、古典特有のリズム
を通して、古典の世界に親しむこと」（中学1年 (3) ア）、「作品の特徴を生か
して朗読するなどして、古典の世界に親しむこと」（中学2年 (3) ア）、「歴史
的背景などに注意して古典を読むことを通して、その世界に親しむこと」（中
学3年 (3) ア）、「古典の世界に親しむために、作品や文章の歴史的・文化的

背景などを理解すること」(「言語文化」(3) イ)、「古典の世界に親しむために、古典を読むために必要な文語のきまりや訓読のきまり、古典特有の表現などについて理解すること」(「言語文化」(3) ウ) のように「古典の世界に親しむ」という目的のもとに歴史的仮名遣いや訓読の仕方について理解を深め、「読むこと」領域の指導事項と関連付けて古典そのものの内容理解や言語文化に対する自分の考えを広げたり深めたりしたい。

　また、「読書」では、「読書が、知識や情報を得たり、自分の考えを広げたりすることに役立つことを理解すること」(中学1年 (3) オ)、「本や文章などには、様々な立場や考え方が書かれていることを知り、自分の考えを広げたり深めたりする読書に生かすこと」(中学2年 (3) エ)、「自分の生き方や社会との関わり方を支える読書の意義と効用について理解すること」(中学3年 (3) オ)、「実社会との関わりを考えるための読書の意義と効用について理解を深めること」(「現代の国語」(3) ア)、「我が国の言語文化への理解につながる読書の意義と効用について理解を深めること」(「言語文化」(2) カ)、「新たな考えの構築に資する読書の意義と効用について理解を深めること」(「論理国語」(3) ア)、「人間、社会、自然などに対するものの見方、感じ方、考え方を豊かにする読書の意義と効用について理解を深めること」(「文学国語」(2) イ)、「自分の思いや考えを伝える際の言語表現を豊かにする読書の意義と効用について理解を深めること」(「国語表現」(2) ア)、「先人のものの見方、感じ方、考え方に親しみ、自分のものの見方、感じ方、考え方を豊かにする読書の意義と効用について理解を深めること」(「古典探究」(2) エ) といった指導事項を「読むこと」領域の指導事項と関連付けて生涯読書につながる授業づくりを工夫したい。

3　単元指導計画における〔知識及び技能〕の考え方と実践事例

　ここでは、単元指導計画にあたり、〔知識及び技能〕についての考え方をさまざまな事例を踏まえて検討していきたい。

　2007年度より実施されている全国学力・学習状況調査（小学校第6学年、中

学校第3学年対象）では、「基盤的な学力」として国語の授業で学んだことを他の教科や実生活のさまざまな場面で活用できる「実生活に立脚した学力」が問われている。本調査における「知識」とは、いわゆる漢字の読み書きや作品名を知っている等の知識のみならず、説明の仕方やメモの取り方、司会の仕方の工夫やよさ等、学び方（方法知）等を含む「知識」のことを意味している。学習者自身が言語活動の取り組みの工夫、よさなどの観点を整理して「知識」として習得、「活用」することを通して言語活動を充実させたり、「活用」することを通して「知識」を定着させたりすることが大切である。

　本調査の記述問題では、「話の展開を取り上げて書くこと（2018年中学国語B）」「…図鑑の内容を触れて書くこと（2016年中学国語B）」「【ノート】の内容と結びつけて理由を具体的に書くこと（2015年中学国語B）」のように複数の資料や情報と関連付けて考えを形成する過程が重視されている。また、字数が設定されていることで、理解した内容だけを問う形ではなく、自分の考えや思いを相手や目的に応じて表現を工夫して伝える力も問われている。

　国立教育政策研究所2018年度全国学力・学習状況調査の授業アイデア例「目的に応じて説明的な文章を読む」の事例では、全員が、答えにたどりつく方法・読み方を共有するため、問いに対する答えを書いた後に、「どのようにしてその答えにたどり着いたのか。」という問いを設定したワークシートを工夫している（次頁、**図13-1**参照）。漠然となんとなく読めたというような授業展開ではなく、どのようなところに着目したから読めたのか、その方法知（「知識」）を自覚させることで、今回読んだ文章の内容理解だけでなく、他の文章を読むときにも活用できる汎用的な読む力の育成へとつなげている。

　「主体的・対話的で深い学び」に向けた授業づくりにおいては、内容理解はもちろんのこと、どのようにその内容を理解することができたのか、学び方を振り返りながら、共有し、学びそのものを充実させていくことが重要である。本調査実施以降、公立高校の高校入試や大学入試においてもこうした言語活動の過程を問う問いが出題されるようになってきている。

　例えば、大学入学共通テスト（大学入試センター2023年度本問題）においては、内容把握を中心とした読解問題に加え、複数の資料を関連付けて読む（同

```
┌─────────────────────────────────────────────┐
│ 【一つめの問いの答え】                           │
│  ・その動物の属する種やグループ                  │
│  ・その生物の進化の過程や生息分布                │
├─────────────────────────────────────────────┤
│ どのようにしてその答えにたどり着いたのか。        │
│ ⑴ どの段落に着目したのか。それはなぜか。         │
│  ・4，5段落                                    │
│  ・3段落はネズミ類の歯について述べているだけだが，4，│
│   5段落では動物の歯の化石を比較している。        │
│ ⑵ 答えにたどり着くまでに，⑴の他にどのような内容や言葉に│
│   着目して，どう判断したのか。                   │
│  ・「……比較することで……が分かる」というような書き │
│   方に着目した。                                │
│  ・5段落の中に「……比較すると……」とあるが，これは  │
│   オナガネズミのことだけなので答えではない。       │
└─────────────────────────────────────────────┘
```

図 13-1　ワークシート例

(出所) 文部科学省 (2012)『言語活動の充実に関する指導事例集 (中学校版)』p.19、事例1ワークシートの一部を抜粋

じ文章を引用して論じている文章ⅠとⅡ (大問1)、小説と同時代の資料 (大問2)、歌学書と同じ作者の私歌集 (大問3)、試験の予想問題と模擬答案 (大問4))、複数の資料をもとにした授業における話し合い (大問1、大問3)、読んだことから分かったことを整理した構想メモや考察したことをまとめた文章の穴埋め (大問2) 等、単に内容を理解しているかどうかだけではなく、言語活動の過程が問われ、複数の資料を関連付けて理解した過程や理解した内容を目的に応じて表現する力までが問われている。

　こうした事例を踏まえ、〔知識及び技能〕の習得・活用においては、教科書や教員から与えられた大事だと示された知識をなんとなく理解する展開ではなく、学習者自身が複数の資料 (モデル) から「知識・技能」を分類・整理 (知識を習得) し、活用することを通して、さらに「知識・技能」を更新したり、定着させ、自分の考えを確かなものにしたり、広げたり深めたりすることにつなげたい。

　以下、具体的な実践事例や単元計画から、「知識・技能をどのように活用するか」について検討したい。

　藤倉遼介教諭による実践事例「ものづくり道具図鑑をつくろう〜説明の仕方

を工夫する」（『実践国語研究』2022年）では、国語科の授業において、工業高校ならではの身近な工具や機器類をとりあげ、それらの機能や使い方のコツなどを「ものづくり道具図鑑」としてまとめる学習活動を設定している。「分かりやすい説明の仕方」について、家電の製品取扱説明書等の分かりやすさを評価した「ジャパンマニュアルアワード（一般財団法人テクニカルコミュニケーター協会主催）」の受賞作品、山本健太郎『文房具図鑑』（いろは出版）、高畑正幸『文房具語辞典』（誠文堂新光社）等を参考にして説明の仕方の工夫やその効果を整理させたうえで、工具、機器類の概要説明系、機能説明系、仕組み説明系、手順説明系等、説明する内容に応じてどの表現の仕方が効果的かどうか検討させている。複数の資料から「分かりやすい説明の仕方」についての知識を習得し、目的に応じてそれらの知識を活用する展開を工夫している。また、ICTを活用して作成中のデータはクラウド上に保存、共有し、他の学習者と互いの工夫や意図について交流ができる環境を整えている。友達の活動の取り組みのよさ、工夫を見いだして目的に応じて自分の取り組みに活用することで言語活動の質を高める展開も工夫している。言葉による説明の仕方の工夫に着目して「ものづくり道具図鑑」を作成する中で、改めて工具や機器の機能やよさを再認識したり、言葉を通して技術が受け継がれる経験から、学習者自身の考えの広がりや深まりを実感させている事例といえよう。

　次に、以下の単元計画の例から、知識の活用において〔知識及び技能〕と〔思考力・判断力・表現力等〕の指導事項の関連付けについて検討したい。

単元名：実社会で用いられる語句や語彙の構造及び特色に着目し、それらを効果的に用いて学校案内パンフレットを書こう

1　単元の目標

(1) 実社会において理解したり表現したりするために必要な語句の量を増すとともに、語句や語彙の構造や特色、用法及び表記の仕方などを理解し、話や文章の中で使うことを通して、語感を磨き語彙を豊かにすること。

〔知識及び技能〕(1) エ

(2) 自分の考えや事柄が的確に伝わるよう、根拠の示し方や説明の仕方を考えるとともに、文章の種類や、文体、語句などの表現の仕方を工夫すること。

〔思考力、判断力、表現力等〕B (1) ウ

（3）言葉がもつ価値への認識を深めるとともに、生涯にわたって読書に親しみ自己を向上させ、我が国の言語文化の担い手としての自覚をもち、言葉を通して他者や社会に関わろうとする。　　　　〔学びに向かう力、人間性等〕

2　本単元における言語活動

イ　読み手が必要とする情報に応じて手順書や紹介文などを書いたり、書式を踏まえて案内文や通知文などを書いたりする活動。

（関連：〔思考力・判断力・表現力等〕B（2）イ）

3　本単元における評価規準

知識・技能	思考・判断・表現	主体的に学習に取り組む態度
実社会において理解したり表現したりするために必要な語句の量を増すとともに、語句や語彙の構造や特色、用法及び表記の仕方などを理解し、話や文章の中で使うことを通して、語感を磨き語彙を豊かにしている。（（1）エ）	「書くこと」において、自分の考えや事柄が的確に伝わるよう、根拠の示し方や説明の仕方を考えるとともに、文章の種類や、文体、語句などの表現の仕方を工夫している。（B（1）ウ）	パンフレットを書くことを通して、学習課題にそって語句の構造や特色を踏まえて説明の仕方や表現の仕方を粘り強く工夫し、自らの学習を調整しようとしている。

4　指導と評価の計画（全4単位時間想定）

次	主たる学習活動	評価する内容	評価方法
1	○単元の目標を確認し、学習の見通しをもつ。 ○実社会におけるパンフレットを分析し、効果的な伝え方について考える。	［知識・技能］①	「記述の確認」
2	○読み手を想定して、必要な情報を収集し、目的に応じて情報を取捨選択して構成メモにまとめる。 ○構成メモをもとにグループでそれぞれの説明や語句、表現の意図を説明し、より効果的な伝え方について考える。	［思考・判断・表現］① ［知識・技能］②	「記述の分析」
3	○実社会のパンフレットの分析結果をどのように工夫して説明や表現に用いたか、パンフレット作成解説書を別途作成する。	［思考・判断・表現］②	「記述の分析」

| 4 | ○パンフレットを交流し、説明や表現のよさや工夫を共有する。
○単元の学習で得た気付きをノートに記述し、グループや全体で共有する。 | ［主体的に学習に取り組む態度］ | 「記述の確認」 |

　ここでは、「現代の国語」において、来年度の新入生に向けた学校紹介パンフレットの作成に取り組む活動を設定した。実社会におけるさまざまな自治体や企業等のパンフレットの語句の特色を踏まえた効果的な表現の仕方を分析し（知識の習得）、それらを目的や意図に応じて工夫して活用しながら活動に取り組むとともに、どのように工夫して取り組んだか（知識をどのように活用したか）を説明する「パンフレット作成解説書」を書く活動も設定した。自分の考えや事柄が的確に伝わるように、〔知識及び技能〕(1) エ（語句や語彙の構造の特色を理解し、使う）と〔思考力・判断力・表現力等〕B (1) ウ（文章の説明や表現の工夫）とを関連付け、学習課題に沿った取り組みの工夫や試行錯誤を通して、考えが広がったり深まっていることを学習者自身が実感できる学習過程を重視した授業づくりに取り組むことが大切である。

　「知識・技能」の「活用」は、授業の最後の段階で「これまでに学んだことを生かしてやってみよう」といった応用・発展の位置付けではなく、授業の核として位置付け、「知識・技能」を「習得・活用」することを通して、確かな学力（指導事項）が身に付く学習過程を工夫し、「もっと考えてみたい」といった探究的な学びにつなげる授業づくりを工夫したい。

（本橋　幸康）

課題

1　全国学力・学習状況調査の調査問題を分析し、「知識」を「活用」するとはどういうことか、事例を挙げて説明してみよう。
2　国語の授業で学んだことが実生活の場面（学校生活・他教科での学習など）で生きて働くような事例を挙げ、国語の授業づくりにおいて大切な点について話し合おう。

【引用文献】

国立教育政策研究所「全国学力・学習状況調査解説資料」「同報告書」「同授業アイデア例」（2007〜）

中央教育審議会「幼稚園、小学校、中学校、高等学校及び特別支援学校の学習指導要領等の改善について（答申）」（2008）

中央教育審議会「新しい時代にふさわしい高大接続の実現に向けた高等学校教育、大学教育、大学入学者選抜の一体的改革について〜すべての若者が夢や目標を芽吹かせ、未来に花開かせるために〜（答申）」（2014）

中央教育審議会「幼稚園、小学校、中学校、高等学校及び特別支援　学校の学習指導要領等の改善及び必要な方策等について（答申）」（2016）

藤倉遼介「ものづくり道具図鑑をつくろう〜説明の仕方を工夫する」『実践国語研究』No.370（2022、pp.54-57）

本橋幸康「国語学力観の検討」『早稲田大学国語教育研究』34集（2014、pp.47-54）

【さらなる学びのために】

幸田国広『探究学習―授業実践史を踏まえて―』（溪水社、2020）

本橋幸康「高等学校国語科の探究的な学び」『実践国語研究』No.370（明治図書、2022）

文部科学省『言語活動の充実に関する指導事例集（小学校版）』（2011）・『同（中学校版）』（2012）、『同（高等学校版）』（2014）

横浜国立大学教育人間科学部付属横浜中学校『習得・活用・探求の授業をつくる―PISA型「読解力」を核としたカリキュラム・マネジメント』（2008）

column 書　写

2017 年版中学校学習指導要領

　書写は、小学校および中学校の国語科の中の一分野である。したがって、中学校では国語科の授業内で指導される。

　2017 年版中学校学習指導要領では、書写は各学年とも〔知識及び技能〕の(3)「我が国の言語文化に関する事項」の中に位置付けられている。

　第 1 学年では、「(ア)字形を整え、文字の大きさ、配列などについて理解して、楷書で書くこと。」「(イ)漢字の行書の基礎的な書き方を理解して、身近な文字を行書で書くこと。」の 2 項が示されている。実際に文字を書く場面において字形・大きさ・位置などを適切に判断しながら、楷書で書くことが求められている。漢字の行書の基礎的な書き方とは、直線的な点画の形が丸みを帯びる場合のあること、点や画の方向や止め、はね、払いの形が変わる場合のあること、点や画が連続したり省略されたりする場合のあること、筆順が楷書とは変わる場合のあることなどである。そうしたことを理解したうえで、使用頻度の高い漢字は行書で書くことが求められている。

　第 2 学年では、「(ア)漢字の行書とそれに調和した仮名の書き方を理解して、読みやすく速く書くこと。」「(イ)目的や必要に応じて、楷書又は行書を選んで書くこと。」の 2 項が示されている。漢字の行書の基礎的な書き方を理解（第 1 学年）したうえで、その特徴に調和した仮名の書き方を理解すること、さらに読み手への伝達を意識しながら、速く書くことが求められている。また、各教科の学習や社会生活の場において、書体や筆記具、書式なども含めて、主体的に判断して書くことが求められている。

　第 3 学年では、「(ア)身の回りの多様な表現を通して文字文化の豊かさに触れ、効果的に文字を書くこと。」という 1 項が示されている。手書きの文字をはじめ、活字やデザインされた文字など、多様な書体や字形も社会生活では用いられている。文字文化の豊かさに触れることで、文字の芸術性に関心を向けるようにすることが望ましい。小学校から中学校にかけて身に付けてきた書写の力を総合的に用いて、適切に選択したり書き分けたりすることが求められている。

また、「内容の取扱いについての配慮事項」として、「(ア) 文字を正しく整えて速く書くことができるようにするとともに、書写の能力を学習や生活に役立てる態度を育てるよう配慮すること。」「(イ) 硬筆を使用する書写の指導は各学年で行うこと。」「(ウ) 毛筆を使用する書写の指導は各学年で行い、硬筆による書写の能力の基礎を養うよう指導すること。」「(エ) 書写の指導に配当する授業時数は、第1学年及び第2学年では年間20単位時間程度、第3学年では年間10単位時間程度とすること。」の4点が記されている。

　(イ) と (ウ) では、硬筆と毛筆の指導はすべての学年においてなされることが求められている。(エ) では目安となる授業時数が示されているが、硬筆と毛筆のそれぞれの割合は示されていない。各学校や学習者の実態に応じて、適切に設定する必要がある。

書写の指導

　指導者として、次のような点を頭に置いておくとよい。

1. **姿勢**　効率的に読みやすい文字を書くためには、よい姿勢であることが重要である。姿勢がよくないと、身体の各部に余計な負担がかかったり、疲労を感じたりする原因となる。その結果、集中力を欠いたり、書くという行為に嫌悪感を抱いたりすることがある。
2. **筆記具の持ち方**　姿勢の場合と同様、筆記具の持ち方がよくないと、学習に悪い影響が生じることがある。ただし、手の大きさや筆圧等には個人差があり、小学校以来親しんでいる持ち方を授業内で矯正するのは容易ではない。過度に強制することなく、模範を参考にさせたうえで、最も負担のかからない持ち方を各自が工夫するように支援するのが実際的である。
3. **字形**　漢字を書く場合、そのおよその形を心得ておくと、線をどこまで引くのか、どれほどの空間を取る必要があるのかなどを把握でき、字形を整えやすくなる。字形の例として、正方形（門）、横長（工）、縦長（月）、三角形（上）、逆三角形（守）、ひし形（希）、台形（尾）などがある。ただし、「事」を逆三角形で書いたり、ひし形で書いたりするなど、一つの字が一つの形にのみ該当するとは限らない。
4. **映像資料**　指導用に動画その他の資料を自社のサイトに上げている教科書会社もある。そうしたものを授業に取り入れるのも一法である。

（岩﨑　淳）

14章

新しい時代に求められる国語科教育
―メディア・リテラシー、マルチモーダル・リテラシー

キーワード ICT　クリティカル　構成主義　ソーシャルメディア　ヴィジュアル・リテラシー

1 社会の変化によって希求される国語科の学習

　2017・2018年版学習指導要領は、対応すべき社会的背景を次のように分析して策定されている。その分析とは、近年の社会的状況は「知識・情報・技術をめぐる変化の早さが加速度的となり、情報化やグローバル化といった社会的変化が、人間の予測を超えて進展する」ようになってきている「予測困難な」社会であるというものである（中央教育審議会、2016）。こういった社会に対応できる学習者を育成するために、国語科ではこれまでの学習に加え、どのような取り組みを行っていく必要があるのだろうか。

　本章ではこの問題を、学習指導要領に記載されている記述内容や、諸外国の動向、関連する諸研究を参照しながら、以下の5点に分けて考えていこう。

　1点目は、通信技術の発達や学習者のコミュニケーション状況の変化を背景とした、国語科学習における教材観の拡張や、そこで必要となるリテラシーについてである。2点目は、「情報化やグローバル化」に伴い、多様な背景をもつ人々と効果的なコミュニケーションを行うための、複モード（マルチモーダル）・テクストの学習についてである。3点目は、そのマルチモーダルなテクストを含む学習の過程に焦点を当てた、「学びの過程」を支援し得る枠組みにつ

いてである。後に詳述するように、「予測困難な」社会においては、その学びの過程や方法知が、新たな問題に遭遇した際の探究過程や方法の助けになることが期待されるからである。そして4点目は、1点目から3点目の学習を、「社会生活」や「実社会」といった「社会に開かれた教育課程」(2017・2018年版学習指導要領、前文) として行うという点についてである。最後は、これらの教育やICT教育において学んだ知識や技能を用いて、「何ができるようになるか」までを射程に入れた学びの重要性についてである。この1点目から5点目を、以下の節に分けて検討し、考えていこう。

2 メディア・リテラシーと教材・媒体・リテラシー観の拡張

　上述した社会背景の変化に伴い、学習者の言語生活の変容が国語科において明確に問題視されるようになったのは、1990年代後半である。全国大学国語教育学会は、1996年に「現代の言語環境と国語教育」と題するシンポジウムを開催している。同年は総務省がインターネット普及率の調査を開始し、デジタル・ビデオカメラが普及し始めた年でもある。このシンポジウムを受け、国語科教育では、学習者のより「広い言語生活」や「既成の読書観」からの「解放」の重要性が論じられるようになり、「漫画と読書」、「言葉と映像との相互補完性」、さらには「テレビ・アニメーション享受」における「受け手に起こりうる知的・情的、生理的」作用の検討がより重要視されるようになる。

(1) メディア・リテラシーの定義と基本概念

　こういった背景のなか、日本の国語科教育にもメディア・リテラシー教育の影響がみられるようになる。メディア・リテラシーとは、菅谷明子の定義を参照するならば、「メディアが形作る『現実』を批判的(クリティカル)に読み取るとともに、メディアを使って表現していく能力のことである」(菅谷、2000)。

　ここでいう「メディア (media)」とは、テレビやラジオ、新聞、広告といっ

た情報産業としてのマスメディアだけでなく、手紙や電話、衣服に印刷されたロゴなど、あるメッセージや情報を伝える媒体のことを指している。また、昨今では、Facebook のような SNS や X（旧 Twitter）のようなミニブログ、LINE のようなグループ機能をもったメッセージサービス、動画共有サイトなどのソーシャルメディアも、重要な学習対象として位置付けられている。

　上掲の菅谷の定義で、私たちが特に意識すべき点は、①「メディアが形作る「現実」」を②「批判的（クリティカル）に」読み解くという点、③「メディアを使って表現していく能力」もメディア・リテラシーに含めるという点である。特に①は、イギリスやカナダでメディア・リテラシーの源流が形作られた時期から重視されてきた概念で、カナダ・オンタリオ州教育省が提示した八つの基本概念（1989）[1]にも明示されている。「メディアは現実をそのまま映し出しているのではな」く、ある意図の下に、「特定のオーディエンスに照準を定め」て「選択」され「構成」されている。したがって、メディアを介してもたらされる情報やメッセージは、「コード化され、構成された表象（representation）」であり、これを私たちが②「批判的（クリティカル）に」読み解くことができなければ、こういった表現は私たちにとっての「現実」さえ構成してしまう力をもち得る。現代の学習者と国語科の学習を行う際には、こういった視点を欠くことはできない。

（2）テクスト観、学習観の拡張

　また、先に言及したソーシャルメディアを射程に入れた場合、メディアを単に「メッセージや情報を伝える媒体」ではなく、多様な伝達の実践が「交錯し、抗争し、紡ぎ合わされていく社会的な場」ととらえる動きが広がっている。これに伴い、メディアによってもたらされるテクストも、「さまざまな主体によるテクストの読み替えや紡ぎだしの連鎖」（吉見、2012）ととらえる考え方が提示されている。こういった考え方に立つならば、メディア・リテラシーの教育実践は、テクストの拡散過程やメカニズム、間テクスト性を視野に入れた多層的な検討へと学習の可能性を拡げていくことができる。間テクスト性とは、ジュリア・クリステヴァ（Kristeva, J.）が1969年に提唱した概念で、あら

ゆるテクストは他の複数のテクストや声から対話的・多声的に織り成されるという考え方である。さらに、このような学習によって育成されるリテラシーを、個人内に蓄積される知識や技能としてだけでなく、共同体との関係で構成主義的な学習観に立ってとらえるならば、共同体との関係におけるアイデンティティーや文化に関わる視点からも検討することが可能となる。

国語科におけるメディア・リテラシーの授業実践は、2000 年前後から活発に行われ報告されるようになる。そして、その過程で日本の国語科には、以下のような変化や新たな視点がもたらされるようになった（奥泉、2015）。これまで必ずしも授業で扱われてこなかった漫画や歌謡、広告やゲームといった教材観の拡張、授業で使う媒体の多様化、そして体験してみてその体験を共有資源として学習を展開するワークショップ型の授業開発。こういった実践を通して拡張・獲得してきた視点や考え方を、今後どう発展的に国語科の授業に生かしていくかが問われている。

3 マルチモーダル・テクストの学習とヴィジュアル・リテラシー

先述の「情報化やグローバル化」に伴い、多様な背景をもつ人々と効果的な情報のやり取りを行うためには、言葉だけでなく、これまで以上に図表や絵、写真、動画といった複数のモードを組み合わせたマルチモーダルなテクストの学習が求められている。そこで本節では、その中でも読み解き・発信能力であるヴィジュアル・リテラシーに焦点を当てて考えてみよう。

2017 年版学習指導要領（中学校・国語）では、例えば〔思考力，判断力，表現力等〕における 1 学年の B「書くこと」(2) アにおいて、「本や資料から文章や図表などを引用して説明したり記録したりするなど，事実やそれを基に考えたことを書く活動」を通して行う学習が提示されている。また、2 学年の C「読むこと」(1) ウでは、「文章と図表などを結び付け，その関係を踏まえて内容を解釈すること」が記述されている。

さらに高等学校では、例えば「現代の国語」における〔思考力，判断力，表

現力等〕のＣ「読むこと」(1) イにおいて、「目的に応じて，文章や図表など
に含まれている情報を相互に関係付けながら，内容や書き手の意図を解釈した
り，文章の構成や論理の展開などについて評価したりするとともに，自分の考
えを深めること」が記述されている。また、「文学国語」のＢ「読むこと」(2)
ウにおいても、「小説を，脚本や絵本などの他の形式の作品に書き換える活動」
や、エにおいて「演劇や映画の作品と基になった作品とを比較して，批評文や
紹介文などをまとめる活動」を通した学習等が提示されている。

　こういった学習内容を、これまで以上に明示的に国語科において行っていく
ためには、中学校・高等学校といった学校間の接続を考慮に入れ、どのような
点を押さえていけばよいのだろうか。その視点を得るため、先行する諸外国の
取り組みを参照してみよう。

（1）諸外国の取り組みから考察する、ヴィジュアル・リテラシーの学習 内容と記述枠組み

　本節の冒頭で述べた「情報化やグローバル化」、およびそれに伴う「多様な
背景をもつ人々」との視覚的なテクストを活用した「効果的」なコミュニケー
ションの学習は、いうまでもなく我が国だけに求められているわけではない。
したがって、以下に示すような国や地域においても、20 世紀末からさまざま
な取り組みが行われてきている。

　こういった学習の基盤となる視覚的な能力を、テレビが一般家庭に普及す
るなか、1968 年にアメリカ人の映像教育研究者ディブズ（Debes, J.L.）は、「ヴ
ィジュアル・リテラシー」という語を当てて研究を行うようになる（小笠原、
2003）。しかし、その具体的な学習内容が、言語教育の文脈において語られる
ようになったのは、1980 年代からの英語圏を中心としたカリキュラム改革の
中においてであった。

　当該学習内容が、これまでどういった枠組みの中にどのように整理・記述さ
れてきたのかを、いくつかの国や州の取り組みから参照してみよう。まず、初
めて母語教育のカリキュラムに、ヴィジュアル・リテラシーの学習内容を導
入した英国（イングランドおよびウェールズ）の取り組みを見てみよう。英国で

は、1988 年の教育改革法によって 1989 年にナショナル・カリキュラムが編成され、その際に 11 歳以降の中等教育から、「読むこと」の対象テクストの一種類として、「メディアと動画テクスト」が位置付けられた。同国では 1999 年の改訂版で、中等教育に加え、5 歳から始まるキーステージ 1、および 7 歳から始まるキーステージ 2 においても、扱うテクストの項に、「連続的テクストと関連するイラストを含む印刷物、ICT（情報通信技術）に基づく情報テクスト（含むインターネット）」、「新聞、雑誌、リーフレット、パンフレット、広告」の学習が明示的に記述された（DfES, 1999）。英国では、この後度重なるナショナル・カリキュラムの改訂の中で、これらの学習内容の多くは、現在では中等教育以降のメディア・リテラシー関連の選択科目に記述されている。しかし、この英国の取り組みから、母語教育において「扱うテクスト」の種類を上述のように拡張・工夫することによって、文章から成る「連続的テクスト」と同様に、あるいはそれらと組み合わせて、視覚的テクストの学習を国語科で、系統的に行えることが改めて確認できる。

　また、カナダ（オンタリオ州）やアメリカ合衆国、オーストラリア連邦（西オーストラリア州、以下 WA 州）の先行する取り組みからは、さらに当該学習の具体的な内容や、編成の枠組みを参照・検討することができる。これらの国や州では、上述の英国とは異なり、母語教育のカリキュラムに、「読むこと」や「書くこと」といった領域の一つとして、「見ること」や「見せること」といったヴィジュアル・リテラシーの学習内容を記述する領域が設定されたからである。例えば、カナダ（オンタリオ州）では、1995 年に第 1 学年から第 6 学年まで「見ることと見せること」という領域が導入され、1997 年改訂版では「口頭・視覚的コミュニケーション」領域として、「メディアに関連する分析的でクリティカルな思考」のスキルとともに、8 段階に分けた詳細な記述が提示された。また、アメリカ合衆国では、1996 年に国際読書学会（International Reading Association、現在は国際リテラシー学会と改称）と全米英語教師協会（National Council of Teachers of English）によって「スタンダード」が策定され、その中に「見ること」と「視覚的に表象すること」という項目が設定された。さらに、オーストラリア連邦（WA 州）では、1998 年に我が国の国語科に相当

する科目の「カリキュラム・フレームワーク」において、世界で初めて就学前から 12 学年まで、包括的な枠組みで「見ること」領域が整理・策定された（石附・笹森、2001）。

　これらの国や州のカリキュラムは、その後の度重なる改訂の中で、上述の記述の枠組みは形を変えている。カナダでは 2006 年以降、母語教育の課程に 4 領域の一つとして「メディア・リテラシー」という下位領域を設定し、その中で当該学習内容は再編成されている。また、アメリカ合衆国においては、2010 年から全米州教育長協議会（Council of Chief State School Officers）と全米知事会（National Governors Association Center for Best Practices）によって「スタンダード」が策定されるようになり、現在では「見ること」と「視覚的に表象すること」といった枠組みは設けられず、ヴィジュアル・リテラシーの内容は「読むこと」の下位枠組みの中に記述されている。同様に、オーストラリア連邦（WA 州）でも、2014 年以降は全州共通のナショナル・カリキュラムが策定され、従来の「見ること」領域は姿を消して、当該学習内容はすべての領域にちりばめられる形で記述されるようになっている。

（2）英語圏での取り組みから得られるヴィジュアル・リテラシー学習の観点

　上で見てきたような、各国や州の先行する取り組みや試行錯誤のプロセスを参照することによって、私たちは我が国の国語科におけるヴィジュアル・リテラシーの学習を考えるための枠組みや観点を得ることができる。その枠組みや観点とは、次のように考えることができる。

A．ヴィジュアル・リテラシーの学習は、「読むこと」や「聞くこと」といった受信の過程に関わる学習と、「書くこと」や「話すこと」といった発信の過程に関わる学習の双方と連携して展開することが必要である。

B．当該学習では、新聞や雑誌、リーフレットやパンフレット、広告等の紙媒体や、インターネットを含む電子媒体、さらには口頭・視覚的コミュニケーションといった広範な媒体を意識した学習が必要である。

C．当該学習には、視覚的な表象を介した学習が含まれる。表象とは、ホール

（Hall, S.）によって、次のように定義された概念である。それは、「同じ文化に属する成員間において、意味を構築したりやり取りしたりする過程における、中核的な各人の頭の中にあるもの」と定義されている（Hall et al., 1980, p.15）。そして、その表象の分析で重要な役割を果たすのが、視覚的なテクストに包含されている色や形といった要素や、テクスト中の対象における服装や表情、しぐさ、持ち物等の社会的機能やその意味である。もちろん、これらは人以外の動物や建物、場所等においても同様に分析することができる。

D．当該学習では、メディアに関連する内容や、批判的な思考が含まれる。

（3）我が国での応用

　以上の枠組みや観点から、本節の冒頭ですべて列挙しきれなかった、我が国の 2018 年版学習指導要領（高等学校・国語）において記述されている当該関連学習内容を検討してみよう。

　2018 年版学習指導要領では、ヴィジュアル・リテラシーに対応する学習内容は、次の「必履修教科・科目」毎に記載されているため、それに沿って該当する記述をすべて拾い出し、以下に列記する。

・「現代の国語」では、〔思考力、判断力、表現力等〕のＣ「読むこと」(1) イにおいて、「目的に応じて、文章や図表などに含まれている情報を相互に関係付けながら、内容や書き手の意図を解釈したり、文章の構成や論理の展開などについて評価したりするとともに、自分の考えを深めること」が記述されている。そして同じくＣ「読むこと」(2) イにおいては、こういった内容が「異なる形式で書かれた複数の文章や、図表等を伴う文章を読み、理解したことや解釈したことをまとめて発表したり、他の形式の文章に書き換えたりする活動」を通して提示されている。

・「文学国語」では、Ｂ「読むこと」(2) ウにおいて、「小説を、脚本や絵本などの他の形式の作品に書き換える活動」や、エにおいて「演劇や映画の作品と基になった作品とを比較して、批評文や紹介文などをまとめる活動」を通した学習が示されている。

・「国語表現」では、Ａ「話すこと・聞くこと」の（2）ウで「異なる世代の人や初対面の人にインタビューをしたり，報道や記録の映像などを見たり聞いたりしたことをまとめて，発表する活動」を通した学習が提示されている。また、（2）オでは「設定した題材について調べたことを、図表や画像なども用いながら発表資料にまとめ、聴衆に対して説明する活動」を通した学習も示されている。さらに、Ｂ「書くこと」では、（2）イにおいて「文章と図表や画像などを関係付けながら、企画書や報告書などを作成する活動」や、ウ「説明書や報告書の内容を，目的や読み手に応じて再構成し，広報資料などの別の形式に書き換える活動」を通した学習が提示されている。

・「内容の取扱い」においては、（3）で教材について、「必要に応じて、音声や画像の資料などを用いることができること」が記述されている。

　これら我が国の学習指導要領に記載されている当該学習内容を、先の諸外国の取り組みから得た枠組みや観点から眺め直し、その学習の種類や質をさらに考察してみよう。

　先のＡの観点から上掲の学習内容を眺め直してみると、「現代の国語」や「文学国語」では「読むこと」、「国語表現」では「インタビュー」や「報道や記録の映像などを見たり聞いたり」した受信過程と関連させて、当該学習を展開させる型が多いことが分かる。しかし、同時に我が国の国語科で目指されているのは、その受信を基に「理解したことや解釈したことをまとめて発表」したり、「他の形式の文章に書き換え」たりする発信と組み合わせた学習であることにも気付く。また、Ｂの学習媒体の種類といった観点から上掲の学習指導要領の内容を検討してみると、「図表等を伴う文章」や小説、脚本、絵本、さらには「演劇や映画」、「報道や記録の映像」、「企画書や報告書」、「広報資料」と、広範な種類の媒体を網羅する形で記述されていることが理解できる。さらに、Ｃの「視覚的な表象を介した学習」といった観点から見ると、「文学国語」における小説や演劇、映画の批評文の作成や、異なる「形式の作品への書き換え」、さらには「国語表現」における「報道や記録の映像」を観ての発表学習等において、視覚的な表象を介した学習の可能性が展開できることが分か

る。最後にＤの「メディアに関連する内容や、批判的な思考」を意識した学習については、「目的や読み手に応じて再構成」する学習や、「他の形式の作品に書き換える活動」において、学習を深めていける可能性を見いだすことができる。特に、文章から絵や映像に、またその逆に書き換える学習の過程では、各々のテクストの特徴や限界を検討・学習させることができる。このように、先行する英語圏での取り組みから得た観点と関わらせて、学習指導要領に記述された内容を検討してみると、その要点や他の学習との関係をより明確に理解し意識することができる。

4 「学びの過程」を重視した、社会に開かれた学習

　本章の冒頭で言及した「予測困難な」社会においては、学習する内容だけでなく、その学びの過程や学びの方法知が重要な学習対象となる。それは、予測困難な新たな状況や問題に遭遇した際に、学習した探究過程や方法を活用して、状況分析を基にした課題を自ら整理・設定し、その解決に向けた道筋を作っていく助けとすることができるからである。本章で言及してきたヴィジュアル・リテラシーの学習についても、同様のとらえ方をすることができる。

（1）「学びの過程」を支援する学習の枠組み

　視覚的テクストを読み解いたり発信したりする学習過程において、昨今英語圏を中心に、SF-MDA（systemic functional approach to multimodal discourse analysis）と呼ばれる枠組みが、言語教育で取り入れられている。絵や写真のようなテクストから意味を読み解いていく場合、その方法では節を単位として機能文法を援用して行う。例えば、一人の女の子が道を歩いている絵を読み解いていく場合には、次のようにその視覚的テクストから意味を取り出し言語化していく。「女の子が、道を歩いている。」[2]、「女の子の髪は、長い。」といった具合にである。この方法によって、視覚的テクストの中に表現されている出来事や事物を、使用する動詞の種類によって、次の6種類に読み解き言語化していくことができる。①物の発生や変化等に関わる過程、②心身の活動に関わる過

程、③物や人の存在に関わる過程、④物や人の同定、属性に関わる過程、⑤思考や感情等に関わる過程、⑥発言に関わる過程の6種類である。そして、この方法によって、さまざまな視覚的テクストから意味の単位を揃えて読み解いていくことが可能となり、そのことによって、例えば写真と図、あるいはそれらと文章との関係が検討しやすくなる。

　もちろん、この方法だけが唯一の正当な方法というわけではない。しかし、この例で見たように、視覚的テクストから意味の単位を揃えて言語化し取り出すという方法や、その具体的な活用過程を明示的に学習することによって、学習者は、情報化社会の中で新たに遭遇する他の視覚的テクストからも、この方法や学びの過程を活用して、意味を読み解いていくことができるようになる。

(2) 社会に開かれた学習の重視

　さらに、上記のような学びの過程は、中・高の学習指導要領（国語）において、実社会に結び付き「社会に開かれた教育課程」であることが希求されている。このことは、中央教育審議会の答申においても、次のように述べられている。望ましい学習者の姿として、「様々な情報や出来事を受け止め、主体的に判断しながら、自分を社会の中でどのように位置付け、社会をどう描くかを考え、他者と一緒に生き、課題を解決していくための力の育成が社会的な要請となっている」という記述である（中央教育審議会、2016）。

　このためには、テクストの検討や学習を、次の3種類のレベルを往還する形で行う必要がある。その3種類のレベルとは、フェアクロフ（Fairclough, 2001, p.162）が提示した枠組みを基盤として、**図14-1**のように表すことができる。

　そして、視覚的なテクストの学習においても、図14-1の①におけるテクストのレベルだけでなく、②の解釈過程やテクスト生産の過程において、生産者と解釈者との相互交渉のレベルや、それらのテクストが生産されたり解釈されたりする③の社会的文脈のレベルでの検討・学習が、これまで以上に必要となっている。学習指導要領においても、③の社会的文脈は、小学校では「日常生活」、中学校では「社会生活」、そして高等学校になると「生涯にわたる社会生活」と、その範囲を時間軸も含め拡張して位置付けている。

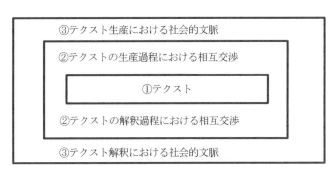

図 14-1　テクスト検討のための 3 種類のレベル

5　ICT 活用による、対話的な深い学びの支援

　本章の最後に、5 点目の ICT 活用を通した学びの充実について考えてみよう。教育における情報化や ICT（Information and Communication Technology）活用は、2011 年度から 2013 年度まで行われた「学びのイノベーション事業」という文部科学省の実証研究を契機に、「新たな学び」を目指してより一層取り組まれてきた。この研究報告でも言及されているように、コンピュータやタブレット端末等の活用は、個に対応した個別学習や協働学習、一斉指導と多様な形態の学習を支援できる可能性を有している。

　日本教育工学会（2018）では、こういった流れを受けて、ICT 活用の場面を情報検索や収集場面に限らず、協働学習や対話場面との親和性に焦点を当てて、活用する方向性を提示・推進している。例えば、話し合い活動におけるタブレット端末等を活用した「見せながら説明・協議・発表する」学習は、口頭での話し合いだけよりも学習者間で共通の基盤を確認しやすく、対話的な学びの促進につながると報告している。これは、まさに 3 節で参照した英語圏で取り組まれてきた「見せること」の学習の応用となる。また、この話し合い過程におけるデジタル資料への書き込みや印付けについても、容易に消したり書き直したりすることが可能なことから、紙媒体よりも気軽に試行錯誤が可能だと答えた学習者の反応を報告している。さらに、遠隔地に在る学習者とのオンラ

イン上での対話は、前節で検討した社会的文脈を拡げることを助け、1節2節で言及した多様な相手とのコミュニケーションの機会を促進することが期待できる。こういった視覚的テクストの提示・共有や、対話的な学びの観点から、さらに ICT 活用の場面や方法を検討していく価値は十分にある。

（奥泉　香）

課題

1　教科書の中から文学教材を一つ選び、その一場面を絵と言葉で表現してみよう。そして、絵と言葉それぞれの表現における特徴や制限について、話し合ってみよう。
2　タブレット端末の機能を一つ挙げ、その機能を有効活用した国語科学習の例を考え話し合ってみよう。

〔注〕

1）八つの基本概念とは、以下の①〜⑧である。

①メディアはすべて構成されている。②メディアは「現実」を構成する。③オーディエンスがメディアを解釈し、意味をつくりだす。④メディアは商業的意味をもつ。⑤メディアはものの考え方（イデオロギー）や価値観を伝えている。⑥メディアは社会的、政治的意味をもつ。⑦メディアは独自の様式、芸術性、技法、きまり／約束事（convention）をもつ。⑧クリティカルにメディアを読むことは、創造性を高め、多様な形態でコミュニケーションをつくりだすことへとつながる。Ontario Ministry of Education, *Media Literacy Resource Guide*, Toronto: Ontario Ministry of Education, 1989.

2）厳密には、「道を」は「状況要素」と規定されている。

【引用文献】

石附実・笹森健『オーストラリア・ニュージーランドの教育』（東信堂、2001）

小笠原喜康『Peirce 記号論による Visual 記号の概念再構成とその教育的意義』（紫峰図書、2003）

奥泉香「メディア・リテラシー教育の実践が国語科にもたらした地平」浜本純逸監修、奥泉香編著『メディア・リテラシーの教育─理論と実践の歩み』（溪水社、

　2015、pp.5-18）

菅谷明子『メディア・リテラシー』（岩波書店、2000）

中央教育審議会「幼稚園、小学校、中学校、高等学校及び特別支援学校の学習指導
　要領等の改善及び必要な方策等について（答申）」（2016年12月21日）

日本教育工学会監修『初等中等教育におけるICT活用』（ミネルヴァ書房、2018）

吉見俊哉『メディア文化論―メディアを学ぶ人のための15話』（有斐閣、2012）

Debes, J.L., Some foundations for visual literacy. *Audiovisual Instruction*, 13(9),
　1968, pp.961-964.

DfES, *The National Curriculum: Handbook for primary teachers in England*, 1999.

Fairclough, N., *Language and Power*, 2ed. N Y: Longman, 2001.

Hall, S. et al.（Eds.）, *Culture, Media, Language : Working Papers in Cultural Studies,
　1972-79（Cultural Studies Birmingham）*, NY : Routledge, 1980.

【さらなる学びのために】

シルバーブラット, A. ほか著、安田尚監訳『メディア・リテラシーの方法』（リベル
　タ出版、2001）

バッキンガム, D. 著、鈴木みどり監訳『メディア・リテラシー教育―学びと現代文
　化』（世界思想社、2006）

浜本純逸監修、奥泉香編著『メディア・リテラシーの教育―理論と実践の歩み』（溪
　水社、2015）

15章
国語科教育の課題と展望

キーワード　資質・能力の育成　カリキュラム・マネジメント
高校国語科の科目再編　探究的な学び

1 時代・社会の変化と国語科教育

　教育のあり方は、時代・社会の変化と連動している。1900（明治33）年に教科としての枠組みを得た国語科もまた、日本の近代化の歩みとともに常に自らの輪郭を鮮明にしようと試みてきた。そして、未曾有の困難・課題に世界規模で立ち向かわなければならない今日では、持続可能なグローバル社会の進展に対応可能な国語科へと、その輪郭を大きく変えようとしている。OECD のキー・コンピテンシーに代表される汎用的能力の育成は、国境を越えて目指すべき教育の方向として世界中の視線が注がれているところである。

　本章では、これからの日本の教育、とりわけ国語科教育がどのような姿へと変貌する可能性があるかについて、中央教育審議会（以下、中教審と略記）「幼稚園、小学校、中学校、高等学校及び特別支援学校の学習指導要領等の改善及び必要な方策等について（答申）」(2016)（以下、「答申」と略記）を参照しながら、今日的な課題を炙り出すとともに、これからの国語科像を展望してみたい。

2 現状と課題
―中教審「答申」に示されたいくつかのポイント

　「答申」に先立つ、中教審の「論点整理」では、学習指導要領の 2008・2009

年改訂の成果と次期改訂に向けた課題を整理する中で、「これまでの学習指導要領は、知識や技能の内容に沿って教科等ごとには体系化されているが、今後はさらに、教育課程全体で子供にどういった力を育むのかという観点から、教科等を越えた視点を持ちつつ、それぞれの教科等を学ぶことによってどういった力が身に付き、それが教育課程全体の中でどのような意義を持つのかを整理し、教育課程の全体構造を明らかにしていくことが重要となってくる」として、「育成すべき資質・能力」の明確化とカリキュラム・マネジメントを教育課程全体の重要課題とした。これは、前回改訂の基本方針である「言語活動の充実」が各教科等の垣根を越えて具体的に展開され、「一定の成果」を見たことの上に立った、端的な総括といえる。

　以下、こうした議論を経てまとめられた「答申」の中の①資質・能力の育成、②主体的・対話的で、深い学び（アクティブ・ラーニング）、③カリキュラム・マネジメントの三つについてやや詳しく取り上げるとともに、探究的な学びとの関連も視野に入れながら現状の課題について整理しておきたい。

(1) 資質・能力の育成

　PISA 2003 以降、中心課題とされた活用型の学習プロセスと、「思考力、判断力、表現力等」の育成が注目されている。そして、そのための「言語活動の充実」という方針により、2008・2009 年の学習指導要領改訂が行われた。PISA ショックといわれ注目された「読解リテラシー」の順位はこの間、PISA 2009、2012 と V 字回復を遂げ、日本の生徒の「読解力」は「世界的にみて高い水準にある」といわれるようにもなった。

　こうした成果を受け、中教審はさらに高いステップに進むために新しい時代に必要となる「資質・能力の育成」を掲げ、「何を学ぶか」だけでなく「何ができるようになるか」、さらには「どのように学ぶか」を 2017・2018 年改訂の視点に据えた。このうち「何ができるようになるか」では、「個別の知識・技能」と「思考力・判断力・表現力等」、「人間性や学びに向かう力等」の三本柱を各教科等において具体化していくことになる。

　そのための国語科の課題については、特に高等学校においては、「教材の読

み取りが指導の中心になることが多く、国語による主体的な表現等が重視された授業が十分行われていないこと、話合いや論述などの「話すこと・聞くこと」、「書くこと」の領域の学習が十分に行われていないこと、古典の学習について、日本人として大切にしてきた言語文化を積極的に享受して社会や自分との関わりの中でそれらを生かしていくという観点が弱く、学習意欲が高まらないこと」を挙げている。

(2) 主体的・対話的で深い学び（アクティブ・ラーニング）

　「答申」では、アクティブ・ラーニングを、不断の授業改善の視点として位置付け、「主体的・対話的で深い学び」と言い換えている。「主体的・対話的で深い学び」の実現とは、特定の指導方法のことでも、教師の意図性を否定することでもなく、教師が教えることにしっかりと関わり、子どもたちに求められる資質・能力を育むために必要な学びの在り方を絶え間なく考え、授業の工夫・改善を重ねていくことである、としている。

　教師の解説を聞き、ノートをとり、暗記して試験に臨む、受動的で静的な学習だけではなかなか難しい。つまり、質の高い深い学びをいかに保証するかという点にこそ、近年アクティブ・ラーニングが強調される理由があった。

　したがって、アクティブ・ラーニングを、単に形のうえでのアクティブな（活動的な）学習ととらえたり、教員の授業技術改善ととらえるだけでは不十分なのである。しかし、ともするとアクティブ・ラーニングという用語のみが一人歩きし、単純に活動型授業への転換だと受け止められたり、保守的な教員に授業改善を迫るときの決まり文句のように受け取られたりしかねない現状がある。2015 年の中教審「論点整理」においても、すでにそうした危惧について触れられており、特に、「特定の学習指導の「型」や指導方法に拘泥することではない」と注意が喚起されていた。また、講義型の授業を全否定しているわけでもない。「一斉授業」や「先生の説明」だけでなく、「ペアで意見交換する」「ホワイトボードを使ってはなし合う」「ポスターなどを使って発表する」といったさまざまな「言語活動」を工夫することで学習指導の構造を多様化し、質の高い深い学びを引き出すことこそがアクティブ・ラーニングを強調す

る眼目であった。

　したがって、今回「主体的・対話的で深い学び」と言い換えられたアクティブ・ラーニングは 2008・2009 年改訂の「言語活動の充実」の成果の延長上にある。全国学力学習状況調査における B 問題や、活用型の授業実践等、ここ十年間の取り組みとその成果に裏打ちされた方針と見ることができる。

　指導のあり方だけでなく評価のあり方についても、「指導と評価の一体化」や観点別評価の徹底の視座から検討がなされており、アクティブ・ラーニングとの兼ね合いで、パフォーマンス評価やルーブリック、ポートフォリオといった新しい評価法についても、これからの国語科教員に必須の事項となっている。

(3) カリキュラム・マネジメント

　教育目標を実現するために、どのような教育課程を編成し、どのように実施・評価・改善していくのかという各学校の主体的な営みが、カリキュラム・マネジメントである。これは、従来からの教育課程編成上の大原則でもあるのだが、このことが強調されるのは、「学習指導要領の構造化」を志向しているためである。

　これからの時代に求められる「資質・能力の育成」には、各教科固有の学習とともに、教科横断的な視点の学習が求められている。したがって、各教科の学習はもとより、教科間のつながり、相互の関連を図る視座が必要となる。すなわち、全体と部分を往還する教育課程の動脈を確保するねらいである。

　このことを国語科を軸に考えると次のようになる。

　「主体的・対話的で深い学び」の実現においては、話し合いや発表、メモやレポートといった言語活動を学習指導のツールとし、これらを効果的に組織することが求められる。いうまでもなく、これらの言語活動それ自体は、国語科が教科内容とするものでもある。他教科等では、それらを手段として活用し、教科等のねらいを実現していくことができる。とすれば、国語科の役割が重要であり、特に「話すこと・聞くこと」「書くこと」といった領域の指導が十分に機能している前提が必要となる。ところが、先に見た通り国語科の現状で

は、特に高等学校において「話すこと・聞くこと」「書くこと」の学習が十分に行われていない。小学校・中学校では、一定の成果があり、これを引き継ぎ社会人として必要な言語の力を開花させるためには、高等学校国語科の役割はきわめて重要となる。

だが、これは高等学校国語科の教員の国語科教育観と結びつく根深い問題である。例えば、旧課程における必修科目の「国語総合」を、現代文と古典の総合科目だと誤解しているケースや、小説読解の中での登場人物についての「話し合い」や、評論を読解してその要約文をノートにまとめさせることをもって、「話すこと・聞くこと」「書くこと」領域の学習だととらえているケースが見られた。これらは、国語科内のカリキュラム・マネジメントが不徹底である証であり、このような現状では他教科等での言語活動もうまくいかないばかりか、国語科の存在意義も問われかねないのである。

従来、高等学校は大学入試が現実的な準拠枠となって、教育課程や各教科内容を規定してきた傾向がある。大学入試センター試験から衣替えした大学入学共通テストでは、「思考力、判断力、表現力等」を重視した新傾向の出題が続いており、各大学の個別入試においても記述式の導入を含めて「資質・能力」を測る入試方法が工夫されている。新しい時代に求められる「資質・能力」を、初等中等教育段階で十分に育んでいくためには、知識の暗記力に頼る大学入試は大きな壁であった。この点にメスが入ることで、高等学校国語科もようやく時代や社会の求めと正対した教育に本腰が入れられるときがきたといっていいだろう。

3 高等学校国語科の新科目と探究的な学び

（1）高校新科目の構成

「答申」を受け、小学校、中学校の学習指導要領が 2017 年 3 月に告示された。目標や内容の示し方が大きく変わり、従来以上に系統性が細かく考えられたものとなった。

しかし、その翌年に改訂された高等学校版は抜本的な変更を伴うものとして

告示された。現行科目で継続するのは「国語表現」のみとなり、しかも共通必履修科目も、旧課程の「国語総合」を改め、「現代の国語」および「言語文化」という二つの科目となった。高校国語教育史上稀にみる大規模な改編である。

各科目の概要を以下に示す（◎共通必履修科目、○選択科目）。

◎現代の国語……実社会における国語による諸活動に必要な資質・能力を育成する科目

◎言語文化……上代から近現代に受け継がれてきた我が国の言語文化への理解を深める科目

○論理国語……実社会において必要になる、論理的に書いたり批判的に読んだりする力の育成を重視した科目

○文学国語……深く共感したり豊かに想像したりして、書いたり読んだりする力の育成を重視した科目

○国語表現……実社会において必要となる、他者との多様な関わりの中で伝えあう力の育成を重視した科目

○古典探究……生涯にわたって古典に親しむことができるよう、我が国の伝統的な言語文化への理解を深める科目

このうち、共通必履修科目の「現代の国語」と「言語文化」について、やや詳しくその特徴を指摘しておきたい。

「現代の国語」は、3領域を要する総合的な科目だが、標準配当時間は、

「話すこと・聞くこと」20－30時間

「書くこと」30－40時間

「読むこと」10－20時間

となっており、従来課題視されてきた「話すこと・聞くこと」「書くこと」を重視していることが分かる。特徴的な指導事項として、次のようなものが挙げられる。

「話すこと・聞くこと」(1)

ウ　話し言葉の特徴を踏まえて話したり，場の状況に応じて資料や機器を効果的に用いたりするなど，相手の理解が得られるように表現を工夫すること。

「書くこと」(1)

　ウ　自分の考えや事柄が的確に伝わるよう，根拠の示し方や説明の仕方を考えるとともに，文章の種類や，文体，語句などの表現の仕方を工夫すること。

「読むこと」(1)

　イ　目的に応じて，文章や図表などに含まれている情報を相互に関係付けながら，内容や書き手の意図を解釈したり，文章の構成や論理の展開などについて評価したりするとともに，自分の考えを深めること。

　また、教材については、「内容の〔思考力，判断力，表現力等〕の「C読むこと」の教材は，現代の社会生活に必要とされる論理的な文章及び実用的な文章とすること。」とある通り、小説や詩などは対象外となることからも、従来の「現代文」とは異なることが分かるだろう。

　一方、「言語文化」は、「書くこと」と「読むこと」の二領域からなり、標準配当時間は、

　「書くこと」5-10時間

　「読むこと」60-65時間

となっている。「読むこと」に圧倒的な比重があることが分かる。特徴的な指導事項として、次のようなものが挙げられる。

「読むこと」(1)

　エ　作品や文章の成立した背景や他の作品などとの関係を踏まえ，内容の解釈を深めること。

　オ　作品の内容や解釈を踏まえ，自分のものの見方，感じ方，考え方を深め，我が国の言語文化について自分の考えをもつこと。

　また、教材については、「内容の〔思考力，判断力，表現力等〕の「B読むこと」の教材は，古典及び近代以降の文章とし，日本漢文，近代以降の文語文や漢詩文などを含めるとともに，我が国の言語文化への理解を深める学習に資するよう，我が国の伝統と文化や古典に関連する近代以降の文章を取り上げること。」とある通り、従来の「古典」とは異なり、時間軸の中で、作品の成立の背景や変遷、複数作品の関係性をとらえながら、言語文化について考察していく科目となっていることが分かる。

このように、二つの共通必履修科目はそれぞれ性格を異にした新科目であり、これまで高校国語科の課題として指摘されてきた弱点を克服し、これから先の半世紀を見据えて必要とされる国語の能力を身に付けるための新しい枠組みとして提案されたものである。

(2) 探究的な学びの創造と国語科の役割

1998・1999年改訂の学習指導要領において創設された「総合的な学習の時間」が、高等学校の2018年の改訂では、「総合的な探究の時間」に名称が変更されるとともに、教育課程においてその位置付けがより一層重視されることとなった。「予測困難な時代」に求められる学習の質が、答えのない課題に立ち向かい、課題を解決したり、価値を創造したりすることにあるため、従来の知識の詰め込みと内容理解、暗記とペーパーテストによる評価というサイクルだけでは十分に対応できない。そこで、中学の総合、高校の探究の時間は、各教科の学びによって育成した活用力を統合する場として、重視されることとなった。

探究的な学びは、図15-1のような学習プロセスをもち、スパイラルに展開する。「課題の設定」→「情報の収集」→「整理・分析」→「まとめ・表現」もけっして一方通行ではなく、行ったり来たりを繰り返しながら試行錯誤を伴いつつ展開する。そこに、「探究」の実質が生まれる。

また、高校においては探究の時間だけでなく、国語科の古典探究をはじめ、日本史探究、理数探究等、各教科で探究の名称がつく科目が新設された。さらに、文学国語や論理国語においても、「B（1）キ　設定した題材に関連する複数の作品などを基に、自分のものの見方、感じ方、考え方を深めること」（文学国語）、「B（1）キ　設定した題材に関連する複数の文章や資料を基に、必要な情報を関係付けて自分の考えを広げたり深めたりすること」（論理国語）等、探究的な学びを示唆する指導事項が配置されている。

以上の通り、日本の教育のこれからを示すキーワードとして「探究的な学び」が存在感を増している。ここで留意したいのは、国語科に求められている役割の大きさについてである。

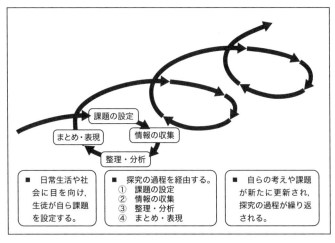

図 15-1　探究的な学び

（出所）文部科学省「高等学校学習指導要領（平成 30 年告示）解説　総合的な
　　　　探究の時間編」2018 年、p.12

　こうした探究的な学びを進めていくためには、例えば、収集した資料を的確
に読み取ったり、必要な情報を関連づけて適切に判断できるような読解力が必
要になるし、プレゼンテーションでは効果的な話し方、レポートでは構成や展
開を工夫した説得力のある文章表現力が求められる。こうしたことは、言語能
力の育成を旨とする国語科がその土台を担う。今回の改訂時に、「高等学校学
習指導要領（平成 30 年告示）解説　総則編」において、国語科は次のように
その役割が強調されている。

　　言葉は、生徒の学習活動を支える重要な役割を果たすものであり、全ての
　教科等における資質・能力の育成や学習の基盤となるものである。（中略）全
　ての教科等においてそれぞれの特質に応じた言語活動の充実を図ることが必
　要であるが、特に言葉を直接の学習対象とする国語科の果たす役割は大き
　い。しかしながら、高等学校の国語教育については、教材の読み取りが指導
　の中心になることが多く、国語による主体的な表現等が重視された授業や、
　「話すこと・聞くこと」「書くこと」の領域の学習が十分に行われていない
　等の課題も指摘されていた。そこで、今回の改訂に当たっては、（中略）創造
　的・論理的思考の側面、感性・情緒の側面、他者とのコミュニケーションの

側面から言語能力とは何かが整理されたことを踏まえ，国語科の目標や内容の見直しを図ったところである。言語能力を支える語彙の段階的な獲得も含め，発達の段階に応じた言語能力の育成が図られるよう，国語科を要としつつ教育課程全体を見渡した組織的・計画的な取組が求められる。(pp.53-54)

この引用にある通り、資質・能力の育成の基盤となる言語能力は「国語科を要」として組織的・計画的に取り組むことが求められている。「探究の時間」をどのように実のあるものにするかは、各教科における探究的な学び自体に取り組むことが前提となる。そして、そのためには、言語能力育成の「要」としての国語科の役割が鍵を握ることになる。つまり、「予測不可能な時代」に向けた課題解決や価値創造に向けた教育の実現は、国語科の在り方にかかっていると言っても過言ではない。

さらに、2021年1月、中教審は「「令和の日本型学校教育」の構築を目指して～全ての子供たちの可能性を引き出す、個別最適な学びと、協働的な学びの実現～（答申）」を出した。世界中に拡大した新型コロナウィルス感染症によって、それまで通りの学校教育が運営できない中で新教育課程は進行せざるを得なかったが、はからずも、オンラインを利用した学びが広がり、地域や学校による差はあっても GIGA スクール構想の実現スピードは、一気に速まったといえる。答申の中で謳われた「個別最適な学び」は、こうした予期せぬコロナ禍への対応の中で不可避の課題として実践せざるをえなくなった。また、この間に進んだ ICT の利活用は「協働的な学び」をさまざまな次元で可能にしていくことも分かってきた。

現在、コロナ禍の経験を経て、探究的な学びの質をどのように高めていくか、そしてそのことに国語科はどう関わるのかが本格的に問われている。

4　教員養成課程における国語科教員基礎力の拡充

以上述べてきた国語科の課題と展望は、これから国語科教員になる者にとってけっして見通しやすい光景ではないだろう。冒頭で述べた通り、自分の受けてきた国語科のイメージと異なる場合、にわかに首肯しにくく、受け入れがた

いと思うのもある意味自然なことである。だが、時代・社会は変化しており、今後その変化はますます激しくなっていくことは間違いない。将来、どのような教育の理想を描くかは別として、国語科教員を目指す者に必要な基礎力は、かつてよりもその裾野を広げているといわざるを得ない。これからの展望との関わりで以下の二点のみを挙げておく。

第一に、教材研究力量の質的転換である。これからの教育は、「教えること」から「学ぶこと」へのパラダイム転換を志向している。学習者がいかに学んだか、どのような力を付けたのかを軸に、学習指導を構想し、実践を組み立てることになる。教材研究の位置付けを例に挙げれば、その位置付けと意義が大きく変化することが分かるだろう。これまでは、教員が教える内容を把握し、いかに分かりやすく教えるか、どのような順序で教えるかといったように、教員が「教えること」を可能にするための教材研究になりがちであった。しかしこれからは、どのような学習活動を可能にし、学習者にどのような力を付けることに貢献するかを明らかにするために、すなわち学習者が「学ぶこと」を保証するための教材研究として再定位することになる。いかに学ばせるか、どのように学ばせるか、という学びのコーディネーターとしての力量を向上させよう。

第二に、単元づくり・教材化に働く構想力である。所与のものとして教科書の内容を教えるのではなく、現実の学習者の実態からどのような単元づくりを行うか、何を教材として活用するかを、自らの頭で構想していく力を鍛えることである。熟達するまでは、どうしても教材ありき、活動ありきになりやすく、どのような力を付けるかという目標が曖昧になりやすい。目標・教材・活動の三者のマッチングを考えつつ、どのような力を付ける単元なのかを明確にするようにしてみよう。

以上は、これからの教育の方向性に沿って、教員の指導力量の基礎として拡充すべき中身である。しかし、従来から指摘されてきた「発問・板書・解説」といった伝統的な教員の身振り・身体技法がおろそかになっていいということではない。発問・指示の具体性や、板書の構造化、分かりやすい話し方等は、今後も教員の基礎的技能として必須のものである。また、ICT の発達と浸透による、デジタル教材やタブレット端末等を利用した授業のイノベーション

も、結局のところ、これまでの声や身体というメディアを駆使して展開していた授業の延長上にある。効率化と双方向性が飛躍的に向上するICTを使いこなし、これらも学習者の「学ぶこと」をいかに成り立たせるかという点から有効活用できるようにしたい。

（幸田　国広）

課題

1　これからの国語科教育の方向性について、話し合ってみよう。
2　SDGsの17の目標の中から一つを選び、探究学習の課題設定としてどのように具体化できるかを考えてみよう。
3　国語科教員を目指す自己自身の課題を洗い出し、克服・改善の計画レポートを作成してみよう。

【さらなる学びのために】

幸田国広『国語教育は文学をどう扱ってきたのか』（大修館書店、2021）

中央教育審議会「幼稚園、小学校、中学校、高等学校及び特別支援学校の学習指導要領等の改善及び必要な方策等について（答申）」（2016）

中央教育審議会「「令和の日本型学校教育」の構築をめざして～全ての子供たちの可能性を引き出す、個別最適な学びと、協働的な学びの実現～（答申）」（2021）

日本国語教育学会監修、町田守弘・幸田国広・山下直・高山実佐・浅田孝紀編著『シリーズ国語授業づくり　高等学校国語科　新科目編成とこれからの授業づくり』（東洋館出版社、2018）

浜本純逸監修・幸田国広編『ことばの授業づくりハンドブック　探究学習』（渓水社、2020）

終章

効果的な教育実習のために

キーワード 　プレ実習の充実　　　　学習者との触れ合い
　　　　　　　　研究授業の企画　　　　現場から学ぶ

1 教育実習の位置

「国語科教育法」の主要な目標は、受講者が教育現場において国語科の授業を展開することができる力量の形成にある。当面は教育実習が、教育現場において授業を実施する最初の機会となるはずである。そこで本書の結びとして、効果的な教育実習を実現するためにどのような事項に配慮したらよいかという点に関して、実際の教育現場の状況に即して紹介する。

大学の教職課程のカリキュラムでは、教育実習は一般的には4年次に配当される。受講者はそれまでに各種の教職に関する科目、特に教科教育に直接関連する「教科教育法」を履修する。教員免許の取得を希望する者は、教科教育法の授業で習得した内容を、教育現場で学習者を前にして実際に体験することになる。それは、例えば運転免許取得のための自動車教習所カリキュラムの最終段階で、「路上」という「現場」を体験することに似ている。

教職課程の中で、受講者が特に強い関心を示すのは教育実習である。多くの受講者が実習を通して教師という仕事の魅力を実感する。教育実習を経験したことによって、教員採用試験の受験に向けた準備を始める者もある。教育現場の膨大な業務量に加えて、多様な学習者と直接向き合う精神的な負担をイメージして、教師という仕事が敬遠される傾向もあるが、実習の魅力によって教員志望という目標を確立する受講者がいることは事実である。

一方で教育実習は、実習生を受け入れる教育現場にとっては必ずしも歓迎できるものではない。特に中学校の教員免許取得のためには3週間に及ぶ実習が必要となることから、実習生の担当する授業を年間指導計画の中でどのように位置付けるかという点に苦慮する場合がある。また、実習生を迎えることによる学習者の状況の変化にも十分に注意を向けなければならない。ともすると落ち着いて学習するという姿勢が崩れて、実習生と安易に馴れ合うような雰囲気が生ずることが懸念されたりもする。学校として実習生の受け入れを認める以上は、教育実習期間を有効に活用して、日ごろの授業のあり方についての検証を試みる機会になると理想的ではあるが、実際の教育現場の状況はそのようなゆとりはない。実習をする際には、実習校に多大な負担がかかるという事実を認識する必要がある。

2　実習校との交流

　教育実習をすることが決まったら、早い機会に実習校側と個別に協議する場を持つことにしたい。一般的な傾向としては出身校（母校）で実習する場合が多いことから、特に私立学校で教員の異動が少ない場合には、「恩師」でもある指導教員とのコミュニケーションがすでに確立され、慣れ親しんだ学校でもある。ただし、いくら母校とはいえ、「教師」という立場で訪れるとなると、「学習者」という立場で学んだときとはまったく状況が異なることに留意しなければならない。

　特に授業に関する事前の打ち合わせには、可能な限り時間を取ることが重要である。年間指導計画に即して実習校の側から授業内容を定めることが一般的だが、実習生の専攻や関心を尋ねたうえで、教材と学習内容を決める配慮がなされる場合もある。この打ち合わせを含めた事前準備の段階（ここでは「プレ実習」と称することにする）を充実させることは、実習の成功に直結する。

　教育実習期間には、授業見学と教壇実習をともに実施することになるが、特に実習生が担当する指導教員の授業に関してはプレ実習の段階で見学することができれば理想的である。実習期間中にはあくまでも教壇実習を中心にして、

実際に授業を展開する場面を通して学習者から学ぶことに重点を置くのが理想である。学習指導案を作成する際には、実習生に実際の授業のイメージがあった方が好ましい。そのためにも、実習期間の前に可能であればたとえ一回でも授業見学の機会を設けることができるように、指導教員を通すなどして実習校に相談するようにしたい。ただしプレ実習でできることはすべて実習校の側の事情で決まるので、実現困難な場合もあることを承知しておく必要がある。

　何よりも学習者と直接触れ合う機会を持つことができるというのが、実習の重要な意義である。実習期間中は授業時間だけではなく、ホームルームや課外活動などの多様な場面を通して、直接学習者と接する機会を可能な限り設ける必要がある。そこでプレ実習期間には、たとえ授業見学等が困難な場合でも、担当する学習者の現状を知る方法を模索したい。例えばアンケート形式で、国語学習に関する思い、興味・関心のある内容、実習期間に扱ってほしいこと、実習生に望むことなどの項目について尋ねるというのも一案である。学習者の声に直接接することで、あらかじめ教育現場の実態を把握することができる。なおアンケート調査を依頼する際には、指導教員との連絡を密にして、実習校に迷惑をかけないように細心の注意を払うようにしたい。学校の許可なく、実習生の判断のみでアンケートを実施することはできない。

3　授業見学で注意すること

　教育実習ではさまざまな教職の仕事を体験することになるわけだが、その中で最も重要な仕事は教壇実習、すなわち授業ということになる。「国語科教育法」では個々の履修者が、教壇での学習指導の場面においてしっかりと授業が展開できる力量を形成することが、最も重要な目標となる。

　教育実習では、まず授業の見学をすることになる。実習校の教員、もしくは実習生による授業を見学する機会が必ずある。その機会を有効に活用するようにしたい。授業見学をする目的は、学習者として授業を受けることではない。あくまでも指導者の学習指導の方法を学ぶように心がける必要がある。

　まず、授業がどのように展開しているのかを確認する。すなわち、導入に際

してどのような工夫をしているのか。また学習者に対してどのような発問を投げかけ、どのような指示を出しているか。指名の仕方にはどのような配慮があるか。指名されても発表ができない学習者に対しては、どのような支援をしているのか。これらの点に十分に注意して見学するようにしたい。

発問・指示とともに、板書にも注目したい。どのような事項を板書するのか、また板書の際にどのような点に配慮がなされているかを確認するとともに、文字の大きさや色チョークの使い方などもよく観察する必要がある。

導入から展開を経て総括へと進む授業の進め方を観察すると、その授業のポイントが見えてくる。指導者は特にどのような点を学習者に学ばせようとしているのか、授業を通してどのような国語の学力を育成しようとしているのか、また実際にはどのような学力が育成されていると思われるか、ぜひ確認しておきたい。

グループ活動を取り入れる授業では、特にどのような工夫をしているのか、グループごとの指導はどのように実施されているのかなど、十分に観察したい。

特に学習者の反応には注意する必要がある。指導者のどのような問いかけに対してよく反応するか、授業に参加していないような者はいないか、いるとしたらその学習者にどのような支援をしているのか、ノートやワークシートはよく活用しているかなど、しっかりと確認しておきたい。

そして指導者が、限られた授業時間をどのように有効活用しているかを確認し、また一つの課題に対する時間のかけ方、および全体の時間配分にも注意する必要がある。

4 教壇実習に向けて

授業内容に関しては、年間指導計画や他のクラスとの調整、その他いくつかの要素を勘案して、さらに実習生自身の要望も聞いたうえで決定されることが多い。実習期間内に一つのまとまった単元を扱うという場合もある。実習生は教職課程の授業において、すでに教材研究や授業展開の方法、および学習指導案の書き方などについての指導を受けている。その内容を指導教員との十分な

協議を経て、実際の学習指導案について検討を進める。発問や指示の内容や板書の計画を含めて、具体的な準備をする必要がある。

　プレ実習の段階を充実させることを提案したわけだが、実際の実習期間に入ったらさまざまな観点からきめの細かい学習指導計画の立案が必要となる。特に授業内容に関しては、指導教員と頻繁に打ち合わせをするなどして、改善に向けた前向きな取り組みが常に求められる。指導教員からの指摘を受け止めつつ、学習者の反応を分析することは特に重要である。授業中に授業展開に即して学習者に記入させたノートを、授業の後で回収してもよい。早い時期に返却することが求められるわけだが、彼らの反応を直接理解する資料として有効に生かすことができる。ワークシートに授業の感想や質問などを自由に記入させるコーナーを設けると、学習者の声に耳を傾けることが可能になる。指導者が可能な限り返信のコメントを書き込むことによって、一人一人の学習者との対話の実現にもつながる。

　実習期間中にできれば「研究授業」を企画したい。単に指導教員や仲間の実習生だけではなく、実習校の教師や大学の「国語科教育法」の担当教員などに広く授業を公開して、その後の研究協議において具体的な授業研究を深めるようにしたい。協議の席に加わることができない参加者には、授業のコメントを依頼する。なお研究授業でICT機器の活用を希望する際には、あらかじめ指導教員に相談したうえで、教室のICT環境を十分に確認する必要がある。

　教育現場において、教師が研修する機会はさほど多くはない。日常の業務は煩雑を極めて、研究のために確保できる時間的な余裕が少ないという現状がある。教育実習生を担当することは、指導教員の側の研鑽にもつながるよい機会となる。授業研究を活性化させるためにも、教育実習を充実したものにする努力が求められる。さらに実習をきっかけとして、教育現場と大学の研究室とが連携した授業研究が展開できれば、より多くの成果が期待できる。

5　教育実習を成功させるために

　最後に総括として、教育実習を成功させるための配慮事項について、簡潔に

紹介する。

　まず心がけたいことは、教材研究をしっかり深めるという点である。その教材に対する指導者の理解が、授業構想の前提となる。大切なのは、その教材を通して授業で何を教えるのかということ、すなわち授業の目標を明確にしなければならない。授業の目標は決して欲張らずに、焦点化する必要がある。

　常に学習者の立場に立った授業構想を展開することも重要である。指導目標に対して、どのようなアプローチが必要かを検討しなければならない。何よりも、学習者の興味・関心の喚起という点を中心に考えるようにしたい。加えて、指導者自身が意欲的に取り組めるような授業を工夫すべきである。

　授業においては、ワークシートを積極的に活用したい。学習者に対して常に具体的な表現の場所を与えること、それを通して彼らの現実を知ることが求められている。教材研究とあわせて、授業展開に即した効果的なワークシートを作成するとよい。

　そして教壇では、指導者一人で授業を展開しないようにしたい。実習生にとって、この点が最も重要な配慮事項となる。常に学習者全体に目配りができるような余裕がほしい。

　授業においては、基本的な構成要素である発問と指示を明確にするように心がけたい。学習者に分かりやすく問いかける配慮が必要となる。常に声は大きく、はっきりとすべての学習者に届けなければならない。そして、何よりも彼らとの対話を大切にする必要がある。授業は学習者とともに創るものだからである。

　教育実習に臨むに当たっては、まずは教育に対する、そして国語科の授業に対する強い関心と問題意識を持つところから出発したい。意欲と情熱が、すべての原動力になる。そして、実習生は教育現場の専門職ではない。すべてが順調に運ぶとは限らないのも事実である。教師という意識と自覚を持つことは重要ではあるが、傲慢な態度ではなくむしろ謙虚な姿勢がほしい。現場からしっかりと学ぶという姿勢ですべてに対応する必要がある。

　実習生が学習者に対するときには、特に親しみやすさが求められるはずである。もちろん教師と学習者という基本的な立場はわきまえつつも、ともに考え

ともに学ぶという親しみのある態度が重要である。

　教育実習は、まさに現場から直接学ぶという貴重な機会である。相手が生身の人間ということから、必ず何らかの生きた反応が得られることになろう。それを大切に持ち帰って、自身の国語科教師としての資質をしっかりと見直してほしい。最後に、「国語科教育法」の授業の成果が、教育実習にとって実際に役に立つものであることを期待してやまない。

（町田　守弘）

課題

1　教育実習の前に取り組むべきことは何か。
2　授業見学の際に特に注意することはどのようなことか。
3　教壇実習で留意することは何か。
4　効果的な教育実習を実現するために、どのようなことに配慮すべきか。

【さらなる学びのために】

櫻井眞治・矢嶋昭雄・宮内卓也編著『教師のための教育学シリーズ12　教育実習論』（学文社、2022）
次世代教員養成研究会編『次世代教員養成のための教育実習』（学文社、2014）
高野和子・岩田康之編『教師教育テキストシリーズ15　教育実習』（学文社、2010）
寺﨑昌男・黒澤英典・別府昭郎監修『教育実習64の質問』（学文社、2009）
町田守弘『国語科の教材・授業開発論―魅力ある言語活動のイノベーション』（東洋館出版社、2009）
町田守弘・幸田国広・山下直・高山実佐・浅田孝紀編著『シリーズ国語授業づくり―高等学校国語科―新科目編成とこれからの授業づくり』（東洋館出版社、2018）
町田守弘『国語教育を楽しむ』（学文社、2020）

おわりに

　本書では、教育現場で充実した授業が展開できるように、内容を精選して取り上げました。本書を手にした皆さんには、学習者にとって「楽しく、力のつく」授業の創造に向けてさまざまな努力と工夫を続けてほしいと思います。

　教育実習中の研究授業では、学習指導案の作成が求められます。本書ではその点に配慮して学習指導案に関する章を設け、その他の章でもいくつかの実例を収録いたしました。ただし、直接実習生の指導を担当する指導教諭に相談をして、実習校で必要とされる学習指導案の形式について確認してください。

　どのような目標のもとで、どのような教材を用いて、どのような授業を展開したか。その授業における学習者の反応はどうであったかなど、実践報告としてまとめられたものが多く存在します。日ごろからこのような実践に広く目を向けてください。国語教育の充実のためには、先行研究に加えて、これらの先行実践もまた貴重な資料になることでしょう。

　本書の執筆者は全員、国語教育の研究および実践に意欲的に取り組んでおります。多くは大学の「国語科教育法」の担当者でもあります。それぞれの立場から、時間をかけて章の内容を吟味したうえで本書はまとめられました。

　また本書の編集に際しては、第三版に引き続き中学・高等学校の現場に長く勤務された4名の方に編者としてお力添えをいただきました。浅田孝紀、岩﨑淳、幸田国広、高山実佐の各氏です。頻繁に編者による協議を重ねながら、全体の内容の調整や表現・表記の統一などを進めてまいりました。特に第四版ではすべての編者の協力のもとで、改めて個々の章の内容の見直しをして、今日的な課題に対応できるように配慮いたしました。

　学文社の落合絵理さまには、本書の企画から刊行に至るまで、細部にわたってご教示とご協力をいただくことができました。深甚な謝意を表します。

　2024 年 1 月

町田　守弘

2017年告示版

中学校学習指導要領（抄）

平成 29 年
文部科学省告示

第 2 章　各教科　第 1 節　国語

第 1　目標

　言葉による見方・考え方を働かせ，言語活動を通して，国語で正確に理解し適切に表現する資質・能力を次のとおり育成することを目指す。
(1) 社会生活に必要な国語について，その特質を理解し適切に使うことができるようにする。
(2) 社会生活における人との関わりの中で伝え合う力を高め，思考力や想像力を養う。
(3) 言葉がもつ価値を認識するとともに，言語感覚を豊かにし，我が国の言語文化に関わり，国語を尊重してその能力の向上を図る態度を養う。

第 2　各学年の目標及び内容

〔第 1 学年〕
1　目標
(1) 社会生活に必要な国語の知識や技能を身に付けるとともに，我が国の言語文化に親しんだり理解したりすることができるようにする。
(2) 筋道立てて考える力や豊かに感じたり想像したりする力を養い，日常生活における人との関わりの中で伝え合う力を高め，自分の思いや考えを確かなものにすることができるようにする。
(3) 言葉がもつ価値に気付くとともに，進んで読書をし，我が国の言語文化を大切にして，思いや考えを伝え合おうとする態度を養う。

2　内容
〔知識及び技能〕
(1) 言葉の特徴や使い方に関する次の事項を身に付けることができるよう指導する。
　ア　音声の働きや仕組みについて，理解を深めること。
　イ　小学校学習指導要領第 2 章第 1 節国語の学年別漢字配当表（以下「学年別漢字配当表」という。）に示されている漢字に加え，その他の常用漢字のうち 300 字程度から 400 字程度までの漢字を読むこと。また，学年別漢字配当表の漢字のうち 900 字程度の漢字を書き，文や文章の中で使うこと。
　ウ　事象や行為，心情を表す語句の量を増すとともに，語句の辞書的な意味と文脈上の意味

との関係に注意して話や文章の中で使うことを通して，語感を磨き語彙を豊かにすること。
　エ　単語の類別について理解するとともに，指示する語句と接続する語句の役割について理解を深めること。
　オ　比喩，反復，倒置，体言止めなどの表現の技法を理解し使うこと。
(2) 話や文章に含まれている情報の扱い方に関する次の事項を身に付けることができるよう指導する。
　ア　原因と結果，意見と根拠など情報と情報との関係について理解すること。
　イ　比較や分類，関係付けなどの情報の整理の仕方，引用の仕方や出典の示し方について理解を深め，それらを使うこと。
(3) 我が国の言語文化に関する次の事項を身に付けることができるよう指導する。
　ア　音読に必要な文語のきまりや訓読の仕方を知り，古文や漢文を音読し，古典特有のリズムを通して，古典の世界に親しむこと。
　イ　古典には様々な種類の作品があることを知ること。
　ウ　共通語と方言の果たす役割について理解すること。
　エ　書写に関する次の事項を理解し使うこと。
　　(ア)　字形を整え，文字の大きさ，配列などについて理解して，楷書で書くこと。
　　(イ)　漢字の行書の基礎的な書き方を理解して，身近な文字を行書で書くこと。
　オ　読書が，知識や情報を得たり，自分の考えを広げたりすることに役立つことを理解すること。

〔思考力，判断力，表現力等〕
A　話すこと・聞くこと
(1) 話すこと・聞くことに関する次の事項を身に付けることができるよう指導する。
　ア　目的や場面に応じて，日常生活の中から話題を決め，集めた材料を整理し，伝え合う内容を検討すること。
　イ　自分の考えや根拠が明確になるように，話の中心的な部分と付加的な部分，事実と意見

との関係などに注意して，話の構成を考える
こと。
　ウ　相手の反応を踏まえながら，自分の考えが
分かりやすく伝わるように表現を工夫するこ
と。
　エ　必要に応じて記録したり質問したりしなが
ら話の内容を捉え，共通点や相違点などを踏
まえて，自分の考えをまとめること。
　オ　話題や展開を捉えながら話し合い，互いの
発言を結び付けて考えをまとめること。
(2)　(1)に示す事項については，例えば，次のよ
うな言語活動を通して指導するものとする。
　ア　紹介や報告など伝えたいことを話したり，
それらを聞いて質問したり意見などを述べた
りする活動。
　イ　互いの考えを伝えるなどして，少人数で話
し合う活動。
B　書くこと
(1)　書くことに関する次の事項を身に付けること
ができるよう指導する。
　ア　目的や意図に応じて，日常生活の中から題
材を決め，集めた材料を整理し，伝えたいこ
とを明確にすること。
　イ　書く内容の中心が明確になるように，段落
の役割などを意識して文章の構成や展開を考
えること。
　ウ　根拠を明確にしながら，自分の考えが伝わ
る文章になるように工夫すること。
　エ　読み手の立場に立って，表記や語句の用
法，叙述の仕方などを確かめて，文章を整え
ること。
　オ　根拠の明確さなどについて，読み手からの
助言などを踏まえ，自分の文章のよい点や改
善点を見いだすこと。
(2)　(1)に示す事項については，例えば，次のよ
うな言語活動を通して指導するものとする。
　ア　本や資料から文章や図表などを引用して説
明したり記録したりするなど，事実やそれを
基に考えたことを書く活動。
　イ　行事の案内や報告の文章を書くなど，伝え
るべきことを整理して書く活動。
　ウ　詩を創作したり随筆を書いたりするなど，
感じたことや考えたことを書く活動。
C　読むこと
(1)　読むことに関する次の事項を身に付けること
ができるよう指導する。
　ア　文章の中心的な部分と付加的な部分，事実
と意見との関係などについて叙述を基に捉
え，要旨を把握すること。
　イ　場面の展開や登場人物の相互関係，心情の

変化などについて，描写を基に捉えること。
　ウ　目的に応じて必要な情報に着目して要約し
たり，場面と場面，場面と描写などを結び付
けたりして，内容を解釈すること。
　エ　文章の構成や展開，表現の効果について，
根拠を明確にして考えること。
　オ　文章を読んで理解したことに基づいて，自
分の考えを確かなものにすること。
(2)　(1)に示す事項については，例えば，次のよ
うな言語活動を通して指導するものとする。
　ア　説明や記録などの文章を読み，理解したこ
とや考えたことを報告したり文章にまとめた
りする活動。
　イ　小説や随筆などを読み，考えたことなどを
記録したり伝え合ったりする活動。
　ウ　学校図書館などを利用し，多様な情報を得
て，考えたことなどを報告したり資料にまと
めたりする活動。

〔第2学年〕
1　目標
(1)　社会生活に必要な国語の知識や技能を身に付
けるとともに，我が国の言語文化に親しんだり
理解したりすることができるようにする。
(2)　論理的に考える力や共感したり想像したりす
る力を養い，社会生活における人との関わりの
中で伝え合う力を高め，自分の思いや考えを広
げたり深めたりすることができるようにする。
(3)　言葉がもつ価値を認識するとともに，読書を
生活に役立て，我が国の言語文化を大切にし
て，思いや考えを伝え合おうとする態度を養
う。
2　内容
〔知識及び技能〕
(1)　言葉の特徴や使い方に関する次の事項を身に
付けることができるよう指導する。
　ア　言葉には，相手の行動を促す働きがあるこ
とに気付くこと。
　イ　話し言葉と書き言葉の特徴について理解す
ること。
　ウ　第1学年までに学習した常用漢字に加え，
その他の常用漢字のうち350字程度から450
字程度までの漢字を読むこと。また，学年別
漢字配当表に示されている漢字を書き，文や
文章の中で使うこと。
　エ　抽象的な概念を表す語句の量を増すととも
に，類義語と対義語，同音異義語や多義的な
意味を表す語句などについて理解し，話や文
章の中で使うことを通して，語感を磨き語彙
を豊かにすること。

オ　単語の活用，助詞や助動詞などの働き，文
の成分の順序や照応など文の構成について理
解するとともに，話や文章の構成や展開に
ついて理解を深めること。
カ　敬語の働きについて理解し，話や文章の中
で使うこと。
(2)　話や文章に含まれている情報の扱い方に関す
る次の事項を身に付けることができるよう指導
する。
ア　意見と根拠，具体と抽象など情報と情報と
の関係について理解すること。
イ　情報と情報との関係の様々な表し方を理解
し使うこと。
(3)　我が国の言語文化に関する次の事項を身に付
けることができるよう指導する。
ア　作品の特徴を生かして朗読するなどして，
古典の世界に親しむこと。
イ　現代語訳や語注などを手掛かりに作品を読
むことを通して，古典に表れたものの見方や
考え方を知ること。
ウ　書写に関する次の事項を理解し使うこと。
(ア)　漢字の行書とそれに調和した仮名の書き
方を理解して，読みやすく速く書くこと。
(イ)目的や必要に応じて，楷書又は行書を選
んで書くこと。
エ　本や文章などには，様々な立場や考え方が
書かれていることを知り，自分の考えを広げ
たり深めたりする読書に生かすこと。

〔思考力，判断力，表現力等〕
A　話すこと・聞くこと
(1)　話すこと・聞くことに関する次の事項を身に
付けることができるよう指導する。
ア　目的や場面に応じて，社会生活の中から話
題を決め，異なる立場や考えを想定しながら
集めた材料を整理し，伝え合う内容を検討す
ること。
イ　自分の立場や考えが明確になるように，根
拠の適切さや論理の展開などに注意して，話
の構成を工夫すること。
ウ　資料や機器を用いるなどして，自分の考え
が分かりやすく伝わるように表現を工夫する
こと。
エ　論理の展開などに注意して聞き，話し手の
考えと比較しながら，自分の考えをまとめる
こと。
オ　互いの立場や考えを尊重しながら話し合
い，結論を導くために考えをまとめること。
(2)　(1)に示す事項については，例えば，次のよ
うな言語活動を通して指導するものとする。
ア　説明や提案など伝えたいことを話したり，

それらを聞いて質問や助言などをしたりする
活動。
イ　それぞれの立場から考えを伝えるなどし
て，議論や討論をする活動。
B　書くこと
(1)　書くことに関する次の事項を身に付けること
ができるよう指導する。
ア　目的や意図に応じて，社会生活の中から題
材を決め，多様な方法で集めた材料を整理
し，伝えたいことを明確にすること。
イ　伝えたいことが分かりやすく伝わるよう
に，段落相互の関係などを明確にし，文章の
構成や展開を工夫すること。
ウ　根拠の適切さを考えて説明や具体例を加え
たり，表現の効果を考えて描写したりするな
ど，自分の考えが伝わる文章になるように工
夫すること。
エ　読み手の立場に立って，表現の効果などを
確かめて，文章を整えること。
オ　表現の工夫とその効果などについて，読み
手からの助言などを踏まえ，自分の文章のよ
い点や改善点を見いだすこと。
(2)　(1)に示す事項については，例えば，次のよ
うな言語活動を通して指導するものとする。
ア　多様な考えができる事柄について意見を述
べるなど，自分の考えを書く活動。
イ　社会生活に必要な手紙や電子メールを書く
など，伝えたいことを相手や媒体を考慮して
書く活動。
ウ　短歌や俳句，物語を創作するなど，感じた
ことや想像したことを書く活動。
C　読むこと
(1)　読むことに関する次の事項を身に付けること
ができるよう指導する。
ア　文章全体と部分との関係に注意しながら，
主張と例示との関係や登場人物の設定の仕方
などを捉えること。
イ　目的に応じて複数の情報を整理しながら適
切な情報を得たり，登場人物の言動の意味な
どについて考えたりして，内容を解釈するこ
と。
ウ　文章と図表などを結び付け，その関係を踏
まえて内容を解釈すること。
エ　観点を明確にして文章を比較するなどし，
文章の構成や論理の展開，表現の効果につい
て考えること。
オ　文章を読んで理解したことや考えたことを
知識や経験と結び付け，自分の考えを広げた
り深めたりすること。
(2)　(1)に示す事項については，例えば，次のよ

うな言語活動を通して指導するものとする。
　　ア　報告や解説などの文章を読み，理解したこ
　　　とや考えたことを説明したり文章にまとめた
　　　りする活動。
　　イ　詩歌や小説などを読み，引用して解説した
　　　り，考えたことなどを伝え合ったりする活
　　　動。
　　ウ　本や新聞，インターネットなどから集めた
　　　情報を活用し，出典を明らかにしながら，考
　　　えたことなどを説明したり提案したりする活
　　　動。

〔第3学年〕
1　目標
(1)　社会生活に必要な国語の知識や技能を身に付
　けるとともに，我が国の言語文化に親しんだり
　理解したりすることができるようにする。
(2)　論理的に考える力や深く共感したり豊かに想
　像したりする力を養い，社会生活における人と
　の関わりの中で伝え合う力を高め，自分の思い
　や考えを広げたり深めたりすることができるよ
　うにする。
(3)　言葉がもつ価値を認識するとともに，読書を
　通して自己を向上させ，我が国の言語文化に関
　わり，思いや考えを伝え合おうとする態度を養
　う。
2　内容
〔知識及び技能〕
(1)　言葉の特徴や使い方に関する次の事項を身に
　付けることができるよう指導する。
　　ア　第2学年までに学習した常用漢字に加え，
　　　その他の常用漢字の大体を読むこと。また，
　　　学年別漢字配当表に示されている漢字につい
　　　て，文や文章の中で使い慣れること。
　　イ　理解したり表現したりするために必要な語
　　　句の量を増し，慣用句や四字熟語などについ
　　　て理解を深め，話や文章の中で使うととも
　　　に，和語，漢語，外来語などを使い分けるこ
　　　とを通して，語感を磨き語彙を豊かにするこ
　　　と。
　　ウ　話や文章の種類とその特徴について理解を
　　　深めること。
　　エ　敬語などの相手や場に応じた言葉遣いを理
　　　解し，適切に使うこと。
(2)　話や文章に含まれている情報の扱い方に関す
　る次の事項を身に付けることができるよう指導
　する。
　　ア　具体と抽象など情報と情報との関係につい
　　　て理解を深めること。
　　イ　情報の信頼性の確かめ方を理解し使うこ

　　　と。
(3)　我が国の言語文化に関する次の事項を身に付
　けることができるよう指導する。
　　ア　歴史的背景などに注意して古典を読むこと
　　　を通して，その世界に親しむこと。
　　イ　長く親しまれている言葉や古典の一節を引
　　　用するなどして使うこと。
　　ウ　時間の経過による言葉の変化や世代による
　　　言葉の違いについて理解すること。
　　エ　書写に関する次の事項を理解し使うこと。
　　　(ｱ)　身の回りの多様な表現を通して文字文化
　　　　の豊かさに触れ，効果的に文字を書くこ
　　　　と。
　　オ　自分の生き方や社会との関わり方を支える
　　　読書の意義と効用について理解すること。
〔思考力，判断力，表現力等〕
A　話すこと・聞くこと
(1)　話すこと・聞くことに関する次の事項を身に
　付けることができるよう指導する。
　　ア　目的や場面に応じて，社会生活の中から話
　　　題を決め，多様な考えを想定しながら材料を
　　　整理し，伝え合う内容を検討すること。
　　イ　自分の立場や考えを明確にし，相手を説得
　　　できるように論理の展開などを考えて，話の
　　　構成を工夫すること。
　　ウ　場の状況に応じて言葉を選ぶなど，自分の
　　　考えが分かりやすく伝わるように表現を工夫
　　　すること。
　　エ　話の展開を予測しながら聞き，聞き取った
　　　内容や表現の仕方を評価して，自分の考えを
　　　広げたり深めたりすること。
　　オ　進行の仕方を工夫したり互いの発言を生か
　　　したりしながら話し合い，合意形成に向けて
　　　考えを広げたり深めたりすること。
(2)　(1)に示す事項については，例えば，次のよ
　うな言語活動を通して指導するものとする。
　　ア　提案や主張など自分の考えを話したり，そ
　　　れらを聞いて質問したり評価などを述べたり
　　　する活動。
　　イ　互いの考えを生かしながら議論や討論をす
　　　る活動。
B　書くこと
(1)　書くことに関する次の事項を身に付けること
　ができるよう指導する。
　　ア　目的や意図に応じて，社会生活の中から題
　　　材を決め，集めた材料の客観性や信頼性を確
　　　認し，伝えたいことを明確にすること。
　　イ　文章の種類を選択し，多様な読み手を説得
　　　できるように論理の展開などを考えて，文章
　　　の構成を工夫すること。

ウ　表現の仕方を考えたり資料を適切に引用し
　　　たりするなど，自分の考えが分かりやすく伝
　　　わる文章になるように工夫すること。
　　エ　目的や意図に応じた表現になっているかな
　　　どを確かめて，文章全体を整えること。
　　オ　論理の展開などについて，読み手からの助
　　　言などを踏まえ，自分の文章のよい点や改善
　　　点を見いだすこと。
　(2)　(1)に示す事項については，例えば，次のよ
　　うな言語活動を通して指導するものとする。
　　ア　関心のある事柄について批評するなど，自
　　　分の考えを書く活動。
　　イ　情報を編集して文章にまとめるなど，伝え
　　　たいことを整理して書く活動。
　C　読むこと
　(1)　読むことに関する次の事項を身に付けること
　　ができるよう指導する。
　　ア　文章の種類を踏まえて，論理や物語の展開
　　　の仕方などを捉えること。
　　イ　文章を批判的に読みながら，文章に表れて
　　　いるものの見方や考え方について考えるこ
　　　と。
　　ウ　文章の構成や論理の展開，表現の仕方につ
　　　いて評価すること。
　　エ　文章を読んで考えを広げたり深めたりし
　　　て，人間，社会，自然などについて，自分の
　　　意見をもつこと。
　(2)　(1)に示す事項については，例えば，次のよ
　　うな言語活動を通して指導するものとする。
　　ア　論説や報道などの文章を比較するなどして
　　　読み，理解したことや考えたことについて討
　　　論したり文章にまとめたりする活動。
　　イ　詩歌や小説などを読み，批評したり，考え
　　　たことなどを伝え合ったりする活動。
　　ウ　実用的な文章を読み，実生活への生かし方
　　　を考える活動。

第3　指導計画の作成と内容の取扱い
1.指導計画の作成に当たっては，次の事項に配
　慮するものとする。
　(1)　単元など内容や時間のまとまりを見通して，
　　その中で育む資質・能力の育成に向けて，生徒
　　の主体的・対話的で深い学びの実現を図るよう
　　にすること。その際，言葉による見方・考え方
　　を働かせ，言語活動を通して，言葉の特徴や使
　　い方などを理解し自分の思いや考えを深める学
　　習の充実を図ること。
　(2)　第2の各学年の内容の指導については，必要
　　に応じて当該学年の前後の学年で取り上げるこ
　　ともできること。

　(3)　第2の各学年の内容の〔知識及び技能〕に示
　　す事項については，〔思考力，判断力，表現力
　　等〕に示す事項の指導を通して指導することを
　　基本とし，必要に応じて，特定の事項だけを取
　　り上げて指導したり，それらをまとめて指導し
　　たりするなど，指導の効果を高めるよう工夫す
　　ること。
　(4)　第2の各学年の内容の〔思考力，判断力，表
　　現力等〕の「A話すこと・聞くこと」に関する
　　指導については，第1学年及び第2学年では年
　　間15 ～ 25単位時間程度，第3学年では年間
　　10 ～ 20単位時間程度を配当すること。その
　　際，音声言語のための教材を積極的に活用する
　　などして，指導の効果を高めるよう工夫するこ
　　と。
　(5)　第2の各学年の内容の〔思考力，判断力，表
　　現力等〕の「B書くこと」に関する指導につい
　　ては，第1学年及び第2学年では年間30～40
　　単位時間程度，第3学年では年間20～30単位
　　時間程度を配当すること。その際，実際に文章
　　を書く活動を重視すること。
　(6)　第2の第1学年及び第3学年の内容の〔知識
　　及び技能〕の(3)のオ，第2学年の内容の〔知
　　識及び技能〕の(3)のエ，各学年の内容の〔思
　　考力，判断力，表現力等〕の「C読むこと」に
　　関する指導については，様々な文章を読んで，
　　自分の表現に役立てられるようにするととも
　　に，他教科等における読書の指導や学校図書館
　　における指導との関連を考えて行うこと。
　(7)　言語能力の向上を図る観点から，外国語科な
　　ど他教科等との関連を積極的に図り，指導の効
　　果を高めるようにすること。
　(8)　障害のある生徒などについては，学習活動を
　　行う場合に生じる困難さに応じた指導内容や指
　　導方法の工夫を計画的，組織的に行うこと。
　(9)　第1章総則の第1の2の(2)に示す道徳教育
　　の目標に基づき，道徳科などとの関連を考慮し
　　ながら，第3章特別の教科道徳の第2に示す内
　　容について，国語科の特質に応じて適切な指導
　　をすること。

2.第2の内容の取扱いについては，次の事項に
　配慮するものとする。
　(1)　〔知識及び技能〕に示す事項については，次
　　のとおり取り扱うこと。
　　ア　日常の言語活動を振り返ることなどを通し
　　　て，生徒が，実際に話したり聞いたり書いた
　　　り読んだりする場面を意識できるよう指導を
　　　工夫すること。
　　イ　漢字の指導については，第2の内容に定め

るほか，次のとおり取り扱うこと。
- (ア) 他教科等の学習において必要となる漢字については，当該教科等と関連付けて指導するなど，その確実な定着が図られるよう工夫すること。
- ウ 書写の指導については，第2の内容に定めるほか，次のとおり取り扱うこと。
  - (ア) 文字を正しく整えて速く書くことができるようにするとともに，書写の能力を学習や生活に役立てる態度を育てるよう配慮すること。
  - (イ) 硬筆を使用する書写の指導は各学年で行うこと。
  - (ウ) 毛筆を使用する書写の指導は各学年で行い，硬筆による書写の能力の基礎を養うよう指導すること。
  - (エ) 書写の指導に配当する授業時数は，第1学年及び第2学年では年間20単位時間程度，第3学年では年間10単位時間程度とすること。
- (2) 第2の内容の指導に当たっては，生徒がコンピュータや情報通信ネットワークを積極的に活用する機会を設けるなどして，指導の効果を高めるよう工夫すること。
- (3) 第2の内容の指導に当たっては，学校図書館などを目的をもって計画的に利用しその機能の活用を図るようにすること。
3. 教材については，次の事項に留意するものとする。
- (1) 教材は，第2の各学年の目標及び内容に示す資質・能力を偏りなく養うことや読書に親しむ態度を育成することをねらいとし，生徒の発達の段階に即して適切な話題や題材を精選して調和的に取り上げること。また，第2の各学年の内容の〔思考力，判断力，表現力等〕の「A話すこと・聞くこと」，「B書くこと」及び「C読

むこと」のそれぞれの(2)に掲げる言語活動が十分行われるよう教材を選定すること。
- (2) 教材は，次のような観点に配慮して取り上げること。
  - ア 国語に対する認識を深め，国語を尊重する態度を育てるのに役立つこと。
  - イ 伝え合う力，思考力や想像力を養い言語感覚を豊かにするのに役立つこと。
  - ウ 公正かつ適切に判断する能力や創造的精神を養うのに役立つこと。
  - エ 科学的，論理的に物事を捉え考察し，視野を広げるのに役立つこと。
  - オ 人生について考えを深め，豊かな人間性を養い，たくましく生きる意志を育てるのに役立つこと。
  - カ 人間，社会，自然などについての考えを深めるのに役立つこと。
  - キ 我が国の伝統と文化に対する関心や理解を深め，それらを尊重する態度を育てるのに役立つこと。
  - ク 広い視野から国際理解を深め，日本人としての自覚をもち，国際協調の精神を養うのに役立つこと。
- (3) 第2の各学年の内容の〔思考力，判断力，表現力等〕の「C読むこと」の教材については，各学年で説明的な文章や文学的な文章などの文章の種類を調和的に取り扱うこと。また，説明的な文章については，適宜，図表や写真などを含むものを取り上げること。
- (4) 我が国の言語文化に親しむことができるよう，近代以降の代表的な作家の作品を，いずれかの学年で取り上げること。
- (5) 古典に関する教材については，古典の原文に加え，古典の現代語訳，古典について解説した文章などを取り上げること。

高等学校学習指導要領（抄）

平成30年
文部科学省告示

第2章　各学科に共通する各教科
第1節　国　語

第1款　目　標

　言葉による見方・考え方を働かせ，言語活動を通して，国語で的確に理解し効果的に表現する資質・能力を次のとおり育成することを目指す。

(1) 生涯にわたる社会生活に必要な国語について，その特質を理解し適切に使うことができるようにする。

(2) 生涯にわたる社会生活における他者との関わりの中で伝え合う力を高め，思考力や想像力を伸ばす。

(3) 言葉のもつ価値への認識を深めるとともに，言語感覚を磨き，我が国の言語文化の担い手としての自覚をもち，生涯にわたり国語を尊重してその能力の向上を図る態度を養う。

第2款　各科目

第1　現代の国語

1　目標

　言葉による見方・考え方を働かせ，言語活動を通して，国語で的確に理解し効果的に表現する資質・能力を次のとおり育成することを目指す。

(1) 実社会に必要な国語の知識や技能を身に付けるようにする。

(2) 論理的に考える力や深く共感したり豊かに想像したりする力を伸ばし，他者との関わりの中で伝え合う力を高め，自分の思いや考えを広げたり深めたりすることができるようにする。

(3) 言葉がもつ価値への認識を深めるとともに，生涯にわたって読書に親しみ自己を向上させ，我が国の言語文化の担い手としての自覚をもち，言葉を通して他者や社会に関わろうとする態度を養う。

2　内容

〔知識及び技能〕

(1) 言葉の特徴や使い方に関する次の事項を身に付けることができるよう指導する。

　ア　言葉には，認識や思考を支える働きがあることを理解すること。

　イ　話し言葉と書き言葉の特徴や役割，表現の特色を踏まえ，正確さ，分かりやすさ，適切さ，敬意と親しさなどに配慮した表現や言葉遣いについて理解し，使うこと。

　ウ　常用漢字の読みに慣れ，主な常用漢字を書き，文や文章の中で使うこと。

　エ　実社会において理解したり表現したりするために必要な語句の量を増すとともに，語句や語彙の構造や特色，用法及び表記の仕方などを理解し，話や文章の中で使うことを通して，語感を磨き語彙を豊かにすること。

　オ　文，話，文章の効果的な組立て方や接続の仕方について理解すること。

　カ　比喩，例示，言い換えなどの修辞や，直接的な述べ方や婉曲的な述べ方について理解し使うこと。

(2) 話や文章に含まれている情報の扱い方に関する次の事項を身に付けることができるよう指導する。

　ア　主張と論拠など情報と情報との関係について理解すること。

　イ　個別の情報と一般化された情報との関係について理解すること。

　ウ　推論の仕方を理解し使うこと。

　エ　情報の妥当性や信頼性の吟味の仕方について理解を深め使うこと。

　オ　引用の仕方や出典の示し方，それらの必要性について理解を深め使うこと。

(3) 我が国の言語文化に関する次の事項を身に付けることができるよう指導する。

　ア　実社会との関わりを考えるための読書の意義と効用について理解を深めること。

〔思考力，判断力，表現力等〕

A　話すこと・聞くこと

(1) 話すこと・聞くことに関する次の事項を身に付けることができるよう指導する。

　ア　目的や場に応じて，実社会の中から適切な話題を決め，様々な観点から情報を収集，整理して，伝え合う内容を検討すること。

　イ　自分の考えが的確に伝わるよう，自分の立場や考えを明確にするとともに，相手の反応を予想して論理の展開を考えるなど，話の構成や展開を工夫すること。

　ウ　話し言葉の特徴を踏まえて話したり，場の状況に応じて資料や機器を効果的に用いたりするなど，相手の理解が得られるように表現を工夫すること。

　エ　論理の展開を予想しながら聞き，話の内容

や構成，論理の展開，表現の仕方を評価する
とともに，聞き取った情報を整理して自分の
考えを広げたり深めたりすること。
オ 論点を共有し，考えを広げたり深めたりし
ながら，話合いの目的，種類，状況に応じ
て，表現や進行など話合いの仕方や結論の出
し方を工夫すること。
(2) (1)に示す事項については，例えば，次のよ
うな言語活動を通して指導するものとする。
ア 自分の考えについてスピーチをしたり，そ
れを聞いて，同意したり，質問したり，論拠
を示して反論したりする活動。
イ 報告や連絡，案内などのために，資料に基
づいて必要な事柄を話したり，それらを聞い
て，質問したり批評したりする活動。
ウ 話合いの目的に応じて結論を得たり，多様
な考えを引き出したりするための議論や討論
を，他の議論や討論の記録などを参考にしな
がら行う活動。
エ 集めた情報を資料にまとめ，聴衆に対して
発表する活動。
B 書くこと
(1) 書くことに関する次の事項を身に付けること
ができるよう指導する。
ア 目的や意図に応じて，実社会の中から適切
な題材を決め，集めた情報の妥当性や信頼性
を吟味して，伝えたいことを明確にするこ
と。
イ 読み手の理解が得られるよう，論理の展
開，情報の分量や重要度などを考えて，文章
の構成や展開を工夫すること。
ウ 自分の考えや事柄が的確に伝わるよう，根
拠の示し方や説明の仕方を考えるとともに，
文章の種類や，文体，語句などの表現の仕方
を工夫すること。
エ 目的や意図に応じて書かれているかなどを
確かめて，文章全体を整えたり，読み手から
の助言などを踏まえて，自分の文章の特長や
課題を捉え直したりすること。
(2) (1)に示す事項については，例えば，次のよ
うな言語活動を通して指導するものとする。
ア 論理的な文章や実用的な文章を読み，本文
や資料を引用しながら，自分の意見や考えを
論述する活動。
イ 読み手が必要とする情報に応じて手順書や
紹介文などを書いたり，書式を踏まえて案内
文や通知文などを書いたりする活動。
ウ 調べたことを整理して，報告書や説明資料
などにまとめる活動。
C 読むこと

(1) 読むことに関する次の事項を身に付けること
ができるよう指導する。
ア 文章の種類を踏まえて，内容や構成，論理
の展開などについて叙述を基に的確に捉え，
要旨や要点を把握すること。
イ 目的に応じて，文章や図表などに含まれて
いる情報を相互に関係付けながら，内容や書
き手の意図を解釈したり，文章の構成や論
理の展開などについて評価したりするととも
に，自分の考えを深めること。
(2) (1)に示す事項については，例えば，次のよ
うな言語活動を通して指導するものとする。
ア 論理的な文章や実用的な文章を読み，その
内容や形式について，引用や要約などをしな
がら論述したり批評したりする活動。
イ 異なる形式で書かれた複数の文章や，図表
等を伴う文章を読み，理解したことや解釈し
たことをまとめて発表したり，他の形式の文
章に書き換えたりする活動。
3 内容の取扱い
(1) 内容の〔思考力，判断力，表現力等〕におけ
る授業時数については，次の事項に配慮するもの
とする。
ア 「A話すこと・聞くこと」に関する指導に
ついては，20〜30単位時間程度を配当する
ものとし，計画的に指導すること。
イ 「B書くこと」に関する指導については，
30〜40単位時間程度を配当するものとし，
計画的に指導すること。
ウ 「C読むこと」に関する指導については，
10〜20単位時間程度を配当するものとし，
計画的に指導すること。
(2) 内容の〔知識及び技能〕に関する指導につい
ては，次の事項に配慮するものとする。
ア (1)のウの指導については，「言語文化」の
内容の〔知識及び技能〕の(1)のイの指導と
の関連を図り，計画的に指導すること。
(3) 内容の〔思考力，判断力，表現力等〕に関す
る指導については，次の事項に配慮するものと
する。
ア 「A話すこと・聞くこと」に関する指導に
ついては，必要に応じて，口語のきまり，敬
語の用法などを扱うこと。
イ 「B書くこと」に関する指導については，
中学校国語科の書写との関連を図り，効果的
に文字を書く機会を設けること。
(4) 教材については，次の事項に留意するものと
する。
ア 内容の〔思考力，判断力，表現力等〕の
「C読むこと」の教材は，現代の社会生活に

必要とされる論理的な文章及び実用的な文章
とすること。
　イ　内容の〔思考力，判断力，表現力等〕の
「Ａ話すこと・聞くこと」，「Ｂ書くこと」及
び「Ｃ読むこと」のそれぞれの(2)に掲げる
言語活動が十分行われるよう教材を選定する
こと。
　ウ　教材は，次のような観点に配慮して取り上
げること。
　　(ア)　言語文化に対する関心や理解を深め，国
語を尊重する態度を育てるのに役立つこ
と。
　　(イ)　日常の言葉遣いなど言語生活に関心をも
ち，伝え合う力を高めるのに役立つこと。
　　(ウ)　思考力や想像力を伸ばし，心情を豊かに
し，言語感覚を磨くのに役立つこと。
　　(エ)　情報を活用して，公正かつ適切に判断す
る能力や創造的精神を養うのに役立つこ
と。
　　(オ)　科学的，論理的に物事を捉え考察し，視
野を広げるのに役立つこと。
　　(カ)　生活や人生について考えを深め，人間性
を豊かにし，たくましく生きる意志を培う
のに役立つこと。
　　(キ)　人間，社会，自然などに広く目を向け，
考えを深めるのに役立つこと。
　　(ク)　広い視野から国際理解を深め，日本人と
しての自覚をもち，国際協調の精神を高め
るのに役立つこと。

第2　言語文化
1　目標
　言葉による見方・考え方を働かせ，言語活動を
通して，国語で的確に理解し効果的に表現する資
質・能力を次のとおり育成することを目指す。
(1)　生涯にわたる社会生活に必要な国語の知識や
技能を身に付けるとともに，我が国の言語文化
に対する理解を深めることができるようにす
る。
(2)　論理的に考える力や深く共感したり豊かに想
像したりする力を伸ばし，他者との関わりの中
で伝え合う力を高め，自分の思いや考えを広げ
たり深めたりすることができるようにする。
(3)　言葉がもつ価値への認識を深めるとともに，
生涯にわたって読書に親しみ自己を向上させ，
我が国の言語文化の担い手としての自覚をも
ち，言葉を通して他者や社会に関わろうとする
態度を養う。
2　内容
〔知識及び技能〕

(1)　言葉の特徴や使い方に関する次の事項を身に
付けることができるよう指導する。
　ア　言葉には，文化の継承，発展，創造を支え
る働きがあることを理解すること。
　イ　常用漢字の読みに慣れ，主な常用漢字を書
き，文や文章の中で使うこと。
　ウ　我が国の言語文化に特徴的な語句の量を増
し，それらの文化的背景について理解を深
め，文章の中で使うことを通して，語感を磨
き語彙を豊かにすること。
　エ　文章の意味は，文脈の中で形成されること
を理解すること。
　オ　本歌取りや見立てなどの我が国の言語文化
に特徴的な表現の技法とその効果について理
解すること。
(2)　我が国の言語文化に関する次の事項を身に付
けることができるよう指導する。
　ア　我が国の言語文化の特質や我が国の文化と
外国の文化との関係について理解すること。
　イ　古典の世界に親しむために，作品や文章の
歴史的・文化的背景などを理解すること。
　ウ　古典の世界に親しむために，古典を読むた
めに必要な文語のきまりや訓読のきまり，古
典特有の表現などについて理解すること。
　エ　時間の経過や地域の文化的特徴などによる
文字や言葉の変化について理解を深め，古典
の言葉と現代の言葉とのつながりについて理
解すること。
　オ　言文一致体や和漢混交文など歴史的な文体
の変化について理解を深めること。
　カ　我が国の言語文化への理解につながる読書
の意義と効用について理解を深めること。
〔思考力，判断力，表現力等〕
Ａ　書くこと
(1)　書くことに関する次の事項を身に付けること
ができるよう指導する。
　ア　自分の知識や体験の中から適切な題材を決
め，集めた材料のよさや味わいを吟味して，
表現したいことを明確にすること。
　イ　自分の体験や思いが効果的に伝わるよう，
文章の種類，構成，展開や，文体，描写，語
句などの表現の仕方を工夫すること。
(2)　(1)に示す事項については，例えば，次のよ
うな言語活動を通して指導するものとする。
　ア　本歌取りや折句などを用いて，感じたこと
や発見したことを短歌や俳句で表したり，伝
統行事や風物詩などの文化に関する題材を選
んで，随筆などを書いたりする活動。
Ｂ　読むこと
(1)　読むことに関する次の事項を身に付けること

ができるよう指導する。
ア　文章の種類を踏まえて，内容や構成，展開などに照らして叙述を基に的確に捉えること。
イ　作品や文章に表れているものの見方，感じ方，考え方を捉え，内容を解釈すること。
ウ　文章の構成や展開，表現の仕方，表現の特色について評価すること。
エ　作品や文章の成立した背景や他の作品などとの関係を踏まえ，内容の解釈を深めること。
オ　作品の内容や解釈を踏まえ，自分のものの見方，感じ方，考え方を深め，我が国の言語文化について自分の考えをもつこと。
(2) (1)に示す事項については，例えば，次のような言語活動を通して指導するものとする。
ア　我が国の伝統や文化について書かれた解説や評論，随筆などを読み，我が国の言語文化について論述したり発表したりする活動。
イ　作品の内容や形式について，批評したり討論したりする活動。
ウ　異なる時代に成立した随筆や小説，物語などを読み比べ，それらを比較して論じたり批評したりする活動。
エ　和歌や俳句などを読み，書き換えたり外国語に訳したりすることなどを通して互いの解釈の違いについて話し合ったり，テーマを立ててまとめたりする活動。
オ　古典から受け継がれてきた詩歌や芸能の題材，内容，表現の技法などについて調べ，その成果を発表したり文章にまとめたりする活動。

3　内容の取扱い
(1) 内容の〔思考力，判断力，表現力等〕における授業時数については，次の事項に配慮するものとする。
ア　「A書くこと」に関する指導については，5〜10単位時間程度を配当するものとし，計画的に指導すること。
イ　「B読むこと」の古典に関する指導については，40〜45単位時間程度を配当するものとし，計画的に指導するとともに，古典における古文と漢文の割合は，一方に偏らないようにすること。その際，古典について解説した近代以降の文章などを活用するなどして，我が国の言語文化への理解を深めるよう指導を工夫すること。
ウ　「B読むこと」の近代以降の文章に関する指導については，20単位時間程度を配当するものとし，計画的に指導すること。その際，我が国の伝統と文化に関する近代以降の

論理的な文章や古典に関連する近代以降の文学的な文章を活用するなどして，我が国の言語文化への理解を深めるよう指導を工夫すること。
(2) 内容の〔知識及び技能〕に関する指導については，次の事項に配慮するものとする。
ア　(1)のイの指導については，「現代の国語」の内容の〔知識及び技能〕の(1)のウの指導との関連を図り，計画的に指導すること。
イ　(2)のウの指導については，〔思考力，判断力，表現力等〕の「B読むこと」の指導に即して行うこと。
(3) 内容の〔思考力，判断力，表現力等〕に関する指導については，次の事項に配慮するものとする。
ア　「A書くこと」に関する指導については，中学校国語科の書写との関連を図り，効果的に文字を書く機会を設けること。
イ　「B読むこと」に関する指導については，文章を読み深めるため，音読，朗読，暗唱などを取り入れること。
(4) 教材については，次の事項に留意するものとする。
ア　内容の〔思考力，判断力，表現力等〕の「B読むこと」の教材は，古典及び近代以降の文章とし，日本漢文，近代以降の文語文や漢詩文などを含めるとともに，我が国の言語文化への理解を深める学習に資するよう，我が国の伝統と文化や古典に関連する近代以降の文章を取り上げること。また，必要に応じて，伝承や伝統芸能などに関する音声や画像の資料を用いることができること。
イ　古典の教材については，表記を工夫し，注釈，傍注，解説，現代語訳などを適切に用い，特に漢文については訓点を付け，必要に応じて書き下し文を用いるなど理解しやすいようにすること。
ウ　内容の〔思考力，判断力，表現力等〕の「A書くこと」及び「B読むこと」のそれぞれの(2)に掲げる言語活動が十分行われるよう教材を選定すること。
エ　教材は，次のような観点に配慮して取り上げること。
(ｱ)　言語文化に対する関心や理解を深め，国語を尊重する態度を育てるのに役立つこと。
(ｲ)　日常の言葉遣いなど言語生活に関心をもち，伝え合う力を高めるのに役立つこと。
(ｳ)　思考力や想像力を伸ばし，心情を豊かにし，言語感覚を磨くのに役立つこと。

(ｴ)　情報を活用して，公正かつ適切に判断す
　　　る能力や創造的精神を養うのに役立つこ
　　　と。
　　(ｵ)　生活や人生について考えを深め，人間性
　　　を豊かにし，たくましく生きる意志を培う
　　　のに役立つこと。
　　(ｶ)　人間，社会，自然などに広く目を向け，
　　　考えを深めるのに役立つこと。
　　(ｷ)　我が国の伝統と文化に対する関心や理解
　　　を深め，それらを尊重する態度を育てるの
　　　に役立つこと。
　　(ｸ)　広い視野から国際理解を深め，日本人と
　　　しての自覚をもち，国際協調の精神を高め
　　　るのに役立つこと。
　オ　古典の教材は，次のような観点に配慮して
　　取り上げること。
　　(ｱ)　伝統的な言語文化への理解を深め，古典
　　　を進んで学習する意欲や態度を養うのに役
　　　立つこと。
　　(ｲ)　人間，社会，自然などに対する様々な時
　　　代の人々のものの見方，感じ方，考え方に
　　　ついて理解を深めるのに役立つこと。
　　(ｳ)　様々な時代の人々の生き方や自分の生き
　　　方について考えたり，我が国の伝統と文化
　　　について理解を深めたりするのに役立つこ
　　　と。
　　(ｴ)　古典を読むのに必要な知識を身に付ける
　　　のに役立つこと。
　　(ｵ)　現代の国語について考えたり，言語感覚
　　　を豊かにしたりするのに役立つこと。
　　(ｶ)　中国など外国の文化との関係について理
　　　解を深めるのに役立つこと。

第3　論理国語

1　目標

　言葉による見方・考え方を働かせ，言語活動を
通して，国語で的確に理解し効果的に表現する資
質・能力を次のとおり育成することを目指す。
(1)　実社会に必要な国語の知識や技能を身に付け
　るようにする。
(2)　論理的，批判的に考える力を伸ばすととも
　に，創造的に考える力を養い，他者との関わ
　りの中で伝え合う力を高め，自分の思いや考え
　を広げたり深めたりすることができるようにす
　る。
(3)　言葉がもつ価値への認識を深めるとともに，
　生涯にわたって読書に親しみ自己を向上させ，
　我が国の言語文化の担い手としての自覚を深
　め，言葉を通して他者や社会に関わろうとする
　態度を養う。

2　内容

〔知識及び技能〕

(1)　言葉の特徴や使い方に関する次の事項を身に
　付けることができるよう指導する。
　ア　言葉には，言葉そのものを認識したり説明
　　したりすることを可能にする働きがあること
　　を理解すること。
　イ　論証したり学術的な学習の基礎を学んだり
　　するために必要な語句の量を増し，文章の中
　　で使うことを通して，語感を磨き語彙を豊か
　　にすること。
　ウ　文や文章の効果的な組立て方や接続の仕方
　　について理解を深めること。
　エ　文章の種類に基づく効果的な段落の構造や
　　論の形式など，文章の構成や展開の仕方につ
　　いて理解を深めること。
(2)　文章に含まれている情報の扱い方に関する次
　の事項を身に付けることができるよう指導す
　る。
　ア　主張とその前提や反証など情報と情報との
　　関係について理解を深めること。
　イ　情報を重要度や抽象度などによって階層化
　　して整理する方法について理解を深め使うこ
　　と。
　ウ　推論の仕方について理解を深め使うこと。
(3)　我が国の言語文化に関する次の事項を身に付
　けることができるよう指導する。
　ア　新たな考えの構築に資する読書の意義と効
　　用について理解を深めること。

〔思考力，判断力，表現力等〕

A　書くこと

(1)　書くことに関する次の事項を身に付けること
　ができるよう指導する。
　ア　実社会や学術的な学習の基礎に関する事柄
　　について，書き手の立場や論点などの様々な
　　観点から情報を収集，整理して，目的や意図
　　に応じた適切な題材を決めること。
　イ　情報の妥当性や信頼性を吟味しながら，自
　　分の立場や論点を明確にして，主張を支える
　　適切な根拠をそろえること。
　ウ　立場の異なる読み手を説得するために，批
　　判的に読まれることを想定して，効果的な文
　　章の構成や論理の展開を工夫すること。
　エ　多面的・多角的な視点から自分の考えを見
　　直したり，根拠や論拠の吟味を重ねたりし
　　て，主張を明確にすること。
　オ　個々の文の表現の仕方や段落の構造を吟味
　　するなど，文章全体の論理の明晰さを確か
　　め，自分の主張が的確に伝わる文章になるよ
　　う工夫すること。

カ 文章の構成や展開，表現の仕方などについて，自分の主張が的確に伝わるように書かれているかなどを吟味して，文章全体を整えたり，読み手からの助言などを踏まえて，自分の文章の特長や課題を捉え直したりすること。

(2) (1)に示す事項については，例えば，次のような言語活動を通して指導するものとする。

ア 特定の資料について，様々な観点から概要などをまとめる活動。

イ 設定した題材について，分析した内容を報告文などにまとめたり，仮説を立てて考察した内容を意見文などにまとめたりする活動。

ウ 社会的な話題について書かれた論説文やその関連資料を参考にして，自分の考えを短い論文にまとめ，批評し合う活動。

エ 設定した題材について多様な資料を集め，調べたことを整理して，様々な観点から自分の意見や考えを論述する活動。

B 読むこと

(1) 読むことに関する次の事項を身に付けることができるよう指導する。

ア 文章の種類を踏まえて，内容や構成，論理の展開などを的確に捉え，論点を明確にしながら要旨を把握すること。

イ 文章の種類を踏まえて，資料との関係を把握し，内容や構成を的確に捉えること。

ウ 主張を支える根拠や結論を導く論拠を批判的に検討し，文章や資料の妥当性や信頼性を吟味して内容を解釈すること。

エ 文章の構成や論理の展開，表現の仕方について，書き手の意図との関係において多面的・多角的な視点から評価すること。

オ 関連する文章や資料を基に，書き手の立場や目的を考えながら，内容の解釈を深めること。

カ 人間，社会，自然などについて，文章の内容や解釈を多様な論点や異なる価値観と結び付けて，新たな観点から自分の考えを深めること。

キ 設定した題材に関連する複数の文章や資料を基に，必要な情報を関係付けて自分の考えを広げたり深めたりすること。

(2) (1)に示す事項については，例えば，次のような言語活動を通して指導するものとする。

ア 論理的な文章や実用的な文章を読み，その内容や形式について，批評したり討論したりする活動。

イ 社会的な話題について書かれた論説文やその関連資料を読み，それらの内容を基に，自

分の考えを論述したり討論したりする活動。

ウ 学術的な学習の基礎に関する事柄について書かれた短い論文を読み，自分の考えを論述したり発表したりする活動。

エ 同じ事柄について異なる論点をもつ複数の文章を読み比べ，それらを比較して論じたり批評したりする活動。

オ 関心をもった事柄について様々な資料を調べ，その成果を発表したり報告書や短い論文などにまとめたりする活動。

3 内容の取扱い

(1) 内容の〔思考力，判断力，表現力等〕における授業時数については，次の事項に配慮するものとする。

ア 「A書くこと」に関する指導については，50～60単位時間程度を配当するものとし，計画的に指導すること。

イ 「B読むこと」に関する指導については，80～90単位時間程度を配当するものとし，計画的に指導すること。

(2) 内容の〔思考力，判断力，表現力等〕に関する指導については，次の事項に配慮するものとする。

ア 「B読むこと」に関する指導については，必要に応じて，近代以降の文章の変遷を扱うこと。

(3) 教材については，次の事項に留意するものとする。

ア 内容の〔思考力，判断力，表現力等〕の「B読むこと」の教材は，近代以降の論理的な文章及び現代の社会生活に必要とされる実用的な文章とすること。また，必要に応じて，翻訳の文章や古典における論理的な文章などを用いることができること。

イ 内容の〔思考力，判断力，表現力等〕の「A書くこと」及び「B読むこと」のそれぞれの(2)に掲げる言語活動が十分行われるよう教材を選定すること。

第4 文学国語

1 目標

言葉による見方・考え方を働かせ，言語活動を通して，国語で的確に理解し効果的に表現する資質・能力を次のとおり育成することを目指す。

(1) 生涯にわたる社会生活に必要な国語の知識や技能を身に付けるとともに，我が国の言語文化に対する理解を深めることができるようにする。

(2) 深く共感したり豊かに想像したりする力を伸ばすとともに，創造的に考える力を養い，他者

との関わりの中で伝え合う力を高め，自分の思いや考えを広げたり深めたりすることができるようにする。
(3) 言葉がもつ価値への認識を深めるとともに，生涯にわたって読書に親しみ自己を向上させ，我が国の言語文化の担い手としての自覚を深め，言葉を通して他者や社会に関わろうとする態度を養う。

2 内容

〔知識及び技能〕

(1) 言葉の特徴や使い方に関する次の事項を身に付けることができるよう指導する。
　ア　言葉には，想像や心情を豊かにする働きがあることを理解すること。
　イ　情景の豊かさや心情の機微を表す語句の量を増し，文章の中で使うことを通して，語感を磨き語彙を豊かにすること。
　ウ　文学的な文章やそれに関する文章の種類や特徴などについて理解を深めること。
　エ　文学的な文章における文体の特徴や修辞などの表現の技法について，体系的に理解し使うこと。
(2) 我が国の言語文化に関する次の事項を身に付けることができるよう指導する。
　ア　文学的な文章を読むことを通して，我が国の言語文化の特質について理解を深めること。
　イ　人間，社会，自然などに対するものの見方，感じ方，考え方を豊かにする読書の意義と効用について理解を深めること。

〔思考力，判断力，表現力等〕

A　書くこと

(1) 書くことに関する次の事項を身に付けることができるよう指導する。
　ア　文学的な文章を書くために，選んだ題材に応じて情報を収集，整理して，表現したいことを明確にすること。
　イ　読み手の関心が得られるよう，文章の構成や展開を工夫すること。
　ウ　文体の特徴や修辞の働きなどを考慮して，読み手を引き付ける独創的な文章になるよう工夫すること。
　エ　文章の構成や展開，表現の仕方などについて，伝えたいことや感じてもらいたいことが伝わるように書かれているかなどを吟味して，文章全体を整えたり，読み手からの助言などを踏まえて，自分の文章の特長や課題を捉え直したりすること。
(2) (1)に示す事項については，例えば，次のような言語活動を通して指導するものとする。

　ア　自由に発想したり評論を参考にしたりして，小説や詩歌などを創作し，批評し合う活動。
　イ　登場人物の心情や情景の描写を，文体や表現の技法等に注意して書き換え，その際に工夫したことなどを話し合ったり，文章にまとめたりする活動。
　ウ　古典を題材として小説を書くなど，翻案作品を創作する活動。
　エ　グループで同じ題材を書き継いで一つの作品をつくるなど，共同で作品制作に取り組む活動。

B　読むこと

(1) 読むことに関する次の事項を身に付けることができるよう指導する。
　ア　文章の種類を踏まえて，内容や構成，展開，描写の仕方などを的確に捉えること。
　イ　語り手の視点や場面の設定の仕方，表現の特色について評価することを通して，内容を解釈すること。
　ウ　他の作品と比較するなどして，文体の特徴や効果について考察すること。
　エ　文章の構成や展開，表現の仕方を踏まえ，解釈の多様性について考察すること。
　オ　作品に表れているものの見方，感じ方，考え方を捉えるとともに，作品が成立した背景や他の作品などとの関係を踏まえ，作品の解釈を深めること。
　カ　作品の内容や解釈を踏まえ，人間，社会，自然などに対するものの見方，感じ方，考え方を深めること。
　キ　設定した題材に関連する複数の作品などを基に，自分のものの見方，感じ方，考え方を深めること。
(2) (1)に示す事項については，例えば，次のような言語活動を通して指導するものとする。
　ア　作品の内容や形式について，書評を書いたり，自分の解釈や見解を基に議論したりする活動。
　イ　作品の内容や形式に対する評価について，評論や解説を参考にしながら，論述したり討論したりする活動。
　ウ　小説を，脚本や絵本などの他の形式の作品に書き換える活動。
　エ　演劇や映画の作品と基になった作品とを比較して，批評文や紹介文などをまとめる活動。
　オ　テーマを立てて詩文を集め，アンソロジーを作成して発表し合い，互いに批評する活動。
　カ　作品に関連のある事柄について様々な資料を調べ，その成果を発表したり短い論文などにまとめたりする活動。

3 内容の取扱い

(1) 内容の〔思考力，判断力，表現力等〕における授業時数については，次の事項に配慮するものとする。

   ア 「A書くこと」に関する指導については，30〜40単位時間程度を配当するものとし，計画的に指導すること。

   イ 「B読むこと」に関する指導については，100〜110単位時間程度を配当するものとし，計画的に指導すること。

(2) 内容の〔思考力，判断力，表現力等〕に関する指導については，次の事項に配慮するものとする。

   ア 「B読むこと」に関する指導については，必要に応じて，文学の変遷を扱うこと。

(3) 教材については，次の事項に留意するものとする。

   ア 内容の〔思考力，判断力，表現力等〕の「B読むこと」の教材は，近代以降の文学的な文章とすること。また，必要に応じて，翻訳の文章，古典における文学的な文章，近代以降の文語文，演劇や映画の作品及び文学などについての評論文などを用いることができること。

   イ 内容の〔思考力，判断力，表現力等〕の「A書くこと」及び「B読むこと」のそれぞれの(2)に掲げる言語活動が十分行われるよう教材を選定すること。

第5 国語表現

1 目標

言葉による見方・考え方を働かせ，言語活動を通して，国語で的確に理解し効果的に表現する資質・能力を次のとおり育成することを目指す。

(1) 実社会に必要な国語の知識や技能を身に付けるようにする。

(2) 論理的に考える力や深く共感したり豊かに想像したりする力を伸ばし，実社会における他者との多様な関わりの中で伝え合う力を高め，自分の思いや考えを広げたり深めたりすることができるようにする。

(3) 言葉がもつ価値への認識を深めるとともに，生涯にわたって読書に親しみ自己を向上させ，我が国の言語文化の担い手としての自覚を深め，言葉を通して他者や社会に関わろうとする態度を養う。

2 内容

〔知識及び技能〕

(1) 言葉の特徴や使い方に関する次の事項を身に付けることができるよう指導する。

   ア 言葉には，自己と他者の相互理解を深める働きがあることを理解すること。

   イ 話し言葉と書き言葉の特徴や役割，表現の特色について理解を深め，伝え合う目的や場面，相手，手段に応じた適切な表現や言葉遣いを理解し，使い分けること。

   ウ 自分の思いや考えを多彩に表現するために必要な語句の量を増し，話や文章の中で使うことを通して，語感を磨き語彙を豊かにすること。

   エ 実用的な文章などの種類や特徴，構成や展開の仕方などについて理解を深めること。

   オ 省略や反復などの表現の技法について理解を深め使うこと。

(2) 我が国の言語文化に関する次の事項を身に付けることができるよう指導する。

   ア 自分の思いや考えを伝える際の言語表現を豊かにする読書の意義と効用について理解を深めること。

〔思考力，判断力，表現力等〕

A 話すこと・聞くこと

(1) 話すこと・聞くことに関する次の事項を身に付けることができるよう指導する。

   ア 目的や場に応じて，実社会の問題や自分に関わる事柄の中から話題を決め，他者との多様な交流を想定しながら情報を収集，整理して，伝え合う内容を検討すること。

   イ 自分の主張の合理性が伝わるよう，適切な根拠を効果的に用いるとともに，相手の反論を想定して論理の展開を考えるなど，話の構成や展開を工夫すること。

   ウ 自分の思いや考えが伝わるよう，具体例を効果的に配置するなど，話の構成や展開を工夫すること。

   エ 相手の反応に応じて言葉を選んだり，場の状況に応じて資料や機器を効果的に用いたりするなど，相手の同意や共感が得られるように表現を工夫すること。

   オ 論点を明確にして自分の考えと比較しながら聞き，話の内容や構成，論理の展開，表現の仕方を評価するとともに，聞き取った情報を吟味して自分の考えを広げたり深めたりすること。

   カ 視点を明確にして聞きながら，話の内容に対する共感を伝えたり，相手の思いや考えを引き出したりする工夫をして，自分の思いや考えを広げたり深めたりすること。

   キ 互いの主張や論拠を吟味したり，話合いの進行や展開を助けたりするために発言を工夫するなど，考えを広げたり深めたりしなが

ら，話合いの仕方や結論の出し方を工夫する
こと。
(2) (1)に示す事項については，例えば，次のような言語活動を通して指導するものとする。
　ア　聴衆に対してスピーチをしたり，面接の場で自分のことを伝えたり，それらを聞いて批評したりする活動。
　イ　他者に連絡したり，紹介や依頼などをするために話をしたり，それらを聞いて批評したりする活動。
　ウ　異なる世代の人や初対面の人にインタビューをしたり，報道や記録の映像などを見たり聞いたりしたことをまとめて，発表する活動。
　エ　話合いの目的に応じて結論を得たり，多様な考えを引き出したりするための議論や討論を行い，その記録を基に話合いの仕方や結論の出し方について批評する活動。
　オ　設定した題材について調べたことを，図表や画像なども用いながら発表資料にまとめ，聴衆に対して説明する活動。

B　書くこと
(1) 書くことに関する次の事項を身に付けることができるよう指導する。
　ア　目的や意図に応じて，実社会の問題や自分に関わる事柄の中から適切な題材を決め，情報の組合せなどを工夫して，伝えたいことを明確にすること。
　イ　読み手の同意が得られるよう，適切な根拠を効果的に用いるとともに，反論などを想定して論理の展開を考えるなど，文章の構成や展開を工夫すること。
　ウ　読み手の共感が得られるよう，適切な具体例を効果的に配置するなど，文章の構成や展開を工夫すること。
　エ　自分の考えを明確にし，根拠となる情報を基に的確に説明するなど，表現の仕方を工夫すること。
　オ　自分の思いや考えを明確にし，事象を的確に描写したり説明したりするなど，表現の仕方を工夫すること。
　カ　読み手に対して自分の思いや考えが効果的に伝わるように書かれているかなどを吟味して，文章全体を整えたり，読み手からの助言などを踏まえて，自分の文章の特長や課題を捉え直したりすること。
(2) (1)に示す事項については，例えば，次のような言語活動を通して指導するものとする。
　ア　社会的な話題や自己の将来などを題材に，自分の思いや考えについて，文章の種類を選

んで書く活動。
　イ　文章と図表や画像などを関係付けながら，企画書や報告書などを作成する活動。
　ウ　説明書や報告書の内容を，目的や読み手に応じて再構成し，広報資料などの別の形式に書き換える活動。
　エ　紹介，連絡，依頼などの実務的な手紙や電子メールを書く活動。
　オ　設定した題材について多様な資料を集め，調べたことを整理したり話し合ったりして，自分や集団の意見を提案書などにまとめる活動。
　カ　異なる世代の人や初対面の人にインタビューをするなどして聞いたことを，報告書などにまとめる活動。

3　内容の取扱い
(1) 内容の〔思考力，判断力，表現力等〕における授業時数については，次の事項に配慮するものとする。
　ア　「A話すこと・聞くこと」に関する指導については，40～50単位時間程度を配当するものとし，計画的に指導すること。
　イ　「B書くこと」に関する指導については，90～100単位時間程度を配当するものとし，計画的に指導すること。
(2) 内容の〔思考力，判断力，表現力等〕に関する指導については，次の事項に配慮するものとする。
　ア　「A話すこと・聞くこと」に関する指導については，必要に応じて，発声や発音の仕方，話す速度などを扱うこと。
　イ　「B書くこと」に関する指導については，必要に応じて，文章の形式などを扱うこと。
(3) 教材については，次の事項に留意するものとする。
　ア　内容の〔思考力，判断力，表現力等〕の「A話すこと・聞くこと」の教材は，必要に応じて，音声や画像の資料などを用いることができること。
　イ　内容の〔思考力，判断力，表現力等〕の「A話すこと・聞くこと」及び「B書くこと」のそれぞれの(2)に掲げる言語活動が十分行われるよう教材を選定すること。

第6　古典探究
1　目標
　言葉による見方・考え方を働かせ，言語活動を通して，国語で的確に理解し効果的に表現する資質・能力を次のとおり育成することを目指す。
(1) 生涯にわたる社会生活に必要な国語の知識や

技能を身に付けるとともに，我が国の伝統的な言語文化に対する理解を深めることができるようにする。
(2) 論理的に考える力や深く共感したり豊かに想像したりする力を伸ばし，古典などを通した先人のものの見方，感じ方，考え方との関わりの中で伝え合う力を高め，自分の思いや考えを広げたり深めたりすることができるようにする。
(3) 言葉がもつ価値への認識を深めるとともに，生涯にわたって古典に親しみ自己を向上させ，我が国の言語文化の担い手としての自覚を深め，言葉を通して他者や社会に関わろうとする態度を養う。

2 内容

〔知識及び技能〕
(1) 言葉の特徴や使い方に関する次の事項を身に付けることができるよう指導する。
　ア　古典に用いられている語句の意味や用法を理解し，古典を読むために必要な語句の量を増すことを通して，語感を磨き語彙を豊かにすること。
　イ　古典の作品や文章の種類とその特徴について理解を深めること。
　ウ　古典の文の成分の順序や照応，文章の構成や展開の仕方について理解を深めること。
　エ　古典の作品や文章に表れている，言葉の響きやリズム，修辞などの表現の特色について理解を深めること。
(2) 我が国の言語文化に関する次の事項を身に付けることができるよう指導する。
　ア　古典などを読むことを通して，我が国の文化の特質や，我が国の文化と中国など外国の文化との関係について理解を深めること。
　イ　古典を読むために必要な文語のきまりや訓読のきまりについて理解を深めること。
　ウ　時間の経過による言葉の変化や，古典が現代の言葉の成り立ちにもたらした影響について理解を深めること。
　エ　先人のものの見方，感じ方，考え方に親しみ，自分のものの見方，感じ方，考え方を豊かにする読書の意義と効用について理解を深めること。

〔思考力，判断力，表現力等〕
A　読むこと

(1) 読むことに関する次の事項を身に付けることができるよう指導する。
　ア　文章の種類を踏まえて，構成や展開などを的確に捉えること。
　イ　文章の種類を踏まえて，古典特有の表現に注意して内容を的確に捉えること。

　ウ　必要に応じて書き手の考えや目的，意図を捉えて内容を解釈するとともに，文章の構成や展開，表現の特色について評価すること。
　エ　作品の成立した背景や他の作品などとの関係を踏まえながら古典などを読み，その内容の解釈を深め，作品の価値について考察すること。
　オ　古典の作品や文章について，内容や解釈を自分の知見と結び付け，考えを広げたり深めたりすること。
　カ　古典の作品や文章などに表れているものの見方，感じ方，考え方を踏まえ，人間，社会，自然などに対する自分の考えを広げたり深めたりすること。
　キ　関心をもった事柄に関連する様々な古典の作品や文章などを基に，自分のものの見方，感じ方，考え方を深めること。
　ク　古典の作品や文章を多面的・多角的な視点から評価することを通して，我が国の言語文化について自分の考えを広げたり深めたりすること。
(2) (1)に示す事項については，例えば，次のような言語活動を通して指導するものとする。
　ア　古典の作品や文章を読み，その内容や形式などに関して興味をもったことや疑問に感じたことについて，調べて発表したり議論したりする活動。
　イ　同じ題材を取り上げた複数の古典の作品や文章を読み比べ，思想や感情などの共通点や相違点について論述したり発表したりする活動。
　ウ　古典を読み，その語彙や表現の技法などを参考にして，和歌や俳諧，漢詩を創作したり，体験したことや感じたことを文語で書いたりする活動。
　エ　古典の作品について，その内容の解釈を踏まえて朗読する活動。
　オ　古典の作品に関連のある事柄について様々な資料を調べ，その成果を発表したり報告書などにまとめたりする活動。
　カ　古典の言葉を現代の言葉と比較し，その変遷について社会的背景と関連付けながら古典などを読み，分かったことや考えたことを短い論文などにまとめる活動。
　キ　往来物や漢文の名句・名言などを読み，社会生活に役立つ知識の文例を集め，それらの現代における意義や価値などについて随筆などにまとめる活動。

3 内容の取扱い

(1) 内容の〔知識及び技能〕に関する指導につい

ては，次の事項に配慮するものとする。

　ア　(2)のイの指導については，〔思考力，判断力，表現力等〕の「A読むこと」の指導に即して行い，必要に応じてある程度まとまった学習もできるようにすること。

(2)　内容の〔思考力，判断力，表現力等〕の「A読むこと」に関する指導については，次の事項に配慮するものとする。

　ア　古文及び漢文の両方を取り上げるものとし，一方に偏らないようにすること。

　イ　古典を読み深めるため，音読，朗読，暗唱などを取り入れること。

　ウ　必要に応じて，古典の変遷を扱うこと。

(3)　教材については，次の事項に留意するものとする。

　ア　内容の〔思考力，判断力，表現力等〕の「A読むこと」の教材は，古典としての古文及び漢文とし，日本漢文を含めるとともに，論理的に考える力を伸ばすよう，古典における論理的な文章を取り上げること。また，必要に応じて，近代以降の文語文や漢詩文，古典についての評論文などを用いることができること。

　イ　内容の〔思考力，判断力，表現力等〕の「A読むこと」の(2)に掲げる言語活動が十分行われるよう教材を選定すること。

　ウ　教材は，言語文化の変遷について理解を深める学習に資するよう，文章の種類，長短や難易などに配慮して適当な部分を取り上げること。

第3款　各科目にわたる指導計画の作成と内容の取扱い

1　指導計画の作成に当たっては，次の事項に配慮するものとする。

(1)　単元など内容や時間のまとまりを見通して，その中で育む資質・能力の育成に向けて，生徒の主体的・対話的で深い学びの実現を図るようにすること。その際，言葉による見方・考え方を働かせ，言語活動を通して，言葉の特徴や使い方などを理解し自分の思いや考えを深める学習の充実を図ること。

(2)　「論理国語」，「文学国語」，「国語表現」及び「古典探究」の各科目については，原則として，「現代の国語」及び「言語文化」を履修した後

に履修させること。

(3)　各科目の内容の〔知識及び技能〕に示す事項については，〔思考力，判断力，表現力等〕に示す事項の指導を通して指導することを基本とすること。

(4)　「現代の国語」及び「言語文化」の指導については，中学校国語科との関連を十分に考慮すること。

(5)　言語能力の向上を図る観点から，外国語科など他教科等との関連を積極的に図り，指導の効果を高めるようにすること。

(6)　障害のある生徒などについては，学習活動を行う場合に生じる困難さに応じた指導内容や指導方法の工夫を計画的，組織的に行うこと。

2　内容の取扱いに当たっては，次の事項に配慮するものとする。

(1)　各科目の内容の〔知識及び技能〕に示す事項については，日常の言語活動を振り返ることなどを通して，生徒が，実際に話したり聞いたり書いたり読んだりする場面を意識できるよう指導を工夫すること。

(2)　生徒の読書意欲を喚起し，読書の幅を一層広げ，読書の習慣を養うとともに，文字・活字文化に対する理解が深まるようにすること。

(3)　生徒がコンピュータや情報通信ネットワークを積極的に活用する機会を設けるなどして，指導の効果を高めるよう工夫すること。

(4)　学校図書館などを目的をもって計画的に利用しその機能の活用を図るようにすること。

3　教材については，各科目の3に示す事項のほか，次の事項に留意するものとする。

(1)　教材は，各科目の内容の〔知識及び技能〕及び〔思考力，判断力，表現力等〕に示す資質・能力を偏りなく養うことや読書に親しむ態度を育成することをねらいとし，生徒の発達の段階に即して適切な話題や題材を精選して調和的に取り上げること。また，必要に応じて音声言語や画像による教材を用い，学習の効果を高めるようにすること。

(2)　「論理国語」及び「国語表現」は，「現代の国語」の3の(4)のウに示す事項について，「文学国語」は「言語文化」の3の(4)のエに示す事項について，「古典探究」は「言語文化」の3の(4)のイ及びオに示す事項について留意すること。

索　引

あ行

ICT　6, 30, 31, 74, 84, 94, 119, 171, 190, 196
ICT（の）活用　141-143, 145-150, 177, 178
アクティブ・ラーニング　6, 63, 98, 100, 131, 132, 142, 181-183
アンソロジー　80, 88
伊勢物語　85, 95
インターネット　1, 86, 132, 144, 145, 167, 172
ヴィジュアル・リテラシー　170, 172, 173, 175
AI　79
SNS　168
X（旧 Twitter）　168
オツベルと象　24
帯単元　148

か行

解釈　65, 83
解釈・鑑賞　79, 81, 82, 84, 86
解説　106
書くこと　7, 43,〔5章〕, 80, 83, 105, 118, 156, 169, 171, 174, 182-186
　　——の指導過程　60
　　——の授業観・指導観　59
学習指導案　4, 8, 27,〔10章〕, 136, 195
学習指導要領　1-4, 6,〔1章〕, 44, 57, 63, 79, 91, 106, 118, 141, 166, 169, 173, 174, 176, 180, 183, 184
学習指導要領解説　118
語り　68
学校教育法　11, 18
カリキュラム・マネジメント　6, 16, 54-55, 63, 77, 92, 181
漢字・漢字語彙学習／指導　136／132, 133
鑑賞　84
鑑賞文　84
GIGA スクール構想　41, 189
机間指導　27
キー・コンピテンシー　180

教育基本法　10, 11
教育実習　3, 192, 198
教育実習生　26
教科書検定　17
教科書採択　19
教材研究　27, 34, 66, 71, 81, 92, 105, 109, 131, 190, 197
教室の文化　62
協働性　152
協働的な学び　74, 144, 149, 189
グループ活動　7, 195
グローバル化　16, 79, 166, 169, 170
経験主義　12, 14
形成的な評価　6, 103, 111
研究授業　4, 196
言語活動　15, 91, 92, 109, 182
言語活動例　45, 59, 80
言語感覚　59, 80
言語生活　15
言語文化　17, 44, 45, 79, 80, 91, 101, 118, 155, 157, 185, 186
源氏物語　101
現代の国語　17, 44, 45, 79, 91, 118, 155, 157, 162, 169, 173, 174, 185
検定　17, 19
広域採択制度　18, 19
国語科教育法　1-6, 8, 9, 131, 136, 192, 196, 198
国語表現　17, 155, 174, 185
答え　74
コーディネーター　190
古典　8章
古典研究　17, 91, 101, 155, 156
個別最適な学び　144, 149, 189
根拠　74
今昔物語　68
コンピテンシーベース　79

さ行

三読法　65

思考力・判断力、表現力等　7, 16, 17, 43, 79-81, 118, 152-154, 160, 161, 169-170, 173, 181, 184
自己評価　6, 104, 113, 114, 120, 130, 136, 139
指示　5, 20, 21, 23, 24
資質・能力　54, 153
詩・短歌・俳句　〔7章〕
実の場　60
実用的な文章　59
指導計画　〔10章〕
指導と評価の一体化　113
授業構想　140, 142, 197
授業デザイン　88
授業開き　47
主体的・対話的で深い学び　63, 131, 132, 141, 142, 144, 150, 153, 158, 182, 183
少年の日の思い出　34
書写　88, 164
診断的評価　6, 103
生活綴方　62
精読　65
絶対評価　6, 15, 113
説明的な文章　71
全国学力・学習状況調査　16, 158
総括的評価　6, 103, 112
総合的な学習の時間　15
相互評価　6, 104, 120
創作　85, 88
想像力　81
相対評価　6, 15, 113
ソーシャルメディア　168
素読　65

た行
大学入学共通テスト　158, 184
他者評価　114, 130
タブレット　50, 88, 177, 190
探究　92
探究的な学び　187
単元構想　107
単元指導計画　117, 131
知識・技能／知識及び技能　16, 17, 79-81, 83, 〔13章〕, 164

中央教育審議会　54, 152, 166, 176, 180
通読　65
伝え合う力　15
徒然草　98
定番教材　67
デジタル教材　190
伝統的な言語文化　91, 156
伝統的な言語文化と国語の特質に関する事項　11, 91
問い　73
投書　61, 62
到達度評価　6, 113
読者論　14
読書指導　76
取り立て指導　45
トロッコ　42, 67

な行
西尾実　65
日本漢文　101
日本国憲法　10
年間指導計画　105, 117, 121, 131
能力主義　13
ノート　33, 36, 37, 40, 41, 195
ノート指導　8, 32, 37, 38

は行
走れメロス　147
発問　5, 20, 21, 23, 24, 26, 27, 30
発問・指示　5, 〔2章〕, 20, 21, 23, 24, 190
話し合い　51, 53
話すこと・聞くこと　7, 〔4章〕, 60, 118, 174, 182-185
パフォーマンス評価　6, 104, 183
板書　5, 32-34, 36, 190
PISA　16
批評　65
評価　5, 〔9章〕, 120
評価規準　15, 106, 108, 110, 114, 118, 119, 127
Facebook　168
ブレインストーミング　53, 88
プレ実習　193, 196

プレゼンテーション　95, 97
文学国語　17, 79, 80, 155, 157, 170, 173, 174
文章表現技術　57, 58
平家物語　98, 102
方丈記　68, 97, 98
ポートフォリオ評価　6, 113, 183

ま行

マイクロディベート　51
枕草子　90
マップ法　88
学びに向かう力、人間性等　16, 79, 152
マルチモーダル　166
味読　65
見ること　171, 172
無償給与　19
メタ言語　66
メタ認知　111
メディア・リテラシー　6, 166-169, 172
モアイは語る　71, 74
模擬授業　8, 9,〔11章〕
目標に準拠した評価（目標準拠評価）　6, 15, 113

や行

柳田国男　56
要約　75
読み比べ　101
読むこと　7, 43, 60, 61, 6章, 80, 83, 91, 118, 156, 157, 171, 173, 185, 186

ら行

LINE　168
羅生門　66-68, 74, 120, 121
リーディング・ワークショップ　77
ルーブリック評価　6, 114, 183
レトリック　86
ロールプレイ　54
論説文　71
論理国語　17, 155-157, 187

わ行

ワークシート　7, 8, 30, 32, 39-41, 93, 94, 158, 195, 197
ワークショップ　63, 169

【編者紹介】

浅田　孝紀（あさだ・たかき）
東京都生まれ。筑波大学大学院博士課程教育学研究科単位取得退学。筑波大学附属坂戸高等学校教諭、東京学芸大学附属高等学校教諭、金沢学院大学講師等を経て、現在、早稲田大学・昭和女子大学・青山学院高等部・東京学芸大学附属国際中等教育学校　各非常勤講師。
主な研究分野は、国語教育学、教師教育学。言語感覚・言語文化・古典教育・演劇教育・教員養成等に関心をよせる。主要著作：『言語文化教育の道しるべ』（単著、明治書院）、全国大学国語教育学会編『国語科教育学研究の成果と展望Ⅲ』（分担執筆、溪水社）ほか多数。

岩﨑　淳（いわさき・じゅん）
東京都生まれ。早稲田大学大学院教育学研究科教科教育学専攻博士後期課程単位取得退学。中学校教員を経て、現在、学習院大学文学部教育学科教授。小学校・中学校国語科教科書編集委員（教育出版）。
主な研究分野は国語教育。特に古典教育、表現活動に重点をおく。主要著作：『言葉の力を育む』（単著、明治図書）、『いまを生きる論語』（単著、さくら社）ほか多数。

幸田　国広（こうだ・くにひろ）
東京都生まれ。早稲田大学大学院教育学研究科教科教育学専攻博士後期課程修了。博士（教育学）。法政大学第二中学・高等学校教諭、東洋大学文学部准教授等を経て、現在、早稲田大学教育・総合科学学術院教授。
主な研究分野は、国語教育史、探究学習、教育課程論等。主要著作：『国語教育は文学をどう扱ってきたのか』（単著、大修館書店）、『高校国語〈比べ読みの力〉を育む実践アイデア―思考ツールで比べる・重ねる・関連付ける』（編著、大修館書店）ほか多数。

高山　実佐（たかやま・みさ）
東京都生まれ。早稲田大学大学院教育学研究科教科教育学専攻博士後期課程単位取得退学。現在、國學院大學文学部日本文学科教授。
主な研究分野は、国語教育学、国語科教育実践、学校教育。主要著作：日本国語教育学会監修『シリーズ国語授業づくり―高等学校国語科―新科目編成とこれからの授業づくり』（編著、東洋館出版社）、『心に風が吹いてくる　青春文学アンソロジー』（編著、三省堂）ほか多数。

【監修者紹介】

町田　守弘 (まちだ・もりひろ)

1951 年、千葉県生まれ。早稲田大学卒業。早稲田大学系属早稲田実業学校中・高等部教諭・教頭、早稲田大学教育・総合科学学術院教授を経て、現在早稲田大学名誉教授。2004 年 4 月から 4 年間、早稲田大学系属早稲田実業学校初等部校長を兼任。専攻は国語教育で、主に国語科の教材開発と授業開発に関する研究を進めている。博士（教育学）。

主な著書に、『授業を創る—【挑発】する国語教育』（三省堂）、『国語教育の戦略』（東洋館出版社）、『国語科授業構想の展開』（三省堂）、『声の復権と国語教育の活性化』（明治図書）、『国語科の教材・授業開発論—魅力ある言語活動のイノベーション』（東洋館出版社）、『「サブカル×国語」で読解力を育む』（岩波書店）、『国語教育を楽しむ』（学文社）、共著に『国語の教科書を考える—フランス・ドイツ・日本』（学文社）、編著に『早稲田大学と国語教育—学会 50 年の歴史と展望をもとに』（学文社）、『サブカル国語教育学—「楽しく、力のつく」境界線上の教材と授業』（三省堂）、ほか多数。

〔第四版〕
実践国語科教育法 ──「楽しく、力のつく」授業の創造

2012 年 9 月 30 日　第一版第一刷発行
2016 年 3 月 30 日　第二版第一刷発行
2019 年 3 月 30 日　第三版第一刷発行
2024 年 3 月 10 日　第四版第一刷発行

監修者　町田 守弘

編　者　浅田 孝紀・岩﨑　淳
　　　　幸田 国広・高山 実佐

発行者　田 中 千津子

〒153-0064 東京都目黒区下目黒 3-6-1
電話　03（3715）1501 ㈹
FAX　03（3715）2012
https://www.gakubunsha.com

発行所　株式会社 学 文 社

Printed in Japan
印刷　シナノ印刷

ISBN 978-4-7620-3282-0

国語教育を楽しむ

町田守弘 著

四六判●256頁
定価2420円

魅力ある楽しい授業を創るには。「楽しく、力のつく」授業づくりを目指してきた著者による教材開発、授業開発を追究した提言集。国語教育を楽しむためのヒントが満載。

言語活動中心
国語概説 改訂版
小学校教師を目指す人のために

岩﨑淳・木下ひさし・中村敦雄・山室和也 編著

Ｂ５判●160頁
定価2310円

小学校教員養成課程（教職課程）における「国語」関連授業のテキスト。そもそも「国語」とはなんだろう。教職を目指す人へむけた「国語」力育成のための入門書。

批判的思考と
道徳性を育む教室
「論争問題」がひらく共生への対話
ネル・ノディングス、ローリー・ブルックス著／山辺恵理子監訳／
木下慎・田中智輝・村松灯訳

Ａ５判●312頁
定価2970円

権威、宗教、人種、貧困、正義、ジェンダー、資本主義/社会主義……答えの出ない「論争問題」をどう扱い、子どもたちと考えるか。社会の分断を越える対話と探究の授業への招待状。

早稲田教育叢書

33
早稲田大学と
国語教育
学会50年の歴史と展望をもとに

町田守弘 編著

Ａ５判●138頁
定価1650円

早稲田大学国語教育学会の50年の歴史を振り返り、大学と国語教育との関わりを確認し早稲田大学における国語教育の展開を追跡・検証。大学の教学史的な観点から歴史の意味を明らかにする。

36
古典「漢文」の
教材研究

堀 誠 編著

Ａ５判●168頁
定価1980円

古文嫌い・漢文嫌いの高校生が目立つ教育環境の中で、古典の漢文教材がどのように学ばれているか。教材学習の可能性を探究し、よりよい国語教育の観点から課題を考えていく。

41
「ことばの力」を育む
国語科教材開発と
授業構築
変革期に問う教材と授業のかたち

李 軍 編著

Ａ５判●144頁
定価2310円

古典・漢文を扱う科目においてどう「論理的思考力」を育成したらよいか。授業づくりに役立つ開発教材と授業構想を提案。変革期の教材開発と授業構築の在り方のヒントを提供する。